El Hierro

Michael Will

GPX–Daten zum Download

www.kompass.de/wanderfuehrer

Kostenloser Download der GPX–Daten der im Wanderführer enthaltenen Wandertouren.

AUTOR

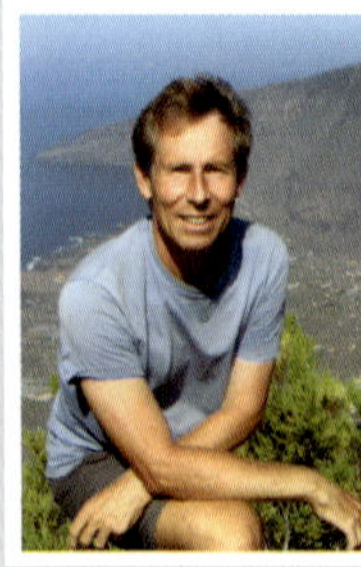

Michael Will lebte 25 Jahre im Alpenrosenweg in Hamburg, bis es ihm nach dem Flugzeugbaustudium nach München zog, um seiner starken Affinität, dem Wandern und Skifahren, nachzugehen. Bereits 2002 fing er an, besondere Touren zu dokumentieren und neue Wanderwege auszuarbeiten. Daraus entstand ein erstes Projekt mit einem Online-Variantenabfahrten-Führer (http://www.gpstrackfinder.com) mit 60 Skitouren in Norditalien. 2012, nach genau weiteren 25 Jahren, zog er nach Kalifornien an der Ostsee.

Seit über 15 Jahren reist er immer wieder auf die Kanarischen Inseln. Durch seine starke Naturverbundenheit und langjährige Wandererfahrung vermittelt er in seinen Wandervorschlägen den einzigartigen Reiz und die beindruckende Mannigfaltigkeit der Insel El Hierro. Bei der Tourenplanung legt er Wert auf eine ausgewogene Kombination aus Wanderurlaub und Badeurlaub in Kombination mit Besichtigungen von Sehenswürdigkeiten. Dabei hat er einen hohen Anspruch an individuelle Übernachtungsmöglichkeiten und einmaligen Restaurants.

...sein Treibstoff ist, neue Wege zu gehen, damit sie entstehen...

VORWORT

Nähert man sich dem südwestlichsten Zipfel der Kanaren, dem Eiland El Hierro mit der Fähre oder dem Flugzeug, so trifft man zunächst auf die steinigen und trockenen Regionen der Insel. Erst nach eingehender Erkundung fällt dem Betrachter die enorme Vielfältigkeit der Natur auf. El Hierro misst in ihrer größten Länge nicht einmal 30 km, an der schmalsten Stelle ist sie sogar nur 8,6 km, trotzdem erhebt sich der höchste Berg, der Malpaso, auf 1.501 m. Krasser können sich landschaftliche Gegensätze auf einer so kleinen Insel nicht präsentieren.

Satt grüne Nebelwälder, dichte Kiefernwälder und stark zerklüftete Küstenabschnitte stehen im Kontrast zu kargen Wüstenzonen sowie leicht zugänglichen Küsten.

El Hierro ist von mehr als 500 sichtbaren Vulkankratern – das ist Rekord auf den Kanarischen Inseln –, über 300 neuzeitlichen Lavaströmen, bis jetzt 70 dokumentierten Höhlen, drei mächtigen Bergstürzen und vom Meer geprägt. Daraus resultieren verschiedenste Klimazonen und Vegetationsstufen. Besonders surrealistisch wirken die fruchtbaren grünen Wiesen auf den Hochebenen von El Hierro. Dort weiden Kühe, Pferde und Ziegen – getrennt durch ein gigantisches Netz aus Trockensteinmauern. Ein einzigartiger Lebensraum auf den Kanarischen Inseln.

Kilometerlange Sandstrände, wie auf Gran Canaria oder Fuerteventura, gibt es nicht, dafür aber 20 erlebnisreiche Bademöglichkeiten. Die Inselregierung setzt auf Öko-tourismus statt auf Massen-tourismus, der Individual-reisende wird sich sehr wohl fühlen.

Nach griechischen und römischen Erzählungen wurden die Kanarischen Inseln als die Glücklichen Inseln bezeichnet. Ja wirklich, El Hierro ist das Paradies auf Erden, ca. 30 Minuten Flugzeit vom Rest der Welt entfernt und eines der spannendsten Wanderziele auf den Kanarischen Inseln. Man taucht ab in die absolute Ruhe fernab der hektischen Welt und macht atemberaubende Wanderungen durch einmalige Naturlandschaften und Vegetations-stufen. Urige Restaurants mit typisch kanarischer Küche und freundliche Inselbewohner runden den Genuss ab.

Das Erlebnis – El Hierro wartet!

Sonnenaufgang oberhalb der Wolken

INHALT UND TOURENÜBERSICHT

km	h	hm	hm									Karte
5,9	2:20	196	197	✓	✓					✓		242
4	2:00	126	124	✓	✓					✓		242
4,6	2:55	90	90	✓						✓	✓	242
5,2	2:10	503	515	✓						✓	✓	242
12	4:50	437	442	✓	✓			✓		✓		242
13,3	5:20	605	601	✓	✓			✓		✓		242
11,7	4:40	291	850	✓	✓					✓	✓	242
7,9	2:40	0	829	✓	✓		✓			✓		242
12,3	4:55	689	689	✓						✓	✓	242
4,3	1:40	190	180	✓						✓		242
11,9	4:05	574	574	✓	✓			✓		✓		242
10,6	4:15	494	474	✓				✓		✓		242
13,1	5:15	1165	1176	✓	✓		✓		✓	✓		242
4,9	1:50	141	146	✓	✓			✓		✓		242
8,9	3.30	299	302	✓						✓		242
6,4	2:35	283	251	✓						✓		242
5,7	2:20	87	91	✓						✓		242
2,9	1.10	242	243	✓						✓		242
11	4:25	599	592	✓				✓		✓		242
6,7	2:40	218	218	✓				✓		✓		242

INHALT UND TOURENÜBERSICHT

km	h	hm	hm									Karte
10,4	4:25	878	887	✓	✓					✓		242
9,5	3:50	811	808	✓				✓		✓		242
9,4	5:20	881	855	✓	✓					✓		242
8,4	3:00	313	316	✓	✓					✓	✓	242
5,2	2:00	351	395	✓						✓		242
8,4	4:05	1000	196	✓	✓					✓	✓	242
4,6	1:50	458	479	✓	✓					✓		242
5,9	2:40	16	0	✓	✓					✓		242
10,2	3:40	362	332	✓	✓		✓	✓		✓		242
5	2:00	126	112	✓	✓			✓		✓		242
15,5	7:45	1343	1345	✓	✓		✓		✓	✓	✓	242
7,9	3:00	76	80	✓	✓		✓			✓	✓	242
9,1	3:40	345	292	✓				✓		✓		242
10,7	3:35	329	348	✓	✓		✓			✓	✓	242
14,5	6:30	911	915	✓	✓		✓			✓	✓	242
3,9	2:00	225	229	✓	✓			✓		✓		242
6,5	2:25	332	333	✓				✓		✓		242
6,8	2:40	475	481	✓	✓					✓	✓	242
7	2:50	232	232	✓	✓		✓			✓		242
10,1	4:00	697	694	✓	✓					✓		242
10,2	3.50	508	511	✓	✓					✓		242
28	9:20	957	831	✓	✓			✓		✓		242
9,5	3:50	569	585	✓	✓		✓			✓		242
8	2:40	442	422	✓						✓		242

INHALT UND TOURENÜBERSICHT

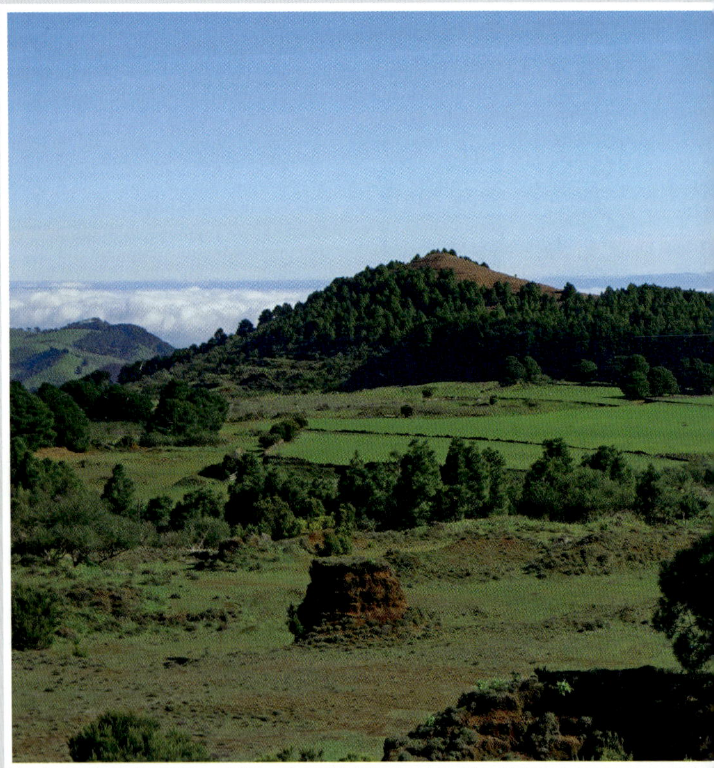

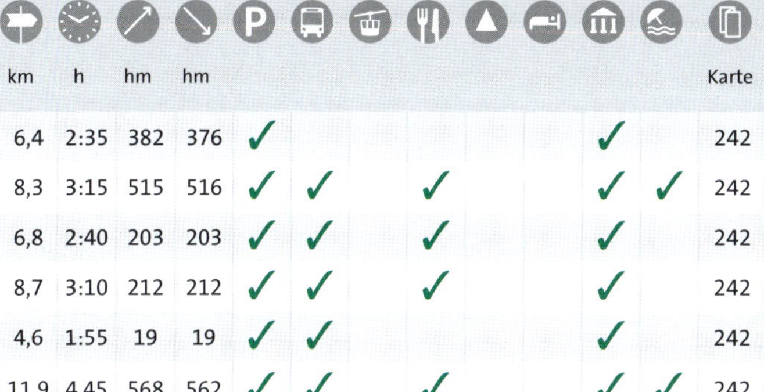

km	h	hm	hm									Karte
6,4	2:35	382	376	✓						✓		242
8,3	3:15	515	516	✓	✓		✓			✓	✓	242
6,8	2:40	203	203	✓	✓		✓			✓		242
8,7	3:10	212	212	✓	✓		✓			✓		242
4,6	1:55	19	19	✓	✓					✓		242
11,9	4.45	568	562	✓	✓		✓			✓	✓	242

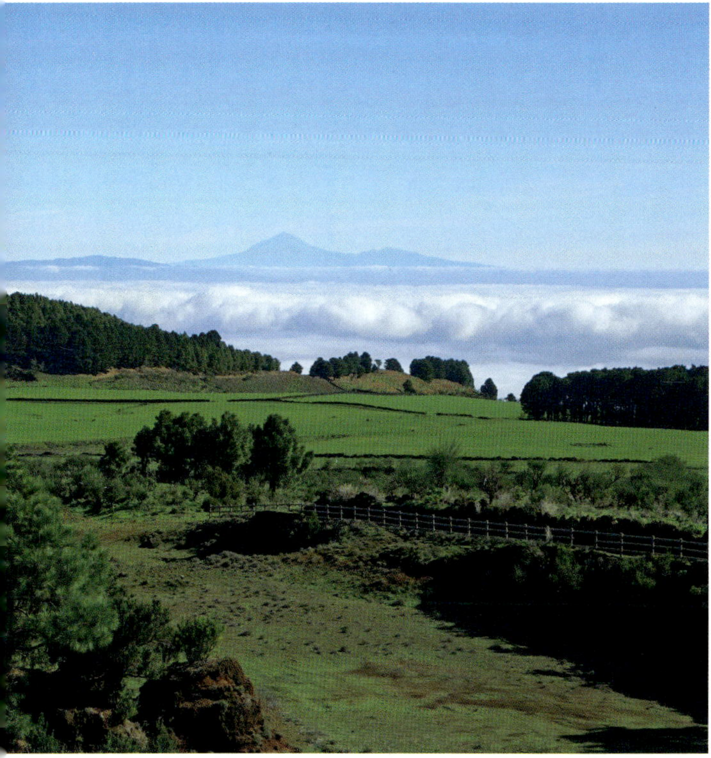

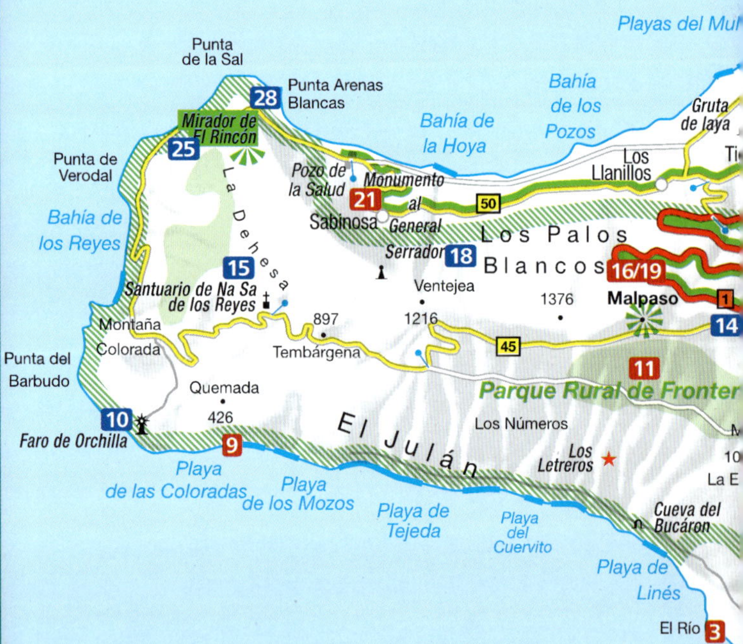
El Hierro
Playas del Mu
Punta de la Sal
Punta Arenas Blancas
28
Mirador de El Rincón
25
Bahía de la Hoya
Bahía de los Pozos
Gruta de laya
Punta de Verodal
La Dehesa
Pozo de la Salud
Monumento al General Serrador
Los Llanillos
21
50
Sabinosa
Bahía de los Reyes
Los Palos Blancos
18
15
16/19
Santuario de Na Sa de los Reyes
Ventejea
1376
Malpaso
1
897
1216
14
Montaña Colorada
Tembárgena
45
Punta del Barbudo
11
Quemada
Parque Rural de Fronter
426
10
El Julán
Los Números
Faro de Orchilla
9
Los Letreros
Playa de las Coloradas
Playa de los Mozos
Playa de Tejeda
Playa del Cuervito
Cueva del Bucáron
Playa de Linés
El Río
3
Roq

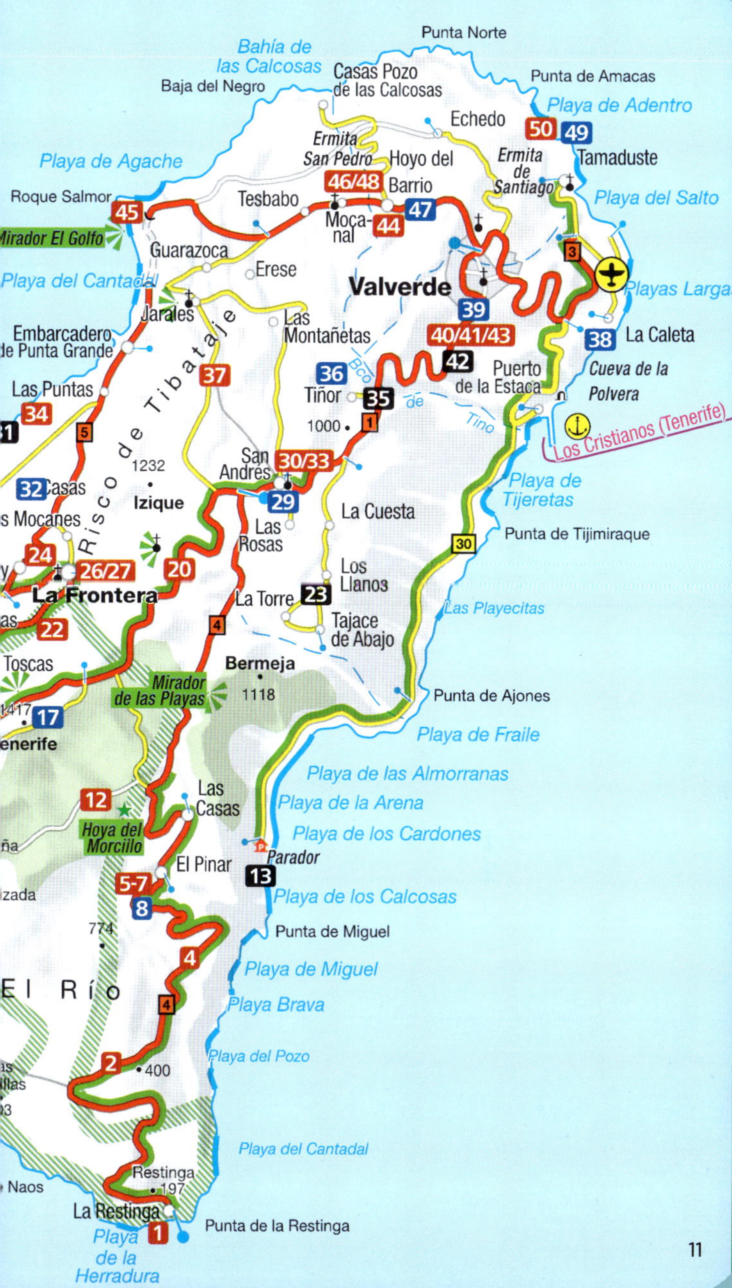
Punta Norte
Bahía de las Calcosas
Casas Pozo de las Calcosas
Baja del Negro
Punta de Amacas
Playa de Adentro
Echedo
Ermita San Pedro
Hoyo del Barrio
Playa de Agache
Ermita de Santiago
Tamaduste
Roque Salmor
Tesbabo
Mocanal
Playa del Salto
Mirador El Golfo
Guarazoca
Erese
Valverde
Playa del Cantadal
Jarales
Playas Largas
Las Montañetas
La Caleta
Embarcadero de Punta Grande
Risco de Tibataje
Puerto de la Estaca
Cueva de la Polvera
Las Puntas
Tiñor
Bco de Tino
Los Cristianos (Tenerife)
1000
1232
San Andrés
Playa de Tijeretas
Casas
Izique
Las Rosas
La Cuesta
Punta de Tijimiraque
Los Mocanes
Los Llanos
La Frontera
La Torre
Las Playecitas
Tajace de Abajo
Toscas
Bermeja
Mirador de las Playas
1118
Punta de Ajones
1417
Tenerife
Playa de Fraile
Playa de las Almorranas
Las Casas
Playa de la Arena
Hoya del Morcillo
Playa de los Cardones
Parador
El Pinar
Playa de los Calcosas
774
Punta de Miguel
Playa de Miguel
El Río
Playa Brava
Playa del Pozo
400
Playa del Cantadal
Restinga
197
Naos
La Restinga
Punta de la Restinga
Playa de la Herradura

DAS GEBIET

Die Destination – wofür steht El Hierro

Nach El Hierro kommen nur **wenige Urlauber** und dafür gibt es drei Gründe. Erstens: Aufgrund seiner extremen Lage gibt es keine Direktflüge vom Festland. Zweitens: Es gibt nur 20 kleinere Strandabschnitte oder Badebecken wie zum Beispiel den 150 Meter langen schwarz–roten Sandstrand Playa del Verodal. Und drittens: Unsichere Klimabedingungen in bestimmten Regionen der Insel und in den Wintermonaten. Es heißt zwar: Irgendwo auf der Insel scheint die Sonne immer, trotzdem prägt der Passatnebel das Klima mehr, als es den meisten Reisenden recht wäre. All dies sehr zur Freude der Kenner und Liebhaber von El Hierro.

Offiziell spricht die Inselregierung von 10.000–11.000 **Einwohner** auf El Hierro. Aber in Wirklichkeit leben nur 5.000–6.000 Menschen auf der kleinen Vulkaninsel. Dabei ist die größte Ansiedlung der Insel mit nur 1.700 Einwohner die Landstadt Valverde. Eingebettet in einer grünen Landschaft mit Vulkanhügeln präsentiert sich die Inselhauptstadt auch in der Gegenwart mit eher dörflichem Charakter.

Ohnehin gibt es gerade mal 1.300 Gästebetten auf El Hierro. Von den 15.000.000 Besuchern, die die Kanarischen Inseln 2016 verbuchen konnten, kamen gerade mal 21.500 nach El Hierro. Auf den Nachbarinseln werden die Einwohner der touristischen Gebiete inzwischen unangenehm belästigt, ja es entsteht ein aggressives Miteinander, während auf El Hierro der Urlauber als Gast willkommen ist und dementsprechend aufgenommen und integriert wird. Es gibt nur **zwei 3-Sterne-Hotels,** die gerade mal mit einer ersten Etage aufwarten können, mehrstöckige Bausünden wie auf den Nach-

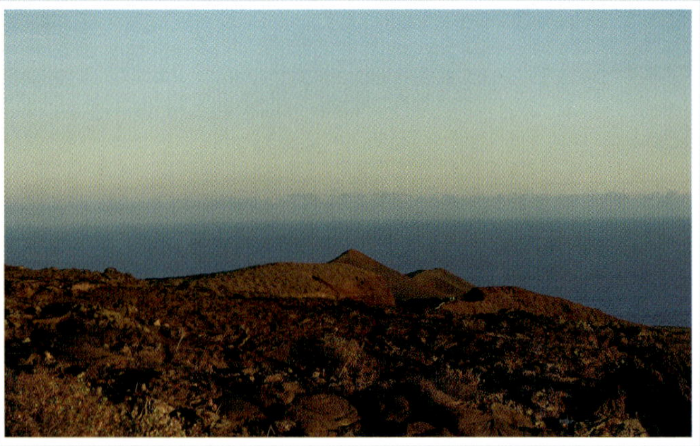

Abendrot über den Vulkanen

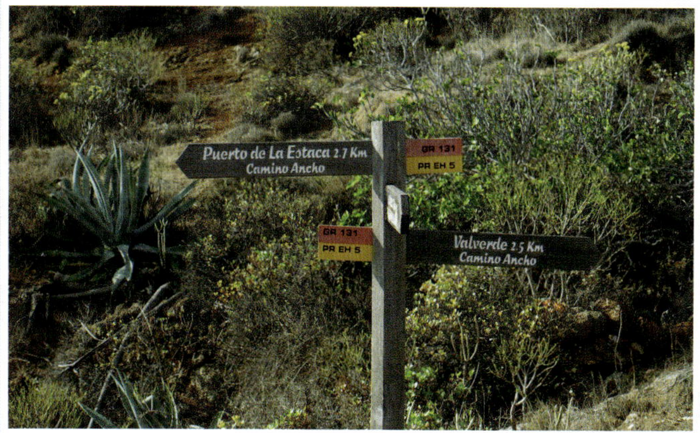

Perfekt ausgeschilderte Wanderwege

barinseln – undenkbar auf El Hierro. Es ist zu hoffen, dass El Hierro auch weiterhin vom Massentourismus verschont bleibt und so als ein Refugium der Ruhe und Erholung in dieser Form erhalten bleibt.

Wandern auf den Kanarischen Inseln heißt eine unendlich große Auswahl an Wanderrouten und Wanderzielen. Im Speziellen bedeutet das für den Kompass-Wanderführer El Hierro: **Wanderungen über 433 km Streckenlänge** laden dazu ein, die Insel zu Fuß zu erkunden. Ja, El Hierro ist ein wahres Wanderparadies und zeichnet sich durch sehr große Vielfalt auf geringer Fläche aus, die allen Ansprüchen gerecht wird. Die Palette reicht von gemütlichen Dorf- und Küstenwanderungen bis zu extremen Inseldurchquerungen.

Der Mensch entfernt sich immer weiter weg von der Natur, nur wenige haben noch Kenntnisse über die Flora und Fauna, das Leben wird immer schneller und das Sozialverhalten nimmt ab. El **Hierro steht für Natur pur** und gibt die einmalige Möglichkeit zur Natur zurückzufinden, um Ruhe und Entspannung zu erlangen. Damit das auch in Zukunft noch so bleibt, sind 6 % des Territoriums auf El Hierro gesetzlich geschützt. Im Jahr 2000 erkannte die UNESCO auch den Wert dieses Erbes an, indem sie die kleinste der Kanarischen Inseln zum Biosphärenreservat ernannte. Dieser Schatz der biologischen Vielfalt bietet einmalige Landschaften: Von den außergewöhnlichen Zedernwacholderwäldern, verwunschenen Feuchtwäldern mit Lorbeerbäumen und Flechten und dichten Kanarischen Kiefernwäldern, bis hin zu mächtigen Klippen und Bergrutschen, bedeutender Vulkane und den Überresten von Lavaströmen – die ihren vulkanischen Ursprung offenbaren. Auf El Hierro kann man definitiv entschleunigen, wie es so schön auf Neudeutsch heißt.

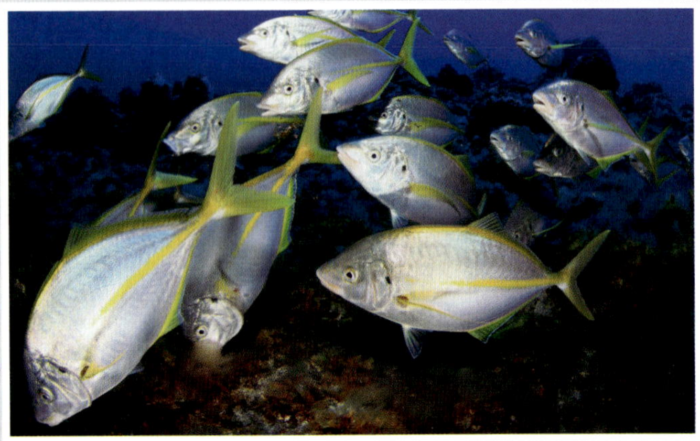

Hier präsentiert sich die Unterwasserwelt

Vor der Küste von El Hierro befinden sich die besten **Tauchreviere,** die Europa zu bieten hat. Vor dem südlichsten Fischerdorf Europas La Restinga, durch die hohen Berge der Insel von den Passatwinden geschützt, so gibt es nur 2–3 Tage im Jahr, an denen die Tauchgänge aufgrund schlechten Wetters abgebrochen werden müssen. Das Boot bringt Erlebnissuchende zu den Tauchrevieren der Marine Reserve Mar de las Calmas. Da diese Region unter Naturschutz steht, ist es verboten den Anker zu werfen, Bojen markieren die Tauchgebiete und es gibt ein kontrolliertes Maximum von 12 Tauchern – so hat man niemals das Gefühl, in einem überfüllten Revier zu tauchen. Fischerei ist hier nur kontrolliert erlaubt, so wurde das Gebiet zu einem Tauchspot. Absoluter Höhepunkt der bunten Unterwasserwelt ist die fast 100 m hohe Felsspitze El Bajon, hier tummeln sich Rochen, Barrakudas, riesige Fischschwärme und gelegentlich sogar Walhaie.

El Hierro strebt an, die sauberste und grünste Insel der Welt zu werden. Um dieses ehrgeizige und nachhaltige Ziel umzusetzen, wurde zur Energieerzeugung eines der modernsten **Wasser–Windkraftwerke** der Welt auf El Hierro gebaut. 5 Windräder trotzen den Passatwinden, erzeugen Strom und pumpen gleichzeitig Wasser in ein in den Bergen liegendes Wasserbecken. In windarmen Zeiten wird dann das Wasser aus dem oberhalb liegenden Wasserbecken in das untere abgelassen, nun sorgt ein Wasserkraftwerk für den nötigen Strom. 2017 erzeugte man bereits 50 % aus regenerativen Strom, die anderen 50 % noch aus Heizöl. In Zukunft möchte die Inselregierung Elektrobusse einsetzen, Ladestationen für Elektroautos und Fahrräder installieren. In 5–6 Jahren möchte die Inselregierung 100 % regenerativen Strom erzeugen, um dann nach

Abzahlung der Verpflichtungen jeweils 5–7.000.000 Euro in die Insel zu investieren. Hier strebt man an in kleine Technologiestandorte zu investieren, um so der Abwanderung der jungen und gut ausgebildeten Jugend entgegenzuwirken. Aber bis El Hierro wirklich die sauberste und grünste Insel der Welt ist, wird es noch ein wenig dauern.

Geschichte

Geschichte von El Hierro im Zeitraffer | 3000–1402, Teil 1 von 4.

Bis 2009 wurde es nur vermutet, aber dann bestätigten spanische und portugiesische Wissenschaftler durch Gentests die Abstammung der Ureinwohner der Kanaren von nordafrikanischen Berberstämmen. Aufgrund von archäologischen Funden glaubt man ziemlich sicher zu wissen, dass die Berberstämme ab **3000 vor Christi** damit begannen, die Kanaren zu besiedeln. Die Ureinwohner von El Hierro waren die sogenannten Bimbaches. Sie kannten weder Eisen noch Rad oder Töpferscheibe. Sie waren ein friedliches Volk, das in Höhlen oder Hütten aus Stein wohnte und sich größtenteils Obst, Vieh und Fischfang ernährte. Bei El Julan befinden sich die Felsgravuren Los Letreros. Sie sind stark mitgenommen durch klimatische Einflüsse und Souvenirjäger und bis heute nicht entziffert. So gibt es immer noch Legenden und offene Fragen über die Herkunft der Bimbache. **85 bis 160 vor Christi** wurde bereits die Insel El Hierro kartografiert. Der Mathematiker Ptolemäus legte damals den Nullmeridian auf das Kap Orchilla, an die Westspitze der Insel. Bis zur Entdeckung von Amerika wurde El Hierro als das äußerste Ende der westlichen Welt angesehen. Erst 1884 wurde nach Greenwich verlegt. Trotz dieser Bekanntheit wurde die Insel – wie die gesamten Kanaren – lange Zeit vergessen. Das **13. Jahrhundert** war die Zeit des Aufbruchs zu neuen Welten und vor allem neuen Märkten. So erreichten die Spanier und Portugiesen auch die Insel El Hierro.

Geschichte von El Hierro im Zeitraffer | 1402–1546, Teil 2 von 4.

Der portugiesische König Alfonso IV. schickte im 14. Jahrhundert eine Expedition zu den Kanaren. So trafen die Eroberer Jean de Béthencourt, ein Franzose im Dienst der spanischen Krone, und Gadifer de la Salle **1402** nach der Inbesitznahme von Lanzarote und Fuerteventura auf El Hierro, eine Kultur mit den typischen Merkmalen der Jungsteinzeit. Die damals friedliche Herrschaft des Königs der Bimbachen, Armiche, soll der Eroberer Béthencourt durch eine List beendet haben. Anstatt des versprochenen friedlichen Paktes nahm Béthencourt alle Bimbachen gefangen, es folgte eine schlimme Zeit mit Gewalt und Sklaverei. Durch die spanischen Gouverneure und wechselnde Feudalherren herrschte Willkür und Tyrannei, unter Gewalt mischten sich die Völker der Ureinwohner und Eroberer. Im Jahre **1514** wurden die ursprünglichen Bewohner der Insel rechtlich den Spaniern gleichgestellt. Am **6. Januar 1546** wird erstmals mit der Verehrung des Marienbildnisses der Virgen de los Reyes gefeiert. Diese spielt eine grundlegende Rolle in der Geschichte der Insel. Die Heiligenfigur, die erst Schutzpatronin und Eigentum der Hirten der La-Dehesa-Hochebene war, ist heutzutage das bedeutendste kulturelle und religiöse Sinnbild der Bewohner El Hierros.

Geschichte von El Hierro im Zeitraffer | 1546–1899, Teil 3 von 4.
Die Wasserversorgung war auf El Hierro schon immer eine der größten Herausforderungen. Der sogenannte Heilige Baum Arbol Garoe wurde **1610** durch einen Sturm entwurzelt. Danach begann ein neues Zeitalter zur optimalen Nutzung der wenigen Wasserressourcen. Die bedeutendste Rolle spielt die Quelle von Azofa, nahe der Ortschaft Isora. So wurde Buch geführt, wie viel Wasser ein jeder Einwohner schöpfen durfte. Im **16.–19. Jahrhundert** waren die Gewinnung von Zuckerrohr, Wein & Schnaps, der Farbstoff aus Schildlaus und Färberflechte für lange Zeit die Grundlage für Wohlstand auf der Insel. Wie auf einigen anderen Kanarischen Inseln kam es nach dem Zusammenbruch dieser Märkte zu Hunger und Elend. **1899** wurde das Rathaus von Valverde durch einen Großbrand komplett vernichtet. Das seit 1553 geführte Inselarchiv ging unwiderbringlich verloren. Etwa zur selben Zeit brach auch eine Pockenepidemie auf El Hierro aus. Nach starken Regenfluten folgte eine extreme und lange Dürre, was zu einer Auswanderungswelle führte. **1949** und **1950** wanderten viele Einwohner von El Hierro nach Kuba, Venezuela und auch Puerto Rico aus.

Geschichte von El Hierro im Zeitraffer | 1899–2018, Teil 4 von 4.
Die beiden Gemeinden Valverde und La Frontera wurden **1912** gegründet. Im selben Jahr wurden auch den Kanaren die Selbstverwaltungsrechte zugestanden. Der Erste Weltkrieg hatte keine Auswirkungen auf El Hierro. **1936–1939** fand der Spanische Bürgerkrieg unter dem General Francisco Franco statt, an deren Ende er sich zum Diktator ernannte. Auch der Zweite Weltkrieg betraf die Insel El Hierro nicht, im Gegensatz zu den anderen Inseln. **1973** ging die Diktatur von Francisco Franco dem Ende entgegen, **1975** folgten die ersten freien Wahlen. **1982** bekamen die Kanarischen Inseln einen eigenen Autonomiestatus. **1986** trat Spanien der EU bei. Noch bis zum Ende des **20. Jahrhunderts** war die Viehzucht die wichtigste Versorgungsquelle der Herrenos. Aufgrund des strengen Katholizismus herrschte eine tiefe Verbundenheit der Einheimischen. Der Tourismus wurde zunehmend gefördert, allerdings in einer sehr kontrollierten Form. Es kehrten auch immer mehr ehemalige Auswanderer aus Südamerika zurück.

Geografie
El Hierro ist mit knapp 269 km² die kleinste Insel und gleichzeitig die westlichste Insel des Archipels der Kanarischen Inseln. Im Altertum bestimmte ihre Lage im Atlantischen Ozean das Ende der Welt, wer von dort aus weitersegelte, lief Gefahr über den äußeren Rand der Erde ins Nichts zu stürzen. Lange hatte diese Behauptung bestanden. Auf seiner zweiten Reise erreichte Christoph Kolumbus am 3. Oktober 1493 El Hierro, um sich den kräftigen Passatwind in die neue Welt zunutze zu machen. Erst nach der Entdeckung Amerikas erwies sich die These vom Ende der Welt als ein als Irrtum, trotzdem behielt das abgelegene Eiland ein wenig von der Mystik eines letzten

Außenpostens. Der Leuchtturm Faro de Orchilla und ein Denkmal kennzeichnen diesen westlichsten Punkt und den Nullmeridian. Nachfolgend sind aufgeführt die Entfernungskilometer in Luftlinie zu den Nachbarinseln: 68 km bis zur Südspitze La Palmas, 61 km nach La Gomera, 112 km von Teneriffa entfernt, 205 km von Gran Canaria, 335 km von der Südspitze von Fuerteventura, 410 km von der Südspitze von Lanzarote und ganze 385 km vom Festland Afrikas. Mit einem Küstenumfang von ca. 106 Kilometern verliert man niemals den Eindruck, dass man sich auf einer Insel befindet.

Geologie

Über El Hierro weiß man, dass die Insel im Quartär entstanden ist und mit 1,12 Millionen Jahren die jüngste der Kanarischen Inseln ist. Das Archipel wurde gebildet, als Magma durch einen Hotspot den Erdmantel durchbrach und diese charakteristische Form einer Vulkaninsel entstand. Vulkanische Inseln wachsen in der Regel durch sukzessiv sich einander überlagernde Vulkane. Auf El Hierro definierte man 3 chronologisch aufeinanderfolgende Eruptionsphasen: Auf dem ältesten Vulkan Tinor folgte der El-Golfo-Vulkan. Die Vulkankomplexe wuchsen so lange, bis sie instabil wurden und seitwärts kollabierten, es entstanden die heutigen landschaftsprägenden weiten Talkessel vom El-Golfo-Tal, Las Playas beim Parador und der Berghang von El Julan. Man vermutet, dass eine 100 m hohe Tsunamiwelle entstand, und diese bis an die amerikanische Küste rollte, als das El-Golfo-Tal entstand. In der 3. Phase ergaben sich weitere Vulkanausbrüche in den 3 Bruchzonen.

Der Sockel von El Hierro befindet sich in einer Tiefe von 3.500 bis 4.000 m. Die gesamte Höhe der Insel beträgt demnach rund ca. 5.000 m, vom höchsten Punkt der Insel mit dem Malpaso mit + 1.501 m, bis zum Meeresboden bei ca. – 3.500 m. Heute ragen die Küsten der Insel wie eine hel-

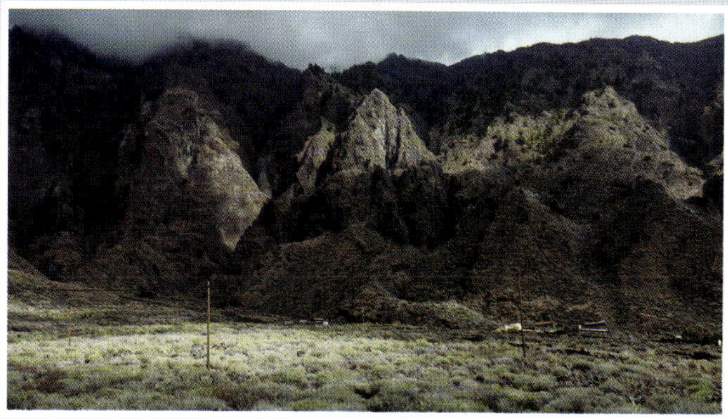

Die steilen Hänge am Tal von Las Playas

denhafte Festung aus dem Meer, der Ozean reibt sich kontinuierlich und gnadenlos an seinen Basaltmauern, die konstant der Erosion ausgesetzt sind.

Im März 2011 ergaben sich erhöhte seismische Aktivitäten zwischen 20 und 32 km Tiefe, unterhalb der Insel El Hierro. Es brach der Unterwasservulkan Eldiscreto aus, seine Vulkanspitze reicht bis 88 m unterhalb der Wasseroberfläche. Beunruhigt muss man aber deshalb nicht sein, denn der Vulkan hat inzwischen seine Aktivitäten eingestellt. Bei dem Versuch einen logischen Rhythmus in die Ausbrüche zu interpretieren – 1949 auf dem Bergkamm der Cumbre Vieja der Kanarischen Insel La Palma, 1971 der Teneguía, ein Vulkan an der Südspitze der Kanareninsel La Palma und im Jahre 2011 der Eldiscreto auf El Hierro – so ergibt sich ein Rhythmus von 20–40 Jahren. Damit wäre frühestens 2020 der nächste Ausbruch zu erwarten, aber ich glaube, das ist wie Kaffeesatzlesen – ohne jemanden nahetreten zu wollen.

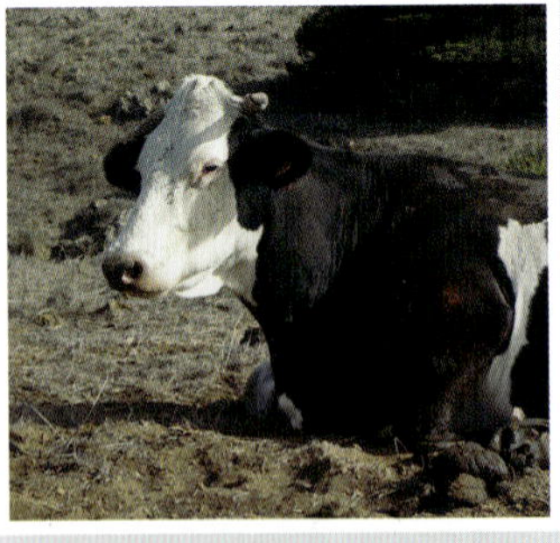

Eine Milchkuh auf der La-Dehesa-Hochebene

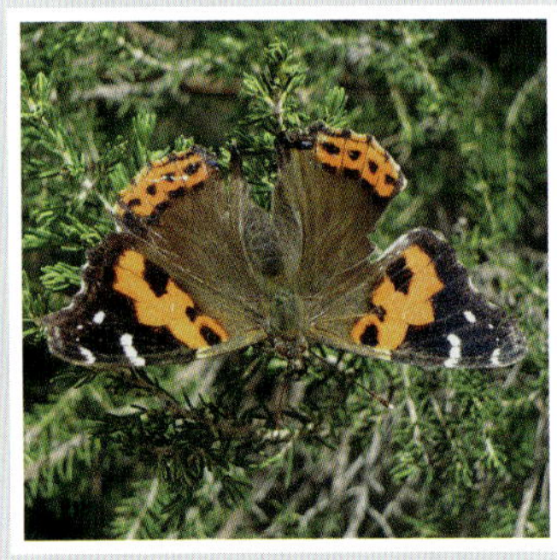

Admiral

Fauna

Fauna – in terra.

Die Tierwelt ist artenärmer als die Pflanzenwelt, doch auch hier gibt es eine große Anzahl endemischer Arten. Bis auf Kaninchen, die zur Jagd angesiedelt wurden, Igel, Ratten und wenigen Fledermausarten kommen auf den Kanaren keine größeren wild lebenden **Säugetiere** vor. Säugetiere wie Ziegen, Schafe, Milchkühe, Esel und Pferde werden als Nutztiere gehalten. Für den Wanderer ist die Tatsache beruhigend, da er keine Giftschlangen oder Skorpione fürchten muss. Das einzige giftige Tier ist die Schwarze Witwe, eine Spinne. Der Biss des kleinen Achtbeiners kann Lähmungen des vegetativen Nervensystems auslösen, kommt aber äußerst selten vor. Der Artenreichtum von über 5.000 **Insektenarten** erfreut den Besucher. Allerdings ist der Bestand durch steigenden Einsatz von Insektiziden in der Landwirtschaft gefährdet, deshalb sind auch etliche Ungeziefer vertilgende Vogelarten bedroht. Zu den besonderen Insektenarten zählen bunte Schmetterlinge, Bienen,

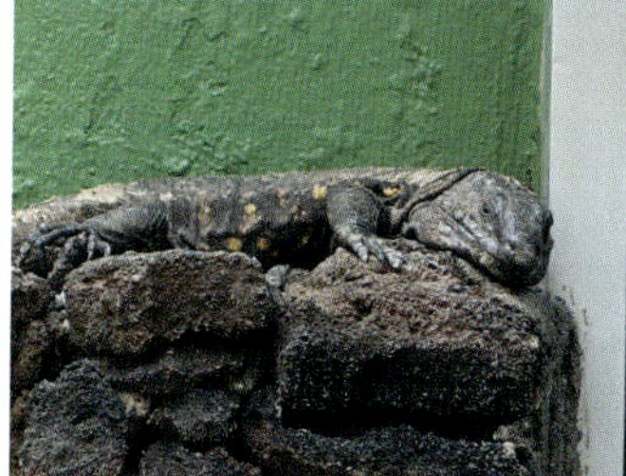
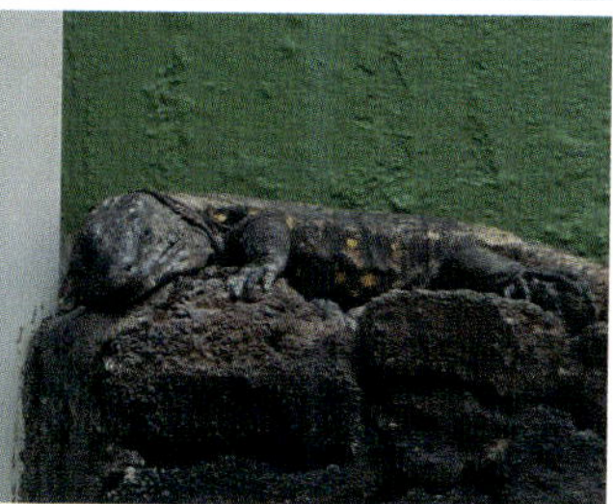

Die Rieseneidechse Lagarto Gigante

Libellen, Samtfalter, Fliegen jeglicher Art, die endemische Hummel, die ein weißes Hinterteil hat und schlussendlich den etwas größeren Marienkäfer San Antonio.

Dafür gibt es Eidechsen in großer Anzahl wie die kleine Kanareneidechse, den Westkanarenskin, den endemischen Gecko und natürlich den großen Star aller Eidechsen, die **Rieseneidechse Lagarto Gigante.** Bis 1975 glaubte man sie wäre ausgestorben, bis dann die bis zu 70 cm große Rieseneidechse wieder entdeckt wurde. Skelettfunde dokumentieren, dass sie bis zu 120 cm lang werden konnte. Da sie auf El Hierro aufgrund der vielen Katzen und Greifvögel nicht überlebensfähig ist, wird die bedrohte Art im Lagartario weiter gezüchtet und man kann bei La Frontera von Besuchern bewundert werden.

Vogelliebhaber kommen voll auf ihre Kosten. Mit genügend Geduld und Glück kann man Turmfalken, den Kanarischen Mäusebussard, Möwen, Steinwälzer, Regenbrachvögel, Kolkraben, die El Hierro endemischen Finke und die Blaumeise, Rotkehlchen, Amsel, Sperling und natürlich dem omnipräsenten Kanarenpieper, die Grauammer und die Wachtel, deren Schlag gegen Abend zu hören ist, entdecken. Immer in einer Gruppe unterwegs ist das nordafrikanische Felsenhuhn, das sich mit lauten Rufen beim Näherkommen aus der Angststarre löst.

Der **Fischadler** ist der meist bedrohte Greifvogel der Kanarischen Inseln, volkstümlich wird er auf den Inseln Guincho genannt. Das Gefieder ist perfekt zum Tauchen angepasst, ja er ernährt sich hauptsächlich vom Fisch. Lebten bis 2011 noch 2 Paare auf El Hierro, sind diese vermutlich aufgrund des Nahrungsmangels weitergezogen – das Resultat des Ausbruchs des Unterwasservulkans bei La Restinga. Auf den anderen Kanarischen Inseln sind die Steilküsten und die Meeresfelsen die Nistplätze. An diesen Stellen bauen sie ihre Nester, die hauptsächlich aus Ästen errichtet werden und eine Höhe von bis zu 2 m erreichen können. Sie brüten zwischen Februar und Juni, legen üblicherweise 2–3 Eier und die Brutzeit variiert zwischen 5 und 6 Wochen, die Küken fliegen bereits ab der 7. bis 8. Woche.

Fauna – ut aqua.
Die Gewässer des Archipels sind heutzutage extrem fischreich. Das war nicht immer so, denn nach dem Unterwasservulkanausbruch von 2011 wurde die Unterwasserwelt im südlichen Teil der Insel fast komplett zerstört. Aber nährstoffreiche Ablagerungen, als Folge der Vulkanausbrüche, sorgten für starken Eigenbewuchs es siedelten sich wieder Kleinstlebewesen, Krustentiere wie Krebse, Langusten und Schnecken an. Mit dem zunehmenden Angebot an Fisch kamen auch die Räuber zurück. Zackenbarsche, Makrelen, Thunfische, ja sogar den Adlerrochen und den bis zu zwölf Meter langen Walhai kann man auf Tauchgängen beobachten. Auch tummeln sich hier Barsche, Meeresschildkröten, Papageifische, Sprotten, Moränen, Tintenfische, Quallen und Seeigel. Säugetiere wie Wale und Delfine haben ihren Lebensraum weiter außen im offenen Atlantik. In den Gewässern zwischen Teneriffa und El Hierro leben 27 verschiedene Wal- und

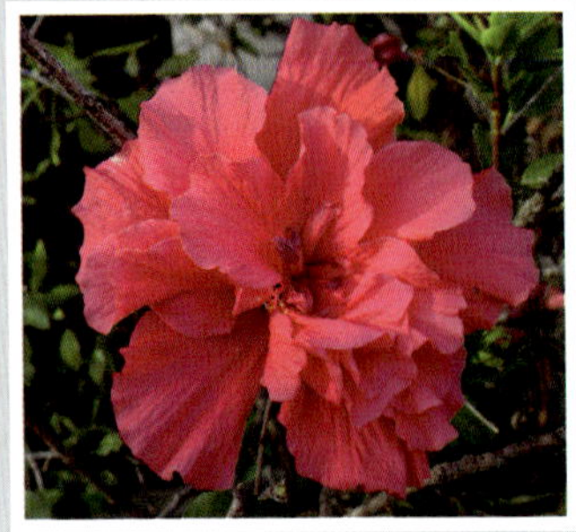
Hibiskus

Delfinarten, deren Beobachtung von La Gomera aus angeboten wird. Der touristische Rummel macht trotz der mittlerweile erlassenen Schutzbestimmungen den Tieren jedoch sehr zu schaffen, denn Beobachtungen haben ergeben, dass die Gruppen zunehmend kleiner werden, die Tiere schlechter ernährt und viel scheuer sind. Bei der Fährüberfahrt von El Hierro nach Teneriffa kann man mit etwas Glück kleine Schwärme von Delfinen beobachten. Wale wiede-

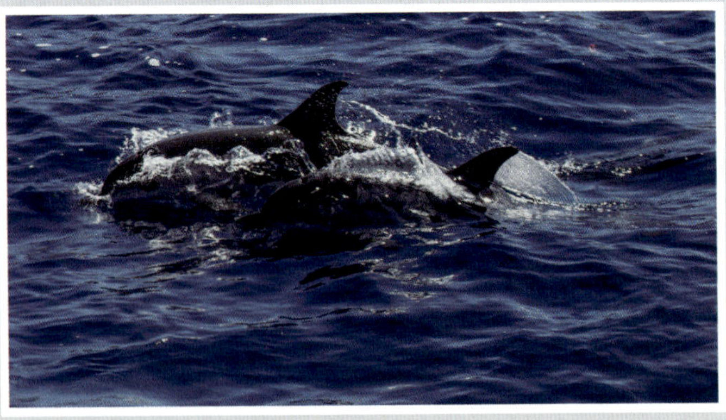
Delfine

rum tauchen alleine oder in kleinen Gruppen und sind damit nicht so einfach auszumachen. Besonders häufig trifft man auf Grindwale, einer Wahlgattung aus der Familie der Delfine, und gelegentlich werden sogar Schwertwale gesichtet. Auch berichteten Fischer, Orcas gesichtet zu haben. Eine vollständige Liste aller Fischarten gibt es auf der Webseite: http://www.portal-de-canarias.com/html/fischnamen_kanaren.html.

Flora

Eine pflanzengeografische Charakterisierung der Vegetationstypen auf El Hierro stellt aufgrund der Höhenstufung, der Passatwinde und der verschiedenen Ausrichtung der Oberflächenreliefs eine Herausforderung dar.

Die **Küstenvegetation** besiedelt die Region zwischen dem **Meeresspiegel und bis zu 50 m** Höhe. Dabei sind auf El Hierro nur wenige Flachküsten vorhanden, das Landschaftsbild von El Hierro ist geprägt von Steilküsten – darum sind hier nur sehr wenige Küstengesellschaften vertreten. Eine hohe und lange Sonneneinstrahlung sowie die Meeresexposition kommen erschwert dazu. So findet man in dieser Region die Nymphendolde, die Seidenhaarige Schizogyne, Kanarenampfer, Sodapflanzen, den Kammförmigen Strandflieder und die Strauchmargerite in dieser Vegetationsstufe.

Vom **Meeresspiegel bis zu 200 m im Norden und 600 m im Süden** befindet sich die **Sukkulentenstufe,** benannt nach dem zickzackwüchsigen, dornig-sparrigen Strauchdornlattich. Es handelt sich um einen sehr lichten und artenarmen Trockenbusch von halbwüstenartigem Charakter. Es ist eine Übergangsgesellschaft zwischen der Küstenvegetation bzw. Meeresstrandvegetation. In dieser Region herrschen ganzjährig Wasserknappheit sowie hohe Temperaturen aufgrund der vielen Sonnenstunden. Zu den Pflanzen, die sich dieser Vegetationsstufe angepasst haben gehören die Kanarenwolfsmilch, die Glatte Baumschlinge, die Balsamwolfsmilch, die Aeonium hierrense, die Gabelige Leuchterblume, der Kanarenampfer, der Kanarenbeifuß und die Blütenreiche Winde. Auch sind einige Arten aus Amerika und Afrika eingeführt wie der Feigenkaktus und die Hundertjährige Agave.

Die auf **590 m** liegenden, mystisch anmutenden **Zedernwacholderbäume** auf der La-Dehesa-Hochebene sind wohl die berühmtesten Bäume

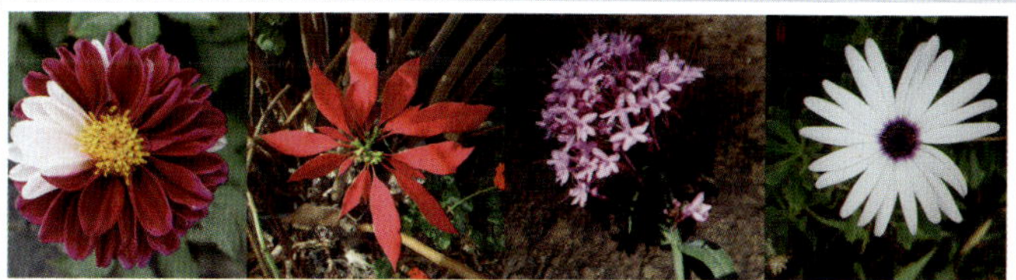

Ein bunter Strauß

auf der Insel. Die stürmischen Winde haben ihre Baumkronen kunstvoll bis auf den Boden gebogen – ein Naturschauspiel der Extraklasse.

Der **Thermophile Buschwald** erstreckt sich von **200 bis 600 m im Norden und bis zu 900 m im Süden.** Er wurde bereits von der frühzeitlichen Bevölkerung besiedelt, da er aufgrund des Reichtums der Flora, einer erhöhten Niederschlagsmenge, milden Nachttemperaturen und nährstoffreichen Böden einen idealen Lebensraum bildet. Man trifft hier auf die Kanarische Dattelpalme, den Wacholder, den Drachenbaum, den Visnea mocanera, den Mocanbaum, die wilde Olive, die Atlantische Pistazie und weitere Sträucher wie den Natternkopf, den Kanarenbeifuß, die Montpellierzistrose, das Kanarische Sonnenröschen und den Sauerampfer. Neben den genannten Gewächsen findet man auf El Hierro auch exotische Blumen wie beispielsweise die Strelitzi, die bunte Bougainvillea – ursprünglich aus Brasilien. Oleander, Hibiskus und andere Blumen aus mediterranen Gebieten sind ebenfalls vertreten.

Die Waldstufe auf El Hierro wird in zwei Expositionsvarianten unterschieden. In der passatorientierten und damit feuchteren Region, die Nordhänge zwischen **600 bis 1.200 m,** der sogenannten **Lorbeerwaldstufe** – El Monteverde. Hier befindet sich der immergrüne Lorbeerwald – Laurisilva, mit Gabelbäumen und der Baumheidebuschwald – Fayal –. Auch findet man hier in den feuchteren Gebieten viele Farne, Moose, Flechten und die Gänsedistel. Ein besonderes Highlight sind Wanderungen und Spaziergänge durch den unwirklich scheinenden Nebelwald. Nördlich des Bergdorfes San Andrés, im Zentrum von El Hierro, auf einer

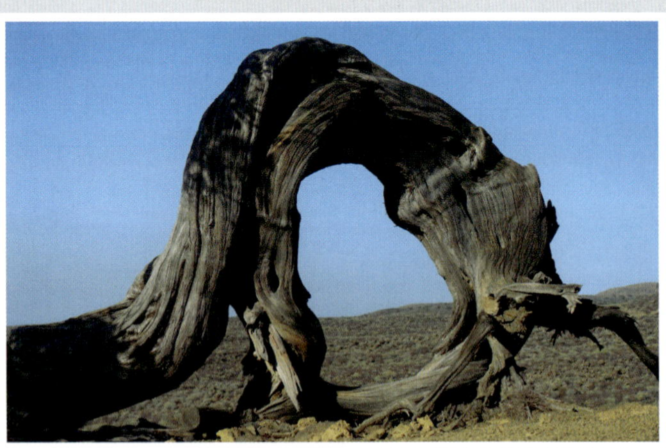

Wurzel eines Zedernwacholderbaums

Höhe von **1.000 Metern,** befindet sich das Wahrzeichen von El Hierro, der Garoe. Bei diesem heiligen Baum Árbol Santo Garoé der Ureinwohner handelt es sich um einen Sadebaum, auch **Stinklorbeer** genannt, eine Pflanzenart aus der Gattung Ocotea innerhalb der Familie der Lorbeergewächse. Er wurde 1957 gepflanzt, als Nachfolger eines Baumes, der 1610 bei einem Sturm umgerissen wurde. An den Ästen und Blättern des Baumes kondensieren die vorbeiziehenden Passatwolken aus. Dieses Phänomen war schon bei den Ureinwohnern der Insel bekannt.

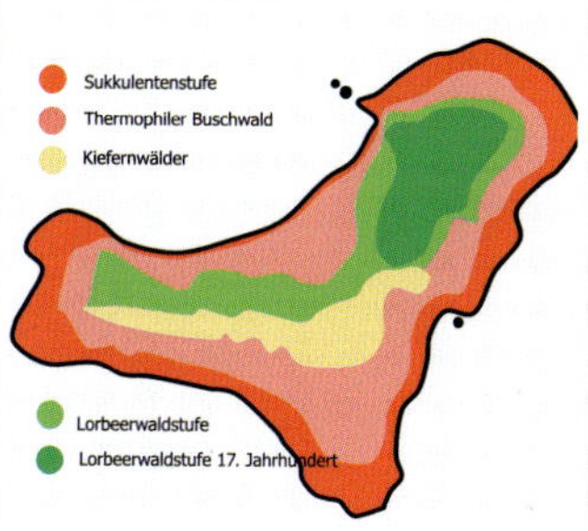

Diagramm der Vegetationsschichten

Die trockene, nicht dem Passatwinden ausgesetzt Region der Waldstufe – El Pinar, zwischen **600 bis 1.500** m auf den südlichen Hängen der Insel, ist das Gebiet der **Kiefernwälder,** des Ginsterbusches und diverser Weidegesellschaften. Eine Besonderheit stellen die Kanarischen Kiefern dar, die durch Größe und Pracht beeindrucken, wie ein Wunder auf den kargen aber mineralreichen Böden wachsen. Die Kiefer ist zum Teil feuerfest und kann Brände relativ leicht überstehen. Durch ihre extrem langen Nadeln filtert sie viel Kondenswasser aus dem Nebel und kann es an den Boden abgeben.

Aus all diesen verschiedensten Vegetationstypen ergibt sich eine einmalige Gegensätzlichkeit und Vielfalt der Landschaften und Lebensgemeinschaften auf der sehr kleinen Kanareninsel El Hierro. 119 endemische Arten machen die Insel aus botanischer Sicht außergewöhnlich.

Die artenreiche und im biologischen Gleichgewicht stehende Unterwasserwelt ist dabei nicht zu vergessen. Sie zieht Wale an, wie zum Beispiel den scheuen und wenig erforschten Schnabelwal.

Klima

Das Wetter auf El Hierro ist ein bisschen wie in dem legendären Werbespot aus den 80er Jahren: Hamburg, 8.30 Uhr, wieder mal Regen. Perfekter Halt fürs Haar – Drei-Wetter-Taft. Zwischenstopp München, es ist ziemlich windig. Perfekter Sitz – Drei Wetter Taft. Weiterflug nach Rom, die Sonne brennt. Perfekter Schutz – Drei-Wetter-Taft. Die ganze Szene spielt sich hier nur auf einer sehr kleinen Insel ab, ist extrem facettenreich und es kann sich zu jeder Tageszeit ändern – ja, El Hierro hat mehrere Wetter. So kann man in der Inselhauptstadt Valverde leichten Nieselregen haben, während man zur gleichen Zeit oberhalb von 1.000 m unter blauem Himmel in der Sonne liegt. Oder man sitzt unter blauem Himmel auf einem der Berggipfel, es steigen Wolkenfetzen mit der zunehmenden Temperatur auf, plötzlich weht ein scharfer kühler

Wind, was soeben noch ein lauer Tag auf den Kanaren war, wird wie aus dem Nichts zu einem Sommertag an der Ostsee.

El Hierro befindet sich im Einzugsgebiet der Passatwinde und des kühlen Kanarenstroms. Die Nordostwinde, deren Ursprung im Hochdruckgebiet der Azoren liegt, sorgen dafür, dass es nicht zu heiß wird. Regen fällt in den Monaten November bis März. Die durchschnittliche Jahresniederschlagsmenge von 342 mm in El Pinar liegt unter mitteleuropäischem Maß. Die Hauptstadt Valverde, die ca. 600 Meter über dem Meeresspiegel liegt, ist oft in Wolken gehüllt, im Winter fallen dort ca. 80 mm Niederschlag, während es im Süden nur 25 mm sind. Zum Vergleich: In Deutschland beträgt die mittlere jährliche Niederschlagsmenge 830 mm. Auf El Hierro gibt es aufgrund seiner Höhenstufung signifikante klimatische Unterschiede. An den gebirgigen Hochlagen des El–Golfo–Tales regnen sich in den Wintermonaten die meeresfeuchten Wolken gegen Norden hin ab. Im Winter kann es dort kühl werden, und es empfiehlt sich für die Wanderer, sich mit Jacken auszustatten. Der Passatnebel ist der Feuchtigkeitsspender der artenreichen Pflanzenwelt; in den Nebelwäldern von El Hierro wird den Wolken Tropfen für Tropfen Flüssigkeit entzogen, bis die Stratoschicht so weit erleichtert ist, um ihren Weg weiter Richtung La Gomera oder Teneriffa fortzusetzen. Der südliche und westliche Teil der Insel ist sehr sonnig, trocken und es herrschen dort auch im Winter angenehme Temperaturen.

Ein besonderes Wetterphänomen ergibt sich, wenn der Wind mal auf Ost dreht und heiße Luft direkt aus der Sahara die Temperaturen bis auf 38°C hochtreibt und die Lufttemperatur auf ein Minimum reduziert – der sogenannte **Calima** hat Einzug gehalten. Mit dem Wind wird feiner Sand aus Afrika auf die Kanarischen Inseln geblasen. Diese Wetterlage tritt in der Regel 3-5-mal im Jahr auf, bevorzugt in den Sommermonaten

	Januar	Februar	März	April	Mai
Tages–temperatur	17	17	18	18	19
Nacht–temperatur	15	15	16	16	17
Sonnen–stunden	5	6	7	7	8
Regentage pro Monat	10	6	6	5	3
Wasser–temperatur	19	18	18	19	20

Juni bis September. Gut zu erkennen ist dieses Wetterschauspiel an der sehr dunstigen, ja fast nebligen Fernsicht. In den Höhen bis ca. 300 m ist Wandern an diesen sehr wenigen Tagen unmöglich, nur in den großen Höhen wird es sichtlich kühler.

Zusammenfassend kann man sagen, dass insgesamt das Klima auf El Hierro etwas rauer und weniger beständig als auf den großen Nachbarinseln ist. Je nach Jahreszeit ist mit kräftigen Winden zu rechnen. An den Küsten – vor allem im Westen – herrschen stärkere Strömungen und Wellengang, sodass das Baden im Meer gefährlich ist. Für Wanderer zeigt sich El Hierro im Frühjahr von seiner schönsten Seite. Nach den Regenfällen des Winters erstrahlen die Pflanzen in sattem Grün und es herrscht nicht so oft nebliges Wetter. Im Sommer ist das Wetter meist gut, doch die Insel ist nicht mehr so farbenfroh. Im Herbst ergeben sich öfter Wetterlagen, die die Regionen zwischen 500 und 1.500 m in Wolken und Nebel einhüllen, die Küsten sind hier meist nicht betroffen. Auch sollte man beachten: Nach klaren Nächten bilden sich im Tagesverlauf und am späten Vormittag in den höheren Lagen Wolken, die sich dann an den Bergwäldern sammeln, um sich dann am späten Nachmittag wieder aufzulösen. Es empfiehlt sich früh zur Wanderung aufzubrechen, das erhöht die Chance für eine aussichtsreiche Wanderung.

Der in Wolken verpackte Malpaso, 1.501 m

Juni	Juli	August	September	Oktober	November	Dezember
20	22	23	23	21	19	17
18	19	20	20	19	18	16
9	10	9	8	7	5	5
1	0	0	1	5	11	10
20	22	23	23	22	21	20

ALLGEMEINE TOURENHINWEISE

SCHWIERIGKEITSGRADE

■ LEICHT

Spaziergänge oder einfache Wanderungen auf breiten und auf gut begehbaren Wegen oder Pfaden. Es gibt dabei keine besonderen Gefahrenstellen. Kräftige Steigungen, steinige oder rutschige Abschnitte sind jedoch möglich. Beschilderungen bestehen nicht überall und so kann es an Weggabelungen zu Orientierungsproblemen kommen.

■ MITTEL

Diese Touren führen in unwegsame und abgelegene Küstenstreifen oder Berggebiete. Einzelne Passagen können felsig und abschüssig sein. Diese erfordern dann Trittsicherheit, Schwindelfreiheit und die nötige Wandererfahrung. Manche dieser Strecken setzen guten Orientierungssinn voraus.

■ SCHWER

Schwarze Routen sind anspruchsvoll und meistens auch lang. Sie erfordern sehr gutes Orientierungsvermögen. Rechnen Sie mit schmalen, steilen oder abschüssigen und rutschigen Abschnitten, aber auch mit extrem scharfkantigem Lavagestein und schwierigen Passagen. Diese Bereiche setzen absolute Trittsicherheit, Schwindelfreiheit und teilweise erste Klettererfahrungen voraus. Diese Routen befinden sich in entlegenen Gebieten und somit ist keine rasche Hilfe zu erwarten.

AUSRÜSTUNG

El Hierro ist eine Vulkaninsel, und sobald man auf Lavagestein läuft, besteht erhebliche Unfallgefahr, sich an den Spitzen, teils messerscharfen Lavasteinen, bei einem Sturz zu verletzen. Daher ist hier besondere Vorsicht geboten, und wenn es die Temperaturen erlauben, empfiehlt sich das Tragen einer langen Hose. Weiterhin benötigt man feste, über den Knöchel reichende Wanderschuhe mit einer festen Profilgummisohle. Ein leichter Wanderschuh, oder sogar ein Turnschuh, eignet sich nur auf den als leicht klassifizierten Touren. Da viele Wege auf sehr rutschigem Untergrund verlaufen, sind Wanderstöcke zur weiteren Unterstützung hilfreich.

Aufgrund der Höhenstufung und je nach Jahreszeit empfiehlt sich rasch trocknende Funktionskleidung, ein warmer Pullover sowie eine windfeste oder wasserfeste Jacke. Bei Wanderungen durch den Nebelwald ist wasserfeste Kleidung notwendig. Obligatorisch sind die Sonnencreme sowie ein passender Strohhut. Auf Reservekleidung kann man in der Regel aufgrund der hohen Durchschnittstemperaturen verzichten.

Eine kleine Reiseapotheke, im Speziellen Desinfektionsspray bei kleinen Verletzungen an den Lavasteinen sowie eine Trillerpfeife für den Notfall gehören zur Standardausrüstung im Rucksack. Ein eingeschaltetes Handy ist empfehlenswert, da es auf der gesamten Insel guten Empfang gibt. Da es nicht auf allen Touren eine Einkehrmöglichkeit gibt, sollte noch dementsprechende Tourenverpflegung mitgeführt werden. Da wir westlich von Afrika wandern, und die Sonne sehr stark ist, sollten mindestens 1,5 l Wasser pro Person eingeplant werden.

ORIENTIERUNG UND MARKIERUNG

Seit dem 16. Jahrhundert sind die Ortschaften der Insel lückenlos durch ein weit umspannendes Wegenetz miteinander verbunden. Dieses wurde in den letzten Jahren wieder freigelegt und heutzutage von einer Firma kontinuierlich instand gesetzt. Erst im 20. Jahrhundert wurden Straßen gebaut. Die in diesem Wanderführer beschriebenen Wanderungen führen größtenteils über historische Caminos. Viele Pfade sind noch mit Steinen gepflastert und durch Trockensteinmauern abgegrenzt.

Die Inselregierung veröffentlicht Wanderungen auf ihrer Webseite. Diese sind ausnahmslos und vorzüglich unter Angabe der Entfernungskilometer markiert – wie auf keiner der anderen Kanareninseln. Leider befindet sich unter diesen Touren eine große Anzahl Streckenwanderungen, also keine Rundwanderungen, und der damit verbundenen Problematik, wie komme ich zum Ausgangspunkt zurück. Aufgrund der Vielzahl von Wanderwegen und deren Kombinationsmöglichkeiten hat ein Wanderführer den signifikanten Vorteil mit der Beschreibung der Streckenlänge, zu erwartenden Höhenmetern und dem daraus resultierendem Schwierigkeitsgrad Auf besonderen und individuellen Wanderungen aus diesem Wanderführer sind dementsprechend Pfade nur spärlich ausgezeichnet – oft sind sie dann mit Steinmännchen oder kleinen Steinpyramiden gekennzeichnet.

WANDERN AUF EL HIERRO

Wandern auf den Kanarischen Inseln heißt eine unendlich große Auswahl an Wanderrouten und Wanderzielen. Im Speziellen bedeutet das für den KOMPASS-Wanderführer El Hierro: **Wanderungen über 433 km Streckenlänge** laden dazu ein, die Insel zu Fuß zu erkunden. Ja, El Hierro ist ein wahres Wanderparadies und zeichnet sich durch sehr große Vielfalt auf geringer Fläche aus, die allen Ansprüchen gerecht wird. Die Palette reicht von gemütlichen Dorf- und Küstenwanderungen bis zu extremen Inseldurchquerungen.

Man wandert oft auf einem historischen **Netzwerk aus Caminos,** viele noch gepflastert und gesäumt von riesigen Trockensteinmauern. Sie wurden genutzt zum Handelsverkehr, Viehhaltung, Bewirtschaftung von Feldern oder zur Prozession der Jungfrau Virgen de los Reyes. Die La-Dehesa-Hochebene im Westen und die Meseta-de-Nisdafe-Hochebene im Osten verzaubern mit einem Gemisch aus grünen Landschaften, oft eingepackt in Passatwolken. Auf El Hierro ist weiterhin die Landwirtschaft Haupterwerbsquelle und somit begegnen einem beim Wandern Schafe, Ziegen und Kühe, aber nur wenige Menschen. Eigentlich bemerkt man es gar nicht, aber Müll am Straßenrand oder auf Wanderwegen? Das gibt es einfach nicht!

Dieses Wegenetz durchquert 8 Naturschutzgebiete und alle Höhenstufen der Insel mit seinen charakteristischen Vegetationsgemeinschaften wie dem duftenden Baumheidebuschwald, dem immergrünen Lorbeerwald, den tausendjährigen Zedernwachholderbäumen und dem 100-jährigen Kiefernwald. Wanderungen im Süden und äußersten

Westen führen durch faszinierende Lavalandschaften und vermitteln einen ersten Einblick in die geologische Entstehung und Entwicklung. **Gegensätzlicher kann Wandern nicht sein:** Läuft man bei heißen Temperaturen durch Lavafelder, so kann man bereits Stunden später durch den kühlen feuchten Nebelwald wandern.
Immer wieder trifft der Wanderer auf großartige Aussichtspunkte oder auf verschwiegene Buchten. Absolute persönliche und emotionale Höhepunkte ergeben sich von den aussichtsreichen Bergkämmen des Zentralbergmassivs, man blickt über die bis zu 1.501 m tiefer liegenden Küstenregionen von El Hierro bis zu den Nachbarinseln des Archipels. Um die Schönheiten dieses schroffen Felsens im Atlantischen Ozean zu entdecken, braucht es weit mehr als nur einen Blick.

GEFÜHRTE TOUREN

Enrica und Paolo sind zertifizierte Wanderführer/Touristenführer auf El Hierro und haben somit fundierte Kenntnisse in Natur, Geologie kanarischer Kultur, Gesellschaft, Wirtschaft, Geschichte, Natur und Tradition. Wer kürzere Wanderungen bevorzugt und dennoch die entlegensten Wanderziele erobern möchte, für den bieten die beiden Van-Touren, kombiniert mit kurzen Wanderungen an.
Gerne helfen sie bei der Reiseplanung und vor Ort, um Ihren Aufenthalt zu einem einzigen Erlebnis zu machen. | atlantidea@hotmail.com | Calle Pozo Calcosas, 38916 Villa de Valverde | http://atlantidea.net | skype: atlantideaelhierro | facebook: atlantideasenderismoyexcursiones | mobile/whatsapp: +34649650913 | GPS-Pkw 27.838925 -17.947313.

WANDERKARTEN

Die beste Übersicht über die gesamte Insel, ihr Wanderwegenetz und Ausflugsziele bietet die Kompasskarte Nummer 242 El Hierro. Die GPS genauen Kompasskarten sind die ideale Ergänzung für Ihre nächste Tour. Der lesefreundliche Maßstab und nützliche Informationen über die Region erleichtern Ihre Planung.

WEITERE WANDERWEGE

Auf El Hierro gibt es 15 anerkannte Wanderwege, die je nach Länge in GR, PR und SL eingeteilt sind. Das Wegenetz erstreckt sich über 250 km. Auf der Webseite http://elhierro.travel/wp-content/uploads/2013/03/Mapa-de-Senderos.pdf gibt es eine Übersichtskarte des kompletten Wegenetzes auf El Hierro.

GR-131	Camino de la Virgen 37,7 km 11:45 Std.
GR-131a	Sendero del Meridiano 0 1,4 km 00:25 Std.
GR-131b	Puerto de la Estaca – Valverde 4,8 km 02:30 Std.
PR-EH 1	Camino de la Restinga – Pozo de la Salud 22,2 km 8:30 Std.
PR-EH 1.1	Camino de Tacorön 7,1 km 02:45 Std.
PR-EH 1.2	Variante El Derrabado – Fuente Mencäfete 1,4 km 00:30 Std.
PR-EH 1.3	Variante Pozo de la Salud – La Laja 1,3 km 00:10 Std.
PR-EH 2	El Pinar – Golfo (Camino del Golfo) 9,12 km 03:30 Std.
PR-EH 2.1	Camino de los Llanillos 5,7 km 02:30 Std.

PR-EH 2.3 Variante del Canal Las Lapas – Sabinosa 11 km 03:00 Std.
PR-EH 3 Camino Isora – Tajace – Las Playas – Isora 13,5 km 07:00 Std.
PR-EH 3.1 Camino Las Casas - Hoya del Morcilto 2.9 km 00:45 Std.
PR-EH 3.2 Camino Las Casas – Taibique 1,3 km 00:15 Std.
PR-EH 3.3 Camino Mirador de Isora – La Cuesta 2,1 km 01:00 Std.
PR-EH 4 Camino Tinor - Las Rosas - Puerto - Tinor 13 km 07:00 Std.
PR-EH 4.1 Camino La Cuesta - San Andres 1.5 km 00:45 Std.
PR-EH 5 Valverde – Tinor – Puerto de La Estaca – Valverde 7,4 km 05:30 Std.
PR-EH 8 San Andres – El Golfo (Camino de Jinama) 7,5 km 03:30 Std.
PR-EH 8 San Andres – La Peha 6,5 km 03:00 Std.
PR-EH 8.1 Ecomuseo – Puntagrande – Pozo de Los Padrones 4,8 km 00:45 Std.
PR-EH 8.1a La Maceta – Los Sargos 0,64 km 00:05 Std
PR-EH 8.1b Puntagrande – Las Salinas 0,79 km 00:10 Std.
PR-EH 9 Piedra del Regidor – El Sabinal – Piedra del Regidor 7,2 km 03:30 Std.
PR-EH 9 a Derivaciön al Mirador de Bascos 0,34 km 00:10 Std.
PR-EH 9.1 Mirador de Sabinosa – Descansadero de la Gorona 1,02 km 00:20 Std.
PR-EH 9.2 Mirador de Sabinosa – Las Casillas – Sabinosa 2,6 km 01:30 Std.
PR-EH 10 El Pinar – El Tomillar – Piedra del Regidor 16,4 km 04:30 Std.
PR-EH 10.1 Hoya del Gallego – Hoya del Morcillo 1,9 km 0:45 Std.
PR-EH 11 Camino Valverde – Tinor – Puerto – Valverde 7,4 km. 05:30h
SL-EH 1 Circular de la Llania
SL-EH 2 Arenas Blancas – La Puente
SL-EH 3 Tamaduste – Roque Las Gaviotas

Auf der nachfolgenden Webseite http://www.elhierronatural.com findet man Tourenbeschreibungen in spanischer Sprache mit interessanten Hintergrundinformationen.

GR-131 Camino de la Virgen
GR-131a Sendero del Meridiano 0
GR-131b Puerto de la Estaca – Valverde
PR-EH 1 La Restinga – Pozo de la Salud
PR-EH 1.1 El Pinar – Cala de Tacoron
PR-EH 2 Camino de El Golfo
PR-EH 8 San Andrés – El Golfo – Camino de Jinama
PR-EH 10 El Pinar – Piedra del Regidor – Camino de Los Pastores
PR-EH 11 San Andrés – San Andrés – Ruta del Agua
SL-EH 1 Circular de la Llania
SL-EH 2 Arenas Blancas – La Puente
SL-EH 3 Tamaduste – Roque Las Gaviotas

Reiseinformationen

Auf El Hierro ist eine ausreichende medizinische Versorgung gewährleistet. **Arztbesuche** werden auf El Hierro privat abgerechnet und die Bezahlung erfolgt in bar. Für eine sichere Rückerstattung der möglichen Arztkosten sollten Sie sich die Rechnung detailliert vom Arzt oder vom Personal ausstellen lassen. Für einen eventuellen Rücktransport und teure Zusatzleistungen ist eine private Urlaubskrankenversicherung empfehlenswert. Von den spanischen Ärzten sprechen viele zumindest eine Fremdsprache. Medikamente sind meistens etwas billiger als in Mitteleuropa.

Neben den Krankenhäusern für den Notfall - Notrufnummer 112 – gibt es in jedem größeren Ort auch **Gesundheitszentren** (Centros Saludes), an die man sich in leichteren Fällen wenden kann. | Ferinto 16, **38915 Isora Valverde** | +34922551215.

Ein **Krankenhaus** mit 27 Betten gibt es seit April 2003 in der Hauptstadt Valverde, das El Hospital Insular Nuestra Senora de los Reyes. Auf 5.408 m² findet man ein modernes Krankenhaus vor. | Calle Los Barriales 1, **38900 Valverde** | +34922553500.

Für die Einreise nach El Hierro besteht keine Impfpflicht. Ein grünes oder rotes Malteserkreuz kennzeichnen die Apotheken auf El Hierro. Die **Apotheken** sind Mo. – Fr. sowie Sa. von 16 – 20 Uhr geöffnet. An jeder Apotheke findet sich ein Aushang mit der jeweiligen Notrufnummer, welche Sie nachts sowie an Sonn- und Feiertagen anrufen können. | Farmacia Valverde | Calle San Francisco 8, **38900 Valverde** | +34922550907 | Farmacia Frontera | Calle Manuelvas 2, **38914 Frontera** | +34922558301 | Farmacia Tigaday | Calle Tigaday 16, **38913 Tigaday** | +34922556005.

Botschaften / Konsulate
Honorakonsul der Bundesrepublik Deutschland | Urbanizacion Jardines, La Quinta, Calle Guillermo Rahn, 4, Locales 5-5, **38400 Puerto de la Cruz Teneriffa** | Tel.: +34922248820, Fax: +34922151555 | puerto-de-la-cruz@hk-diplo.de | Mo. bis Do. 10 – 13 Uhr.

Österreichisches Konsulat | Costa y Grijalba 33, **38004 Santa Cruz de Tenerife** | +34922023370, Telefax +34922023371 | info@consuladoaustriatenerife.com | Di., Do. 15 – 17 Uhr.

Schweizer Eidgenössisches Konsulat | Urbanización Bahía Feliz Edificio de Oficinas, Local 1 | 35107 Playa de Tarajalillo/ **Gran Canaria** |

+34928157979, Fax.: +34928157900 | laspalmasgc@honrep.ch | Mo. bis Fr. 10 – 13 Uhr.

Busverbindungen
Das einzige öffentliche Verkehrsmittel auf El Hierro ist der Bus, Bahnverbindungen gibt es nicht. Das Bussystem ist seit 2007 kontinuierlich ausgebaut worden. Es erfordert aber eine gute Planung, ist teilweise anstrengend, aber machbar – das sind meine positiven Erfahrungen mit den Busverbindungen auf der kleinsten der Kanarischen Inseln El Hierro. Die Erreichbarkeit kleinerer Orte gestaltet sich schwierig, da diese teilweise gar nicht mit dem Bussystem verbunden sind, oder nur selten angefahren werden. Das lässt sich damit begründen, dass El Hierro bisher vom Massentourismus verschont geblieben ist.

Die Internetseite der Buskooperative ist sehr übersichtlich und vermittelt alle notwendigen Information: http://transhierro.com/horarios.cfm. Busfahrpläne sind an Haltestellen, Hotelrezeptionen oder beim Tourismusbüro erhältlich. Auskünfte über die Busfahrzeiten erhält man bei der Cooperativa Insular de transportes de viajeros del Hierro C.B. | beim zentralen Busbahnhof in Valverde | +34922550729 | Öffnungszeiten 7 – 0 Uhr | und beim zentralen Busbahnhof in Frontera | +34922559129 | Öffnungszeiten 7 – 0 Uhr | und unter der zentralen Rufnummer +34922551175 kann man jederzeit auf Spanisch Auskunft erhalten | oder per E-Mail unter info@transhierro.com.

Der Preis für eine Fahrt wird in bar gezahlt und kostet € 1,14. Die Mehrfahrtenfahrkarte, Bono viajero, kostet € 13,- und man kann damit 15 Fahrten machen. Man kann die Mehrfachkarten in Valverde, am Flughafen und in Frontera kaufen.

Ruta 1: Circunvalacion Valverde
Ruta 2: El Pinar – San Andres - Valverde
Ruta 3: Frontera – Mocanal – Valverde
Ruta 4: Circunvalacion de Frontera – Sabinosa - Pozo de la Salud
Ruta 5: Isora – Guarazoca – Erese – Mocanal – Valverde
Ruta 6: Valverde – Tamaduste – La Caleta
Ruta 7: Valverde – Puerto de la Estaca – Timijiraque – Barranqueras – Parador
Ruta 8: La Restinga – El Pinar
Ruta 9: Valverde – Echedo – Pozo de las Calcosas
Ruta 10: Valverde – Aeropuerto
Ruta 11: Valverde – Estacion Maritima
Ruta 12: Estacion Fontera – Sabinosa – Pozo de la Salud

Elektrizität
Die Stromspannung auf El Hierro beträgt 220 Volt AC bei 50 Hz. Die Steckdosen entsprechen weitestgehend der europäischen Norm, bei

Bedarf kann ein Adapter für den Stecker in Eisenwarenhandlungen, übersetzt bedeutet es ferreterías, gekauft werden. Bis 2017 wurden bereits 50 % der Energie aus dem ortsansässigen Windwasserkraftwerk gewonnen. In den nächsten 5 Jahren hat man das hochgesteckte Ziel 100 % der Energie aus dem Windwasserkraftwerk zu nutzen.

Freikörperkultur
FKK ist auf den Kanaren nicht verboten und wird toleriert, ausgewiesene FKK-Bereiche findet man auf El Hierro nicht. Rücksichtnahme ist dennoch geboten! Es wird daher empfohlen, zumindest eine Badehose oder einen Bikini dabei zu haben. El Hierro hat immerhin zwei Strände, die unter FKKlern bekannt sind: Playa de Naos und Playa del Verodal.

Feier- und Festtage
Wie auf allen Kanarischen Inseln wird auch auf El Hierro gerne gefeiert. Religion, insbesondere katholischer Glaube, spielt im gesellschaftlichen Leben El Hierros eine große Rolle. Aus diesem Grund ist ein Großteil der gesetzlichen Feiertage kirchlichen Ursprungs. Das größte Volksfest der Insel ist die Prozession der Gottesmutter **La Bajada de La Virgen.** Die erste Prozession fand im Jahr 1745 statt und wird alle vier Jahre, jeweils am ersten Julisonnabend gefeiert – die nächste am 3. Juli 2021. An diesem Tag wird die Patrona der Insel von der Ermita Virgen de los Reyes über 28 km auf den gleichnamigen Camino in die Inselhauptstadt Valverde getragen. Der feierliche Umzug wird von Musik und Tanz begleitet. Das Fest dauert fast einen Monat, während dessen die Jungfrau alle wichtigen Orte der Insel besucht. Um die Flugkapazitäten von 4.456 Sitzplätzen auf 8.928 Sitzplätze zu erhöhen, wurden 2017 62 Sonderflüge eingesetzt. Interessante Impressionen findet man unter: http://www.bajadaelhierro.com.

Die Kanarischen Inseln sind bekannt für ihren bunten und etwas anderen **Karneval.** So stammt die Tradition bereits aus dem 16. Jahrhundert, aber als Instrument, um ihre Meinung zum Ausdruck zu bringen. Das festliche Vergleichen und satirische Reden wurde von König Carlos I. verboten und erst 200 Jahre später wieder aufgehoben. Unter der Diktatur von General Franco wurde das bunte Treiben abermals verboten. Der Höhepunkt des närrischen Treibens ist die sogenannte Fiesta de los Carneros, das Fest der Hammel. Diese Feierlichkeit erinnert an das Hirtenleben der Ureinwohner zu Zeiten, als Sie noch mit Ziegenherden umherzogen. Männer verkleiden sich mit den Fellen als Hammel, Gesichter, Beine und Arme werden schwarz angemalt.

Weitere bedeutende Feste:

25. April	Fiestas de Los Pastores, Schäferfest, La Dehesa
3. Mai	La Cruz, El Pinar
15. Mai	San Isidro, Valverde
1. Sonntag im Juni	La Apanada, San Andrés
24. Juni	La Restinga und Las Puntas
16. Juli	Virgen del Carmen, La Restinga
10. August	Candelaria, La Frontera
12. September	La Paz, El Pinar
24. September	Los Reyes, La Dehesa
28. Oktober	San Simón, Sabinosa

Feiertage:

1. Januar	Neujahrstag
6. Januar	Heilige Drei Könige
Gründonnerstag	
Karfreitag	
Ostersonntag	
1. Mai	Tag der Arbeit
30. Mai	Tag der Kanaren
Pfingstsonntag	
Fronleichnam	
15. August	Maria Himmelfahrt
12. Oktober	Tag der Entdeckung Amerikas
1. November	Allerheiligen
6. Dezember	Tag der Verfassung
8. Dezember	Maria Empfängnis
25. Dezember	Weihnachten

Öffnungszeiten

Wie überall in Spanien beginnt täglich gegen 13 Uhr die Siestazeit. Die Läden werden geschlossen, die Arbeit eingestellt und man legt sich nach einem kleinen Imbiss zur Ruhe. Die Siesta ist auch hier heilig. Keinesfalls sollte man während der Siesta stören. Ab 16 Uhr kommt wieder Leben auf, die Geschäfte öffnen erst gegen 17 Uhr.

Fremdenverkehrsämter

Spanisches Fremdenverkehrsamt Berlin | Lietzenburger Str. 99, **10707 Berlin** | 0308826543.

Spanisches Fremdenverkehrsamt Düsseldorf, Grafenberger Allee 100 | **40237 Düsseldorf** | 02116803980.

Spanisches Fremdenverkehrsamt Frankfurt, Myliusstr. 14 | **60323 Frankfurt am Main** | 069725033.

Spanisches Fremdenverkehrsamt München, Schubertstraße 10, **80336 München** | 08953074611.

Spanisches Fremdenverkehrsamt Wien, Walfischgasse 8/14, **1010 Wien** | +4315129580.

Spanisches Fremdenverkehrsamt Zürich, Seefeldstr. 19, **8008 Zürich** | +41442536050.

Informationen vor Ort:
Fremdenverkehrsamt in Valverde | Öffnungszeiten Montag bis Freitag 8 – 15 Uhr | C/ Doctor Quintero, 4, **38900 Valverde** | http://elhierro.travel/en/5432-2/ | turismo@el-hierro.org | +34922550 326 | turismo@el-hierro.org | GPS-Pkw 27.807210 -17.915439.

Fremdenverkehrsamt am Flughafen **Aeropuerto de El Hierro** (VDE) | | Öffnungszeiten Montag bis Freitag 8 – 15 Uhr | Calle Cangrejo, s/n, **38910 Villa de Valverde** | http://elhierro.travel/en/5432-2/ | turismo@el-hierro.org | +34922550 326 | turismo@el-hierro.org | GPS-Pkw 27.813957 -17.884890.

Briefmarken und Briefkästen
Seit der Deregulierung der spanischen Post gibt es mehrere Anbieter auf den Kanarischen Inseln, die meisten auf Teneriffa. Kauft man Postkarten in Souvenirläden oder kleineren Geschäften, so erwirbt man oft Briefmarken der privaten Postanbieter wie Swiss Post und Sun Post. Und nun Achtung! Mit solchen Marken ausgestattete Post muss in die jeweiligen Briefkästen gesteckt werden. Dieses Problem gibt es auf El Hierro noch nicht, die Briefkästen der staatlichen Post Correos sind auf El Hierro gelb. Briefmarken kann man erwerben: | Correo 3, **38900 Valverde** | Tigaday 23, **38911 Frontera** | Die Preise kann man sich unter der folgenden Webseite errechnen lassen: http://www.correos.es/ss/Satellite/site/aplicacion-1349167937256-herramientas_y_apps/detalle_app-sidioma=en_GB.

Apps | Internet | Literatur | Zeitschriften

Apps
GPSTrackFinder Wanderführer – Android
GPSTrackFinder Wanderführer – Apple
El Hierro Sehenswürdigkeiten – Android

Internet
Die Inselregierung - Cabildo El Hierro, http://www.elhierro.es/
Das Windwasserkraftwerk - Hydroeólica, http://www.goronadelviento.es/
Artikel über die Ureinwohner, http://brigittekramer.net/?p=2023
Wanderwege - Senderismo, http://www.elhierronatural.com/
Geological map of El Hierro, Canary Islands, https://www.researchgate.net/publication/233747096_Geological_map_of_El_Hierro_Canary_Islands

Wanderweg von El Hierro als pdf, http://elhierro.travel/wp-content/uploads/2013/03/RED-SENDEROS.pdf
GPSTrackFinder Webseite mit 50 Wanderungen auf El Hierro, http://www.gpstrackfinder.com/de/

Zeitschriften
Lokale Nachrichten – Periódico digital

Literatur
Baedeker Reiseführer La Palma, El Hierro
El Hierro, Autokarte 1:30.000, freytag & berndt Auto + Freizeitkarten
KOMPASS-Verlag – Wanderführer El Hierro
KOMPASS-Verlag – Wanderkarte

MEINE LIEBLINGSTOUR

WANDERUNG 20 | Wir erleben die pure Energie dieser einzigartigen Landschaft und einen atemberaubenden Blick in das 1.350 m tiefer gelegene El-Golfo-Tal, einen Panoramablick über die Nisdafe-Hochebene und einen Fernblick zu den Nachbarinseln La Palma, La Gomera und Teneriffa. Und ganz nebenbei werden der sechsthöchste Berg, der Asomados, 1.372 m, der siebthöchste Berg, der Jinama, 1.350 m und der achthöchste Berg, der Timbarombo, 1.339 m bestiegen.

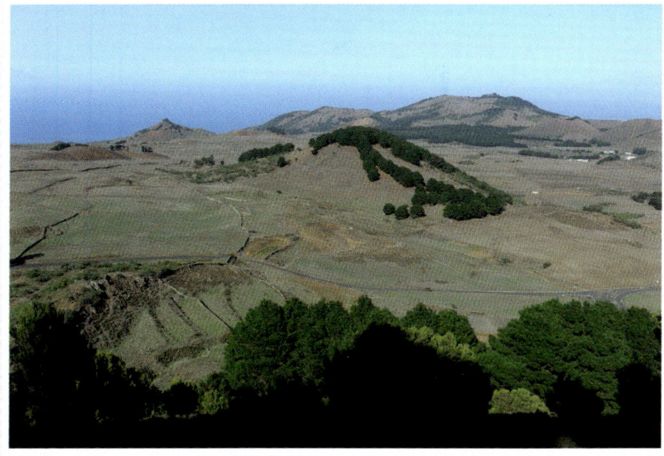

MEINE HIGHLIGHTS

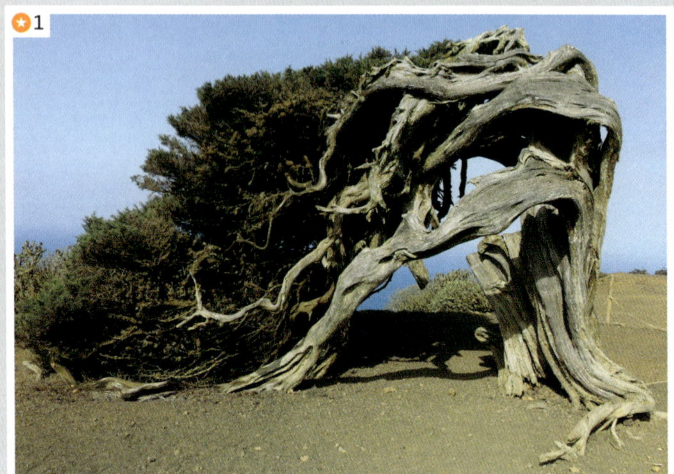
1

1: El Sabinar | Die mystisch anmutenden Zedernwacholderbäume auf der La Dahesa Hochebene sind die berühmtesten Bäume auf der Insel. Die kräftig blasenden Passatwinde haben ihr Geäst künstlerisch bis auf den Boden gebogen - ein Naturschauspiel der Extraklasse. → Tour 21 und 25, Seite 112 und 126

2: Der immergrüne Nebelwald | In der passatorientierten und damit feuchteren Region auf El Hierro befindet sich die Waldstufe mit dem immergrünen Lorbeerwald, mit Gabelbäumen, dem Baumheidebuschwald, Farnen, Moosen, Flechten und die Gänsedistel. → Tour 22 , Seite 115

3: Der Arco de La Tosca | Das größte Brandungstor auf El Hierro, die Überreste einer größtenteils eingestürzten Lavatunnels, der durch die Erosion der Brandung kontinuierlich abgetragen wird. → Tour 28, Seite 136

4: Die Hochebene Mesata de Nisdafe | Surrealistisch wirkende grünen Wiesen auf den Hochebenen von El Hierro. Dort weiden Kühe, Pferde und Ziegen - getrennt durch ein gigantisches Netz aus Trockensteinmauern. → Tour 37, Seite 170

5: Atemberaubende Tiefblicke in das große Halbrund des El-Golfo-Tals | Auf den Wanderungen entlang des zentralen Bergmassivs ergibt sich aus luftiger Höhe eine gigantische Fernsicht über die Küstenlinie von El Hierro, bis zu den Nachbarinseln La Gomera, La Palma und Teneriffa. → Tour 22 , Seite 115

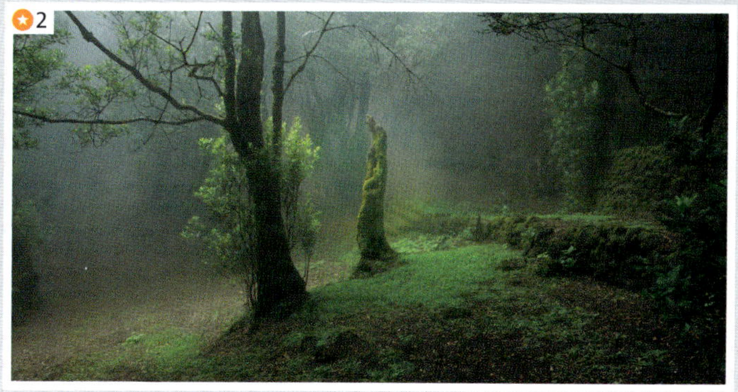
2

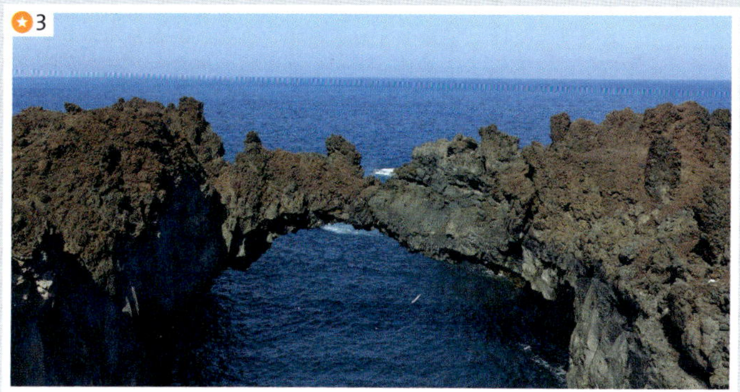
3

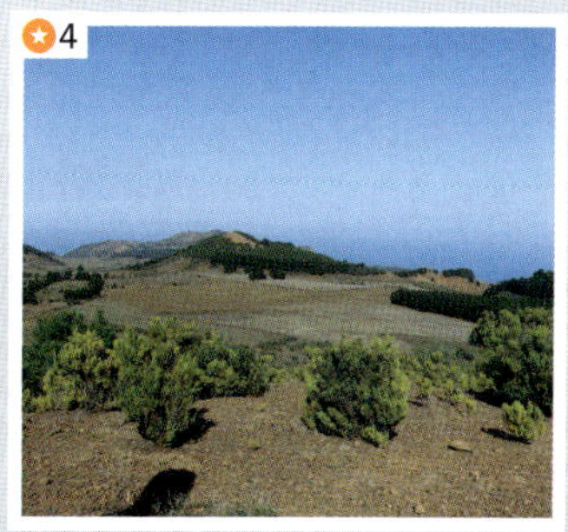
4

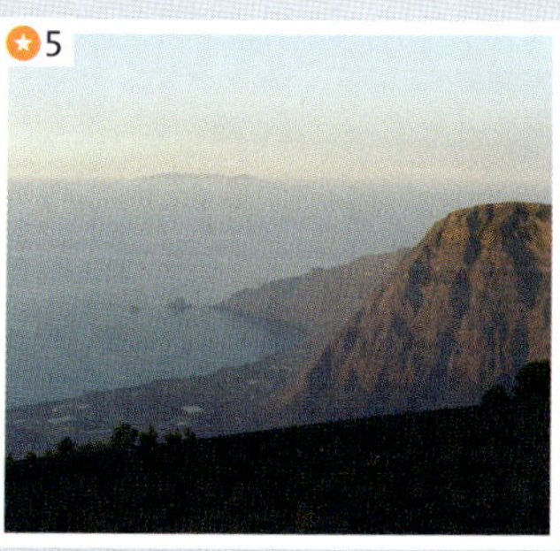
5

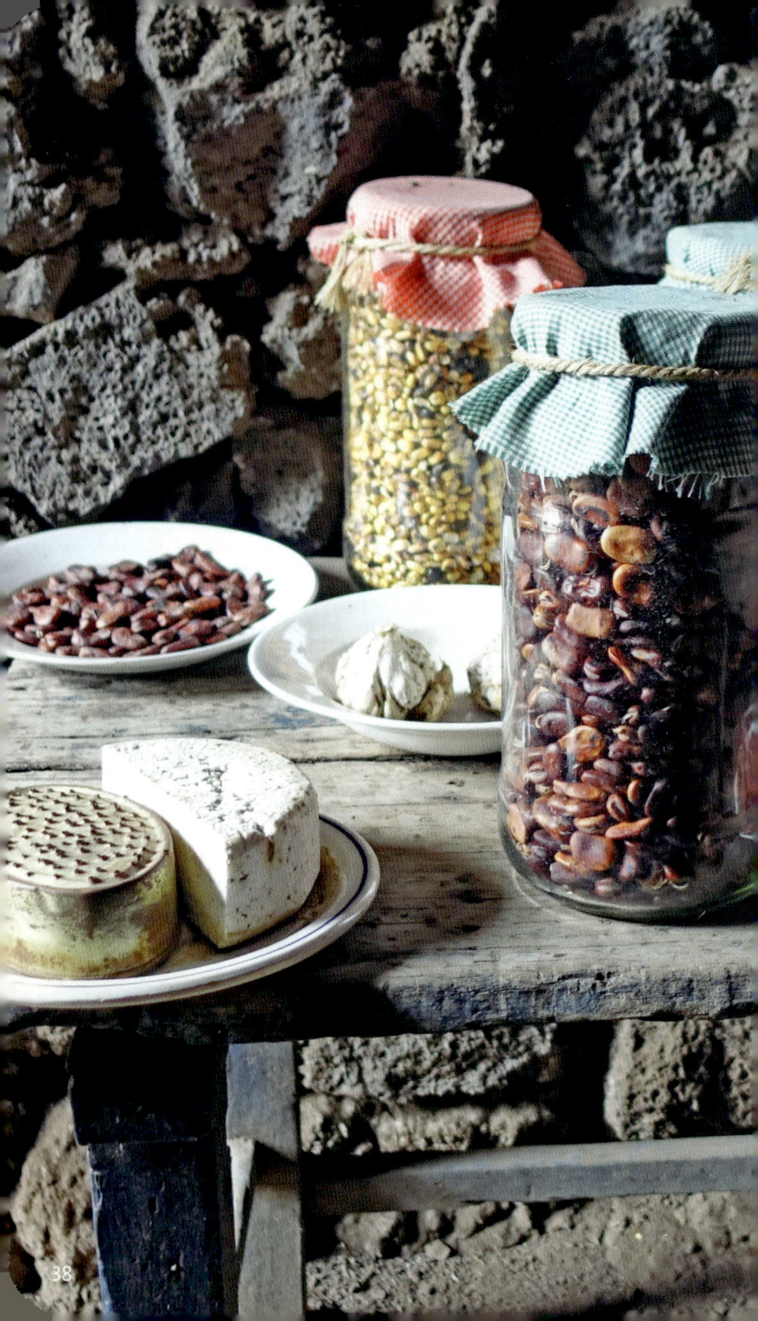

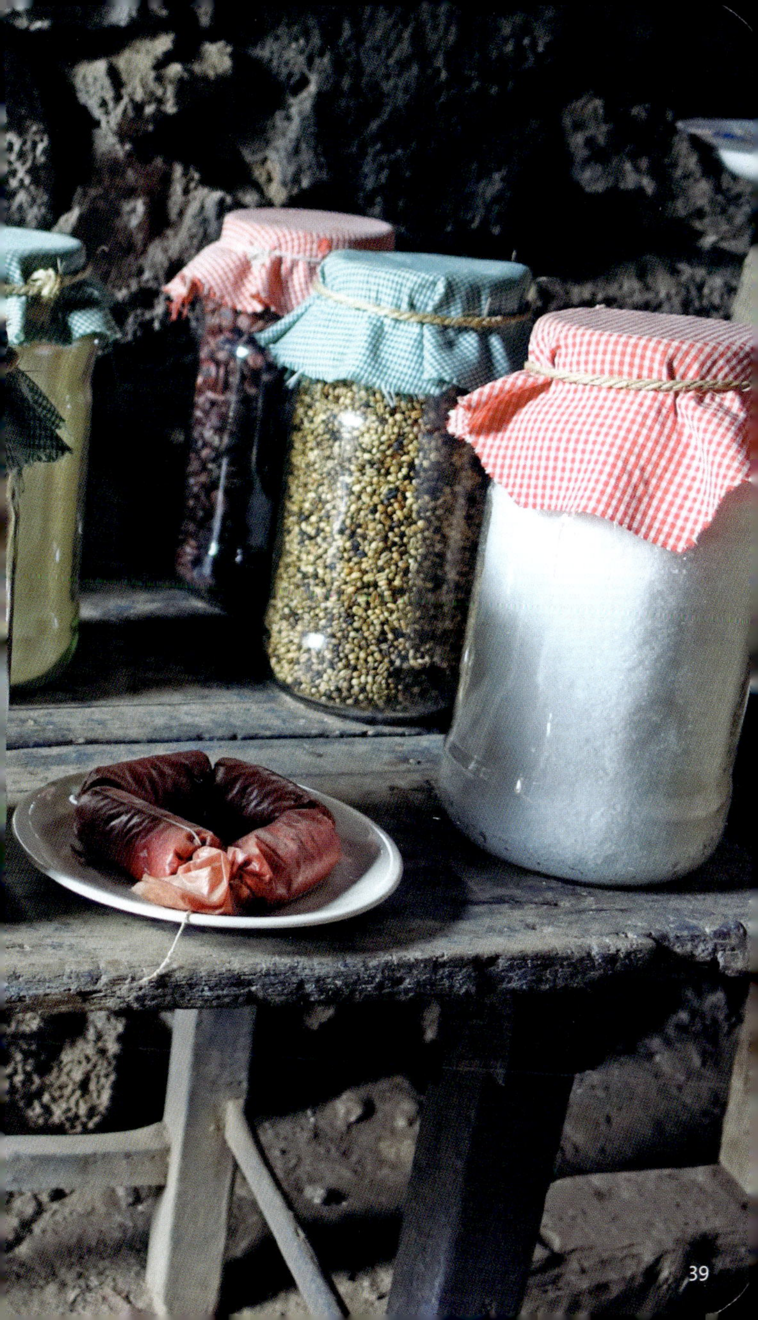

1

LA RESTINGA – MONTAÑA DE PUERTO DE NAOS – CUEVA DE DON JUSTO – MONTAÑA RESTINGA

Orientierungswanderung durch die Vulkanlandschaft

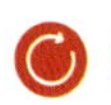  5,9 km 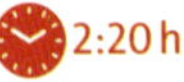 2:20 h  196 hm 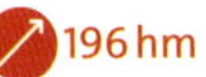 197 hm   242

START | Busverbindung: Die Buslinie 2 fährt von Valverde nach El Pinar und weiter geht es mit der Linie 8 nach La Restinga. Pkw Anfahrt: Der Start liegt im Süden der Insel und ist 32 km von Valverde entfernt. Man fährt auf der HI-1 und HI-4 bis nach La Restinga und parkt an der Promenade.
Geokoordinaten: [GPS: N27° 38,428980 O-17° 58,914000].
CHARAKTER | Ein wegloses Stück erfordert Erfahrung bei der Navigation im weglosen Gelände. Bis auf den steilen und gerölligen Abstieg von der Montaña Restinga eine einfache Wanderung.

Wanderung zu einem der schönsten Aussichtspunkte im Süden der Insel, der Montana de Puerto de Naos. Man genießt einen atemberaubenden Ausblick auf das Meer und die umliegenden Vulkankegel zwischen El Pinar und La Restinga. Die Vulkanlandschaft mit seinem dunklen Gestein steht in einem tollen Kontrast zu dem blauen Wasser. Bei guter Sicht schaut man entlang der nordwestlichen Küstenlandschaft von El Hierro – dem sogenannten Julanbergsturz – über die Meeresschwimmbecken von Cala de Tacoron bis hin zum weit entfernten Leuchtturm Orchilla. Kleine Tour große Augen.

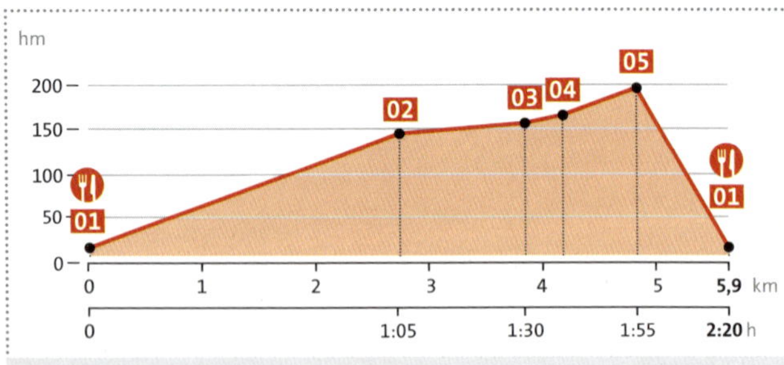

01 Start und Ziel La Restinga 8 m; 02 Montaña de Puerto de Naos 149 m; 03 Cueva de Don Justo 153 m; 04 HI-e 167 m; 05 Montaña Restinga 198 m

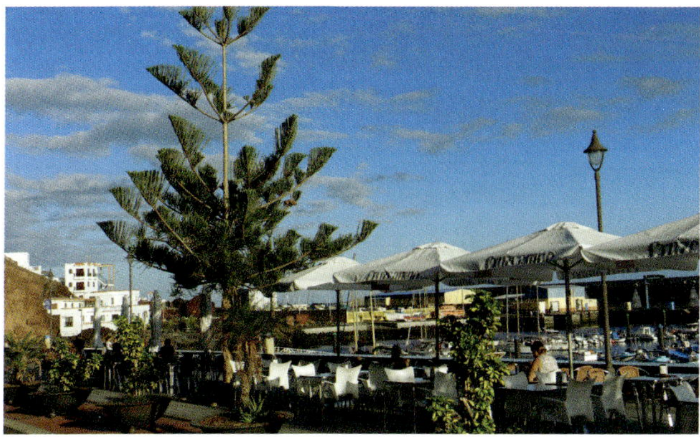
Die Seepromenade in La Restinga

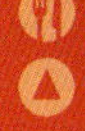
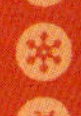
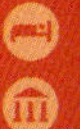

▶ Vom Start und Ziel in **La Restinga** 01 (8 m) folgen wir der Einbahnstraße entlang der Promenade. Kurz hinter der Apartmentanlage Arenas Blancas endet die Straße. Wir gehen halb links auf der Schotterpiste weiter, um nach 150 m auf einem Trampelpfad in die Vulkanlandschaft einzutauchen. Es folgt ein Wirrwarr aus verschiedenen Pfaden, wir orientieren uns Richtung zweier Betonsäulen. Beim Näherkommen gehen wir auf die dem Meer abgewandte Säule zu. Vorbei kommen wir an einer kleinen Bucht und überqueren eine Anhöhe. Wir sehen 2 weitere Betonsäulen. Durch diese gehen wir auf einer gedachten Linie mittig hindurch – bis ein Weiterkommen aufgrund von zerklüfteten Gesteinsbrocken unmöglich ist. Wir steigen auf den halb rechts vor uns liegenden Bergrücken und gehen nun auf einem gut auszumachenden Pfad Richtung Landesinnere. Links befindet sich das Meer und halb links in der Ferne sehen wir den rot schimmernden Gipfel der **Montaña de Puerto de Naos** 02 (149 m). Aber zunächst schlängelt sich der Pfad kontinuierlich bergauf, bis wir in der Ferne die Leitplanke der Straße erkennen können. Fortan gehen wir halb links auf dem Pfad zum Giptel mit dem rot schimmernden Gestein – einem der schönsten Aussichtspunkte im Süden der Insel. Nach kurzem Abstieg erreichen wir flacheres Gelände – Zeit, um sich den weiteren weglosen Abschnitt von diesem erhöhten Standort anzuschauen. Mit dem Meer im Rücken sehen wir zwei markante Vulkane im Landesinneren. Wir denken uns eine Linie, vom Standpunkt bis direkt zur Einsattelung zwischen den beiden Vulkanen führt. Weglos gehen wir nun auf dieser gedachten Linie vorbei an einem Minivulkan, queren eine Piste und sehen halb links oberhalb in 200–300 m Entfernung eine Ruine. Nach einem längeren Wegstück sehen wir rechts unterhalb die Straße, wir halten uns weiterhin an die eingeschlagene Richtung. Ist die Navigation gelungen, treffen wir auf den 2 × 2 m kleinen, mit einem Metallgitter versperrten Eingang zur **Cueva de Don Justo** 03 (153 m). Sie ist in Privatbesitz. Immer

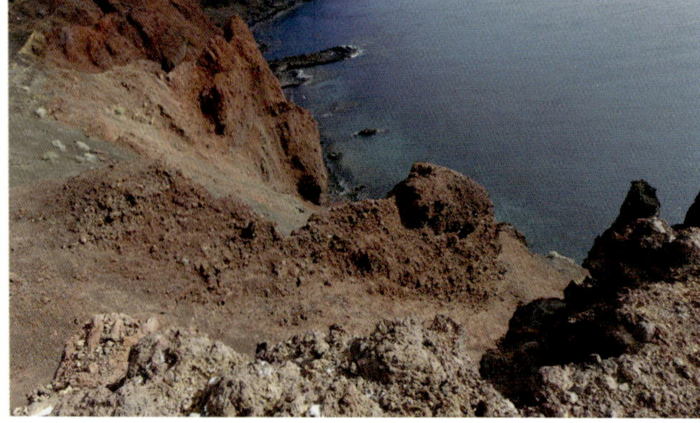

Steil abfallende Klippen an der Montaña de Puerto de Naos, 158 m

wieder haben sich Hobbygeologen im Labyrinth der Höhle verlaufen – logische Konsequenz, sie wurde geschlossen. Schade, denn sie ist mit geschätzten 7,5 km die längste Höhle auf El Hierro. Wir gehen bis zur Straße **HI-4** 04 (167 m) hinunter und folgen dieser Richtung El Pinar, bis wir kurz hinter der Einsattelung auf eine kleine Betonsäule treffen, auf der die Nummer 12 geschrieben ist. Hier verlassen wir die Straße nach rechts und wandern zunächst durch die Senke bergab, weglos und abschnittsweise auf Ziegenpfaden – direkt auf die Flanke des vor uns liegenden Vulkans zu. Wir gehen parallel zu einer Trockensteinmauer, bis wir durch einen Mauerdurchbruch gehen. Von nun steigen wir auf Ziegenpfaden auf den halb rechts von uns liegenden Bergrücken bis zum Gipfel der **Montaña Restinga** 05 (195 m) auf. Und es kann sehr windig werden, denn die Passatwinde treffen ungebremst

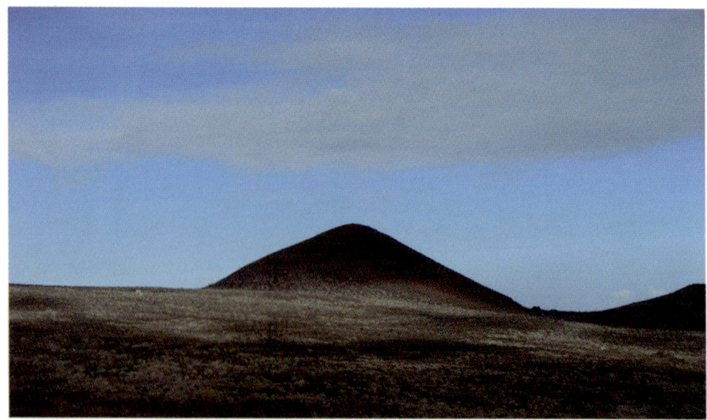

Weglos Richtung der Cueva de Don Justo

auf die ersten Hügelketten von El Hierro. Am Gipfel angekommen schauen wir aus der Vogelperspektive auf das kleine Fischerdorf La Restinga. Zum Abstieg gehen wir weitere 70 m halb links auf dem Vulkankrater, um dann auf einem nicht so steilen, aber trotzdem gerölligen und rutschigen Untergrund sich Richtung des rotbraunen Gebäudes zu orientieren – dieses befindet sich halb links unterhalb von uns. Kurz unterhalb des Gebäudes befindet sich ein Strommast, hier treffen wir auf einen Pfad Richtung La Restinga. Dieser führt vorbei an der Bushaltestelle, auf einer der Straßen geht es bis zum Hafengelände hinunter.

Hinweis

In der Zeit von Ende Februar bis Anfang Juli ist die Besteigung der Montaña de Puerto de Naos untersagt, um die Niststätten der dort ansässigen Vögel zu schützen.

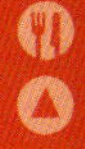

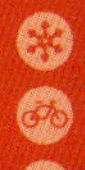

Variante

Quert man direkt hinter dem Wegpunkt 03 die Straße und läuft zunächst weglos in die Senke hinunter, im weiteren Verlauf parallel zur links liegenden Montaña Restinga, so trifft man auf talwärts führende Lichtmasten und einen Pfad, der in die Zubringerstraße nach La Restinga mündet. Mit dieser Variante meidet man den steilen Abstieg von der Montaña Restinga. Somit Ist der Schwierigkeitsgrad der Wanderung einfach, also blau.

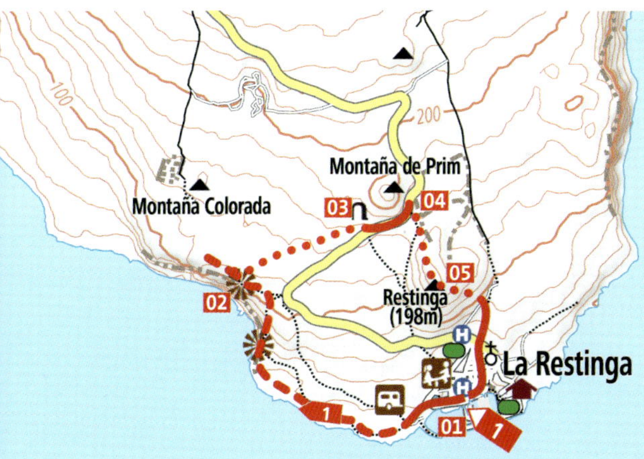

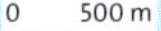

2

CENTRO DE INTERPRETACIÓN VULCANOLÓGICA – ROQUE GRANDE – MONTAÑA DE JULÁN – CUEVA LAS PALOMAS

Vulkanische Landschaften par excellence

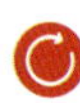 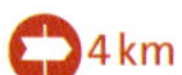 4 km 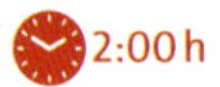 2:00 h 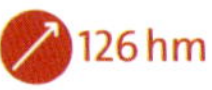 126 hm 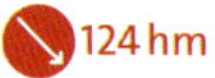 124 hm 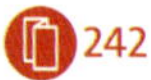 242

START | Busverbindung: Die nächstgelegene Bushaltestelle – Cruze a Tacorón – der Linie 8 liegt 550 m bergab auf der Straße nach La Restinga, direkt an dem rechten Abzweiger zur Cala de Tacorón. Pkw-Anfahrt: Der Start liegt im Süden der Insel und ist 26 km von Valverde entfernt. Man fährt auf der HI-1 und HI-4 bis Richtung La Restinga bis zu einem alleinstehenden Gebäude auf der linken Seite, das vulkanologische Interpretationszentrum – mit vielen Parkplätzen.
Geokoordinaten: [GPS: N27° 39,904020 O-17° 59,706000].
CHARAKTER | Leichte Wanderung, aber trotzdem ist Vorsicht geboten auf dem bröseligen Vulkangestein.

Vor nur mal 20.000 Jahren bildete sich die Vulkanlandschaft zwischen El Pinar und La Restinga und ist bis heute aufgrund der idealen Klimabedingungen sehr gut erhalten. Wir treffen auf Lavakanäle, Lavatunnel viele kleine und große Vulkane – in deren Schlünde man tief hineinschauen kann. Am höchsten Punkt ergibt sich atem-

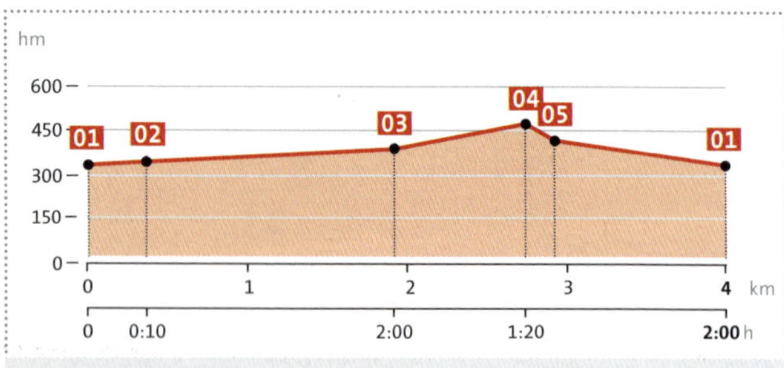

01 Centro Vulcanológica 320 m; 02 Lavakanal 342 m; 03 Roque Grande 418 m; 04 Montaña de Julán 455 m; 05 Cueva las Palomas 427 m

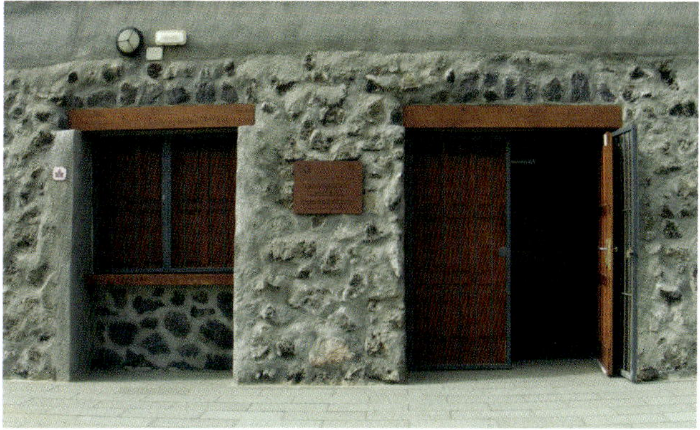

Am Eingang zum Centro Vulcanológica

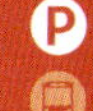
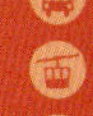
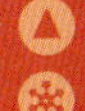

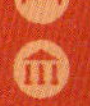

beraubender 360° Rundblick über Vulkankegel am südlichsten Zipfel von El Hierro. Auf wenigen Wanderungen auf El Hierro kann man den Vulkanismus so nah erleben – eine kraftvolle und von Emotion geprägte Region.

▶ Sehr lohnenswert ist ein Besuch der beiden Gebäude des **Centro Vulcanológica** 01 (320 m). Die Öffnungszeiten sind Dienstag bis Donnerstag von 10 bis 18 Uhr. Zur Wanderung gehen wir auf der Anfahrtsstraße Richtung El Pinar. Nach 450 m befindet sich links oberhalb der Straße ein perfekt erhaltener offener **Lavakanal** 02 (342 m). Er entsteht dadurch, dass die Ränder des Lavastroms schneller abkühlen und das Gestein sich verfestigt, während in der Mitte des Lavastroms weiter flüssiges Material schließt. Dieser Kanal ist ca. 50 cm breit und 30–50 cm hoch. Bei gleichbleibender Flußgeschwindigkeit kann sich über der Oberfläche eines Lavakanals eine Decke aus abgekühltem Gestein bilden und dadurch ein Lavatunnel entstehen. Nach weiteren 200 m verlassen wir die Straße nach links, durch ein Gatter geht es weiter auf einer Piste. Auf einem kurzen Wegstück passieren wir insgesamt 3 Gatter und gehen auf der Piste Richtung eines Vulkans, der sich markant aus der umliegenden Ebene erhebt – der **Roque Grande** 03 (418 m). Links vom Wegesrand stehen idyllisch und einsam Feigenbäume. Auf Höhe eines einzelstehenden Haus gehen wir halb links, leicht bergauf, bis wir vor einem kleinen weißen Kasten die Piste Richtung eines großen Vulkanschlunds verlassen. Auf dem weiteren Weg gehen wir links an dem Vulkanschlot vorbei, rechts unterhalb des Gipfels der Roque Grande. Teilweise weglos oder auf Pfaden, passieren wir zwei Mauerdurchbrüche und kommen an einer Zisterne vorbei. Wir stoßen auf eine weitere Mauer, an der wir halb rechts entlanggehen, bis zur Einsattelung zwischen einem kleineren und einem größeren Vulkan. Bevor wir mit dem Aufstieg auf den linken größeren Vulkan beginnen, kann man noch einen Abstecher zu dem rechts von uns liegenden und kleineren Vulkan machen,

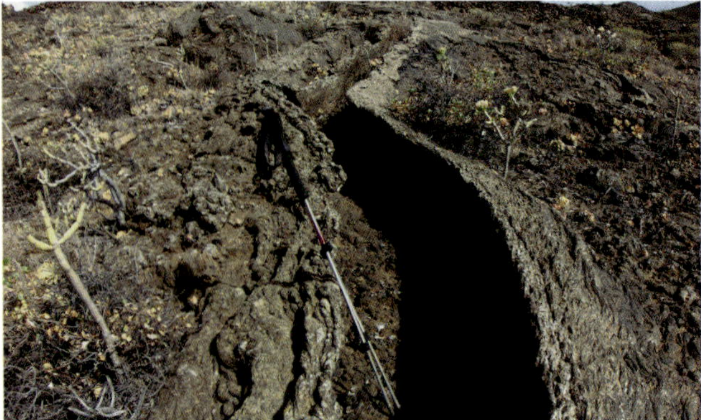

Ein perfekt erhaltener Lavakanal

Hinweis

Es steht weder irgendwo geschrieben noch weisen Hinweisschilder darauf hin, aber die Höhle befindet sich auf einem Privatgrundstück. Im ungünstigsten Fall könnte man aufgefordert werden, das Grundstück zu verlassen. Achtung! Vor einigen Jahren ist ein Schweizer zu tief in die Höhle gegangen, er verlor seine Taschenlampe und fand nicht mehr heraus und starb. Daher geht man nur so tief in die Höhle, dass man das Tageslicht noch sehen kann.

besonders tief schaut man dort in seinen Schlund. Wir gehen wieder zum ursprünglichen Weg zurück und folgen einem der Ziegenpfade, die nun direkt auf den großen Vulkan führen – die **Montaña de Julán** 04 (455 m). Wir überschreiten den Berggipfel und steigen

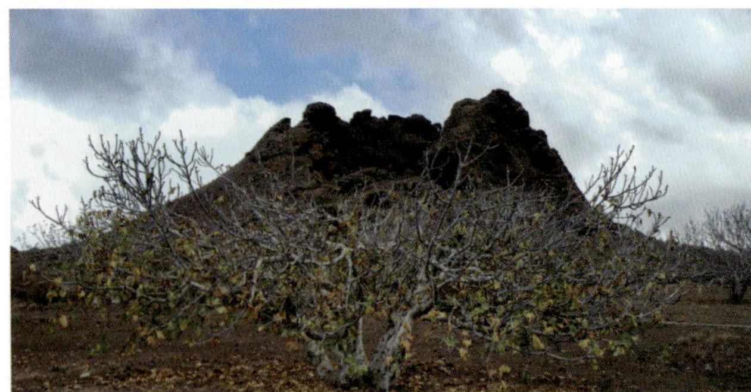

Hinter einem Feigenbaum befindet sich der Roque Grande

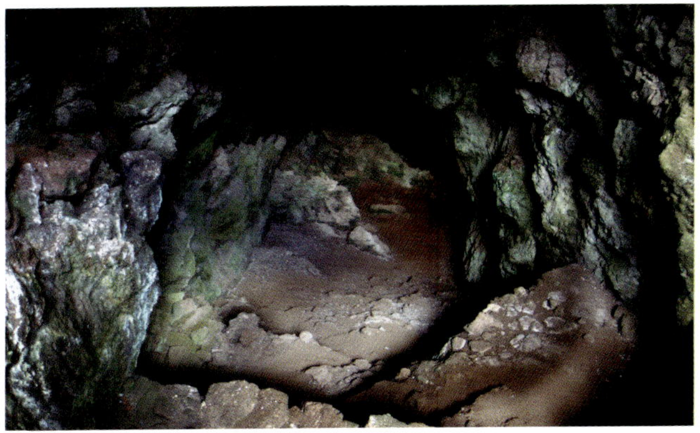

Am Eingang der Cueva Las Palomas

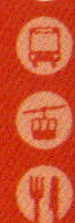

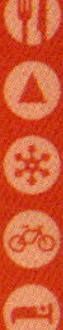

auf seinem Grat zu einer Steinpyramide ab, der Höhlenwächter der **Cueva Las Palomas** 05 (427 m). Nach der Höhlenexkursion steigen wir ein paar Meter bis zur Einsattelung auf, um dort parallel zur rechts von uns liegenden Trockensteinmauer wieder abzusteigen. Vorbei an kleinen Feigenbäumen erreichen wir eine Ebene, auf der rechts ein 7 m hoher Vulkankegel steht. Hinter dem Vulkan befindet sich eine Steinmauer, an der wir links bergauf gehen bis zu einem Steinmännchen und einem Mauerdurchbruch. Wir umlaufen den links von uns liegenden Vulkan in einer langen Linkskehre, bis unterhalb die Straße zu erkennen ist. Durch das bröselige Vulkangestein gehen wir weglos bis zum Ausgangspunkt.

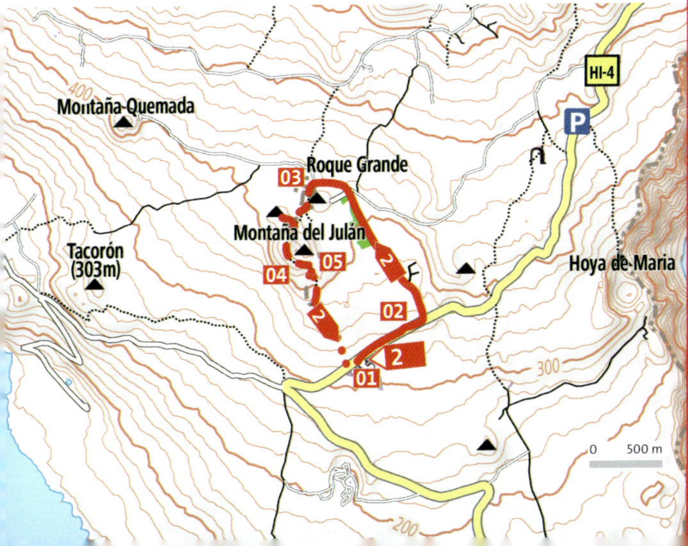

CALA DE TACORÓN – PLAYA DEL LAJES DE LANCE – CUEVA DEL DIABLOA

Exkursion zu einer schönen Höhle und zwei Bademöglichkeiten

 4,6 km 

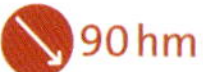

START | Busverbindung: keine. Pkw-Anfahrt: Der Start liegt im Süden der Insel und ist 31 km von Valverde entfernt. Man fährt auf der HI-1 und HI-4 Richtung La Restinga, biegt aber bei dem Cruze a Tacorón halb rechts zur Cala de Tacorón ab, wo es einen großen Parkplatz gibt.
Geokoordinaten: [GPS: N27° 40,338000 O-18° 1,557000].
CHARAKTER | An den Kletterstellen, wo man die Hände zur Hilfe nimmt, sind Schwindelfreiheit und Trittsicherheit erforderlich.

Während im Nordwesten von El Hierro öfters Passatwolken die Sicht trüben, führt diese Wanderung durch den sonnenbegünstigten Süden zu traumhaft gelegenen Badestellen und einer riesigen Höhle. Aber, man muss schon expeditionsfreudig sein, um die vielen Kletterstellen alle zu absolvieren – eben ein Weg der Langsamkeit.

▶ Vom großen Parkplatz oberhalb des einzeln stehenden Hauses, vom **Start und Ziel** 01 (21 m) führen zwei mit Steinen gepflasterte Wege zu wunderschönen und atemberaubenden Lavabuchten. Die Rede ist von der **Cala de Tacorón** 02 (0 m). Den Besucher erwartet ein faszinierender Badespaß im sehr sauberen Wasser.

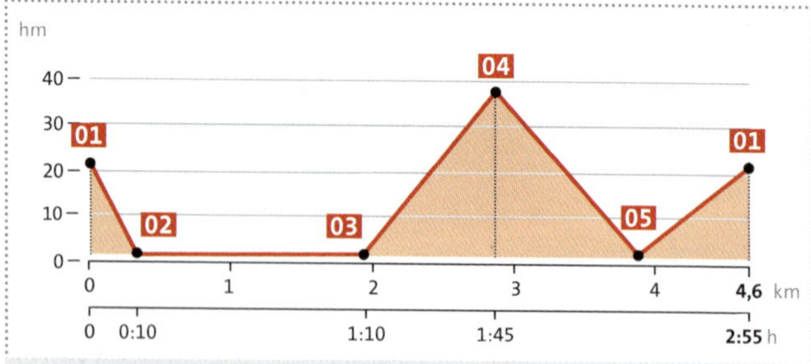

01 Start und Ziel 21 m; 02 Cala de Tacorón 0 m; 03 Playa del Lajes del Lance 0 m; 04 Straße HI-410 39 m; 05 Cueva del Diabolo 6 m

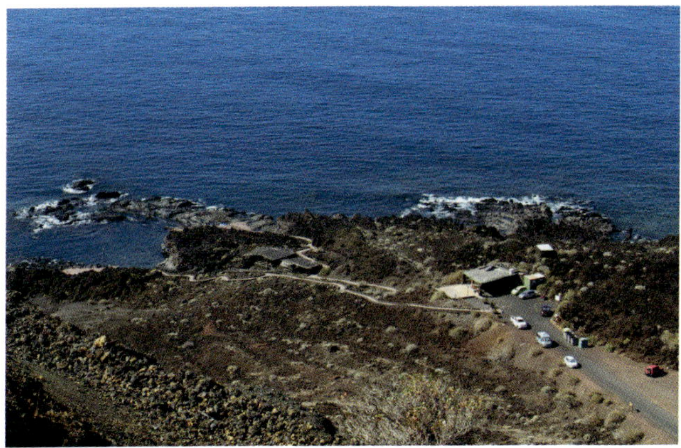

Die Cala Tacorón von der Anfahrtsstraße aus gesehen

Der nur mäßige Wellengang lädt zum Schnorcheln ein, entdecken kann man absolut faszinierende Meeresfauna. Schattige Grillplätze gewährleisten einen gemütlichen Aufenthalt bei spektakulärer Aussicht. Vielleicht sollte man den Besuch der Badebucht eher an das Ende der Wanderung legen, somit verfällt man nicht der Versuchung, einfach nur das Badevergnügen zu genießen. Zunächst einmal geht es auf der Anfahrtsstraße bergauf, um bereits nach 120 m halb links auf die Schotterpiste mit rotem Lavagestein abzubiegen und diese bis zum Ende zu wandern. Ganz rechts von der Parkbucht, unterhalb steiler Felswände, beginnt ein schmaler Pfad. Bereits nach einigen Metern versperrt ein großer Felsen das Weiterkommen, entweder man klettert an dem Felsen direkt hoch oder umläuft ihn auf seiner rechten Seite – sehr steil bergauf durch weichen Sand. Ein kurzes Stück ist ein Pfad auszumachen, dann klettert man entlang einer offenen Höhle und unter einem riesigen Stein hindurch. Nachdem wir unzählige riesige rund geschliffene Steine hinter uns gelassen haben,

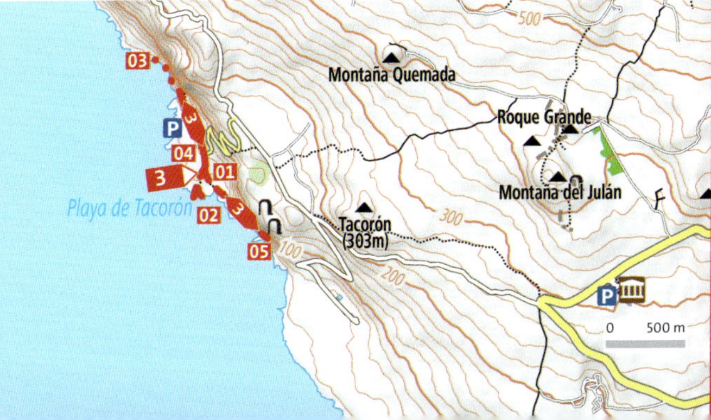

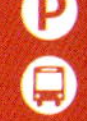
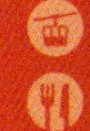
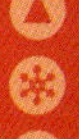
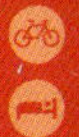
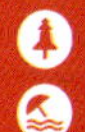

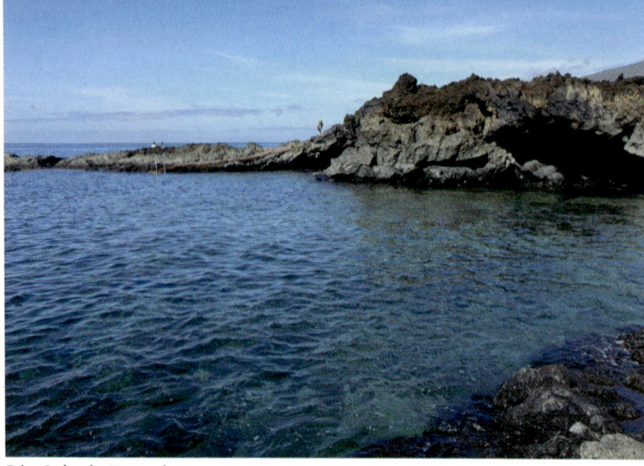

Die Cala de Tacorón

ist der schwarz-rote feinsandige und 10 × 15 m große **Playa del Lajes del Lance** 03 (0 m) erreicht. Vom Meer weht meistens eine kühle Brise und ein 10 m hoher bizarr geformter Roque aus vulkanischen Gestein lässt uns staunen. Auf der Suche nach Einsamkeit und Abgeschiedenheit der perfekte Ort. Wir gehen auf dem gleichen Weg zurück, queren die **Strasse HI-410** 04 (39 m) und gehen auf Höhe des Parkplatzes auf dem nach links abzweigenden Pfad. Vorbei kommen wir an weiteren überdachten Picknickplätzen, bis der Pfad zu einer Anhöhe ansteigt. Auf dem folgenden schwer auszumachenden Pfad kommt man nur mit ausgeprägten Sucherfähigkeiten weiter. Die Überreste vom Pfad schmiegen sich an die steile Felswand, an mehreren Stellen ist der Weg aufgrund eines Bergrutsches gar nicht mehr vorhanden. Auf Fragmenten des übrig gebliebenen Wegabschnittes geht es langsam voran, Steinmännchen helfen bei der Orientierung. Wir erreichen den Zugang der **Cueva del Diabloa** 05 (6 m). Den ehemaligen komfortablen Treppenabstieg in die Höhle hat sich das Meer geholt, so muss man an einer 3 m hohen Felswand hinunterklettern. Die schwierigste Stelle dieser Tour. Es besteht Absturzgefahr! Die Höhle des Teufels ist ca. 50 m breit, 50 m lang und ca. 20 m hoch. Die nach oben hin gewölbte Höhlendecke erinnert an ein Kirchengewölbe. Vom Meer her dringen Lichtstrahlen in die Höhle und erzeugen ein spektakuläres Lichtspiel. Es geht auf derselben Strecke wie auf dem Hinweg zurück.

Achtung!

Bei Regen und starkem Wind besteht erhebliche Steinschlaggefahr auf dem schmalen Pfad. Hinweis: Nur bei sehr geringem Wellengang kann man in die 35 m breite, 25 m lange und 10 m hohe Höhle absteigen.

HOYA DE MARIA – PLAYA POZO

4

Spektakulärer Abstieg durch eine Felswand

 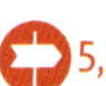 5,2 km 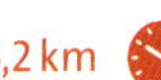 2:10 h 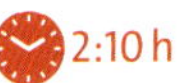 503 hm 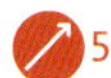 515 hm  242

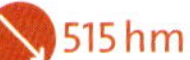
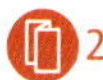
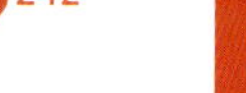

START | Busverbindung: keine. Pkw-Anfahrt: Der Start liegt im Süden der Insel und ist 24 km von Valverde entfernt. Man fährt zunächst auf der HI-1 und HI-4 durch El Pinar Richtung La Restinga. Hinter dem am rechten Straßenrand stehenden Wegweiser aus Holz, mit der Aufschrift Montaña La Lajura und Montaña Quemada, folgt eine Links- und Rechtskehre. 50 m vor einem 60 km/h-Verkehrsschild parken wir auf der rechten Seite in einer Parkbucht.
Geokoordinaten: [GPS: N27° 40,786980 O-17° 58,753020].
CHARAKTER | Mühsame und mittelschwere Wanderung über größtenteils verschüttete Pfade, die schwer auszumachen sind.

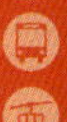
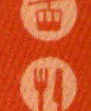
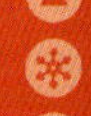
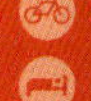
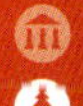

Die Ostküste von El Hierro, zwischen Las Playas und La Restinga, ist geprägt von mächtigen Felswänden – die 800 m hoch aus dem Meer aufragen. Auf dem ersten Blick, definitiv nicht geeignet zum Wandern. Aber ein spektakulärer Pfad führt durch diese Felswände, angelegt um eine Wasserleitung und eine Pumpstation zu bauen. Inzwischen hat sich die Natur diesen Pfad größtenteils wieder zurückgeholt, so ist der Abstieg nichts für schwache Nerven – Trittsicherheit und Schwindelfreiheit sind auf dieser Wanderung Bedingung. Was bleibt, ist das Hochgefühl, eine derartige Herausforderung, gemeistert zu haben.

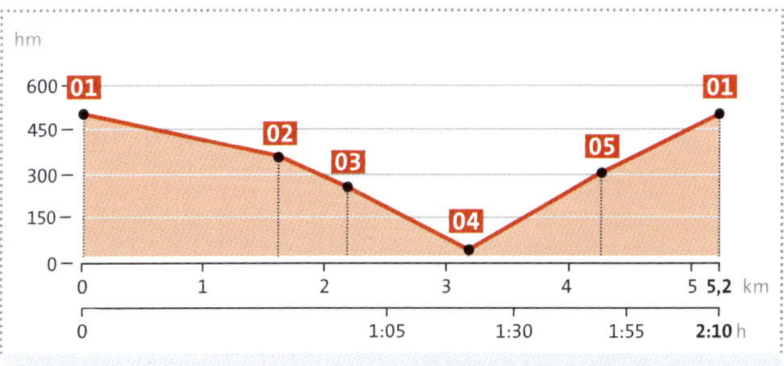

01 Start und Ziel 480 m; 02 Montaña del Jable 355 m; 03 schwerer Abstieg 255 m; 04 Playa del Pozo 0 m; 05 Hoya de Maria 301 m

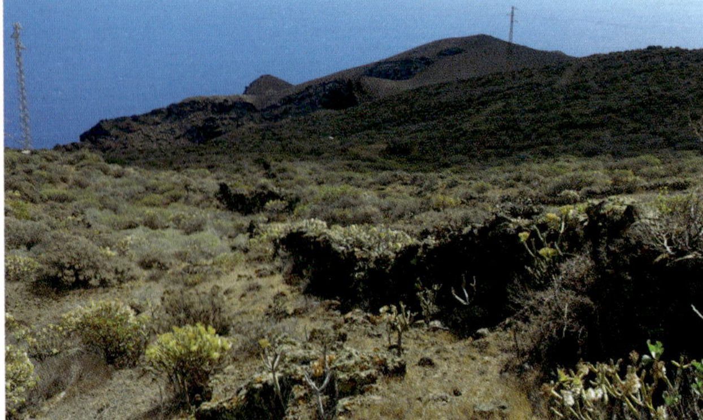
Blick von der Straße auf die Montaña del Jable

Am **Start und Ziel** 01 (480 m) sehen wir Steinmännchen am Straßenrand, die unseren Rückweg kennzeichnen. Wir gehen zunächst auf der Anfahrtsstraße weiter bergab, Richtung La Restinga. Nach 680 m, hier steht direkt an der Straße ein Holzpfeiler, auch eine Trockensteinmauer verläuft den Hang links hinunter. Links von der Mauer gehen wir nun Richtung des Vulkans, der sich weit hinter einem Strommast befindet. Nach 450 m Abstieg erreichen wir eine quer verlaufende Trockensteinmauer. Nach einem Durchbruch ändern wir die Wanderrichtung und steigen halb rechts auf die **Montaña del Jable** 02 (355 m). Ein tiefer Blick in den 150 m tiefer liegenden Vulkankessel und entlang der zerklüfteten Ostküste lässt uns am Gipfel innehalten. Weiterhin auf dem Vulkankrater steigen wir bis zu einer kleinen Einsattelung und zu einem unterhalb liegenden Wasserreservoir bei einer Pumpstation ab. Ab der

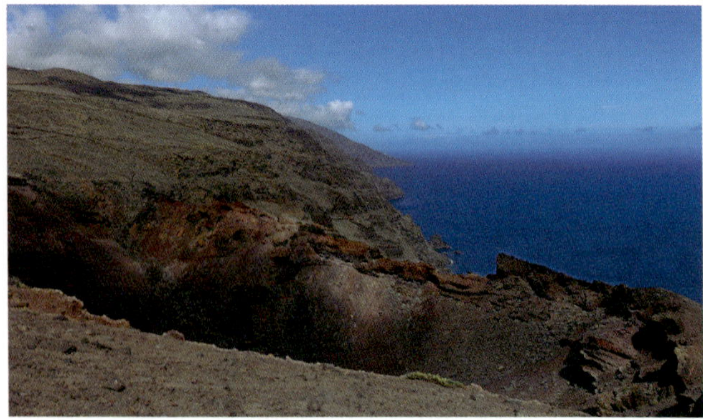
Blick von der Montaña del Jable entlang der Ostküste von El Hierro

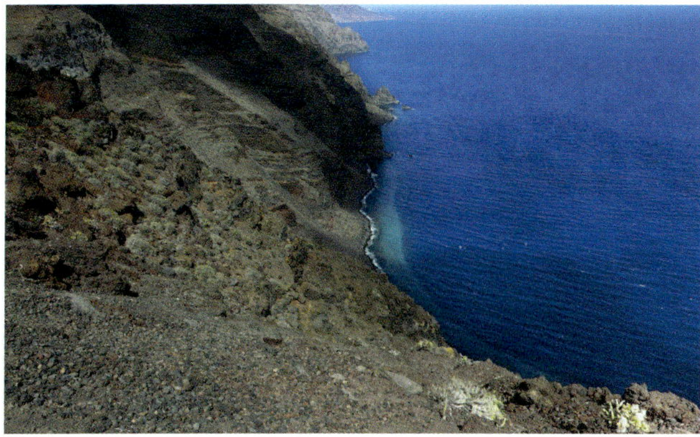

Blick entlang der Ostküste und dem Abstieg

Betondecke des Wasserreservoirs folgen wir dem querenden Pfad nach links. Entlang von Überresten einer Wasserleitung folgt ein wunderschöner Panoramaweg am Abgrund. Beim Tiefblick schraubt sich der Puls in die Höhe. Hinter einer Felsnase beginnt ein **schwerer Abstieg** 03 (255 m). Im steilen Gelände, auf rutschigem und gerölligem Untergrund, geht es bergab bis zu Überresten einer gemauerten Stütze der Wasserleitung. Wenn man diese erreicht, ist wieder ein Pfad auszumachen. Mehrmals wird der Hang in seiner vollen Länge gequert, um unüberwindbare Basaltgestein-Abhänge zu umlaufen. Vereinzelt aufgestellte Steinmännchen weisen den Weg entlang den verrosteten Überresten der Wasserleitung, bis wir schlussendlich die untere Pumpstation erreichen. Von hier aus gehen wir halb rechts zur Bucht hinunter und dann weiter bis zu einem Kieselsteinstrand. Wir haben den **Playa del Pozo** 04 (0 m) erreicht. Auf dem Rückweg ge-

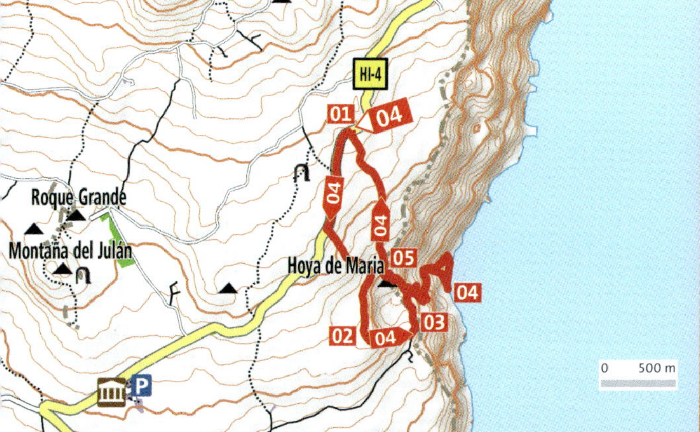

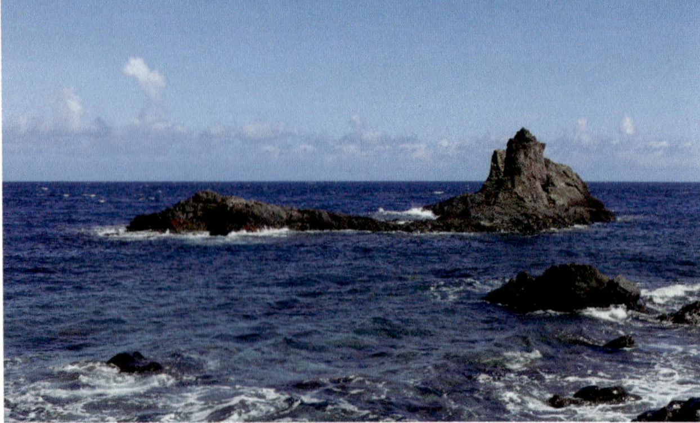
Am Playa del Pozo

hen wir nicht zur Pumpstation zurück, sondern steigen auf dem roten Sandgestein 150 m parallel zu einer Schutthalde auf. Unterhalb der steilen Felswände queren wir die Schutthalde und orientieren uns an Steinmännchen und der verrosteten Wasserleitung. Wir steigen zunächst auf derselben Strecke wie auf dem Hinweg auf. Wir überqueren und gehen parallel zur Wasserleitung, bis wir auf 2 parallel am Weg liegende Stücke der Wasserleitung treffen. Auch verläuft die ehemalige Wasserleitung nun direkt entlang eines Felsens. An dieser Schlüsselstelle gehen wir halb rechts, unterhalb

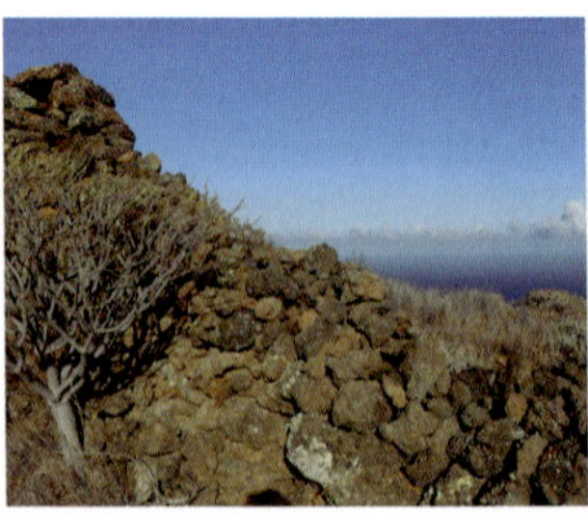
Nach dem Aufstieg erreicht man die Hoya de Maria

Erlebnis

Klettert man in der Bucht von der Ruine der Pumpstation zu dem rechts tiefer liegenden Strandabschnitt mit großen Kieselsteinen, so kann man bei mäßigem Wellengang baden.

einer 5 m hohen unüberwindbaren Felswand. Ein Pfad ist aufgrund von Felsschuttabgängen nur schwer auszumachen. Nach 30 m helfen Steinmännchen bei der Wegfindung und nach weiteren 70 m befindet man sich wieder auf einem Pfad. Wir erreichen bei der **Hoya de Maria** 05 (301 m) den nördlichen Vulkankrater der Montaña del Jable, halten uns dort rechts, um dann entlang auf dem nachfolgenden Pfad entlang der Trockensteinmauer den nun mäßigen steilen Aufstieg fortzusetzen. Es folgt ein Mauerdurchbruch, wir gehen nun links zu der Steinmauer. Auf einem Trampelpfad, markiert durch Steinmännchen, erreichen wir nach 900 m den Ausgangspunkt.

TAIBIQUE – MERCADER • 1252 m

Die Kanarischen Kiefern, die durch Größe und Pracht beeindrucken

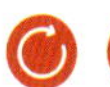  12 km  4:50 h 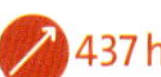 437 hm  442 hm 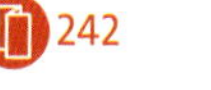 242

START | Busverbindung: Buslinie 2 von Valverde nach El Pinar; Bushaltestation El Mentidero in Taibique. Pkw-Anfahrt: Der Start liegt im Süden der Insel und ist 18,7 km von Valverde entfernt. Man fährt auf der Verbindungsstraße HI-4 über den Dorfplatz in Taibique und parkt bei der Busstation.
Geokoordinaten: [GPS: N27° 42,124020 O-17° 58,858980].
CHARAKTER | Einfache Wanderung auf mäßig steilen Wegen. Mit etwas Orientierungssinn ist ein wegloser Abschnitt durch ein Bachbett gut zu finden.

Nach den verheerenden Waldbränden von 2007 hat die Inselregierung ein neues Konzept bei Waldbränden ausgearbeitet und dazu gehört ein Feuerwachturm – unser heutiges Ziel und ganz nebenbei der schönste Aussichtspunkt über die ausgedehnten Pinienwälder. Eine Besonderheit stellen die Kanarischen Kiefern dar: Sie ist feuerfest und kann mit 3 langen Nadeln mehr Kondenswasser aus dem Nebel gewinnen als ihre Kollegen auf dem spanischen Festland. Glücksort wohlriechender Pinienwald, schnell entfaltet sich etwas tief in uns.

▶ Vom **Start und Ziel** 01 (819 m) am Busbahnhof wandern wir auf der Anfahrtsstraße zurück, um direkt vor dem Dorfplatz in

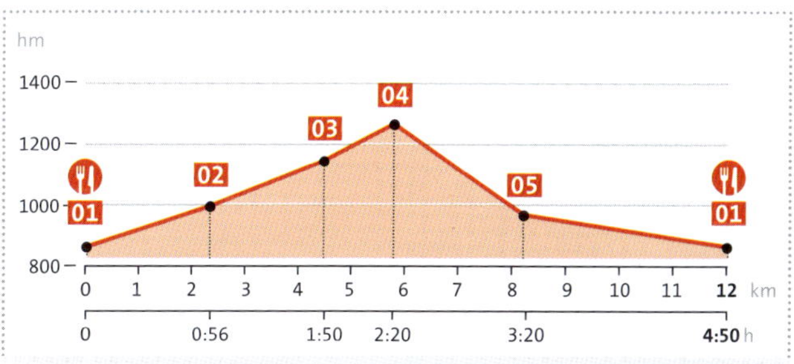

01 Start und Ziel 819 m; 02 Hoya del Morcillo 997 m; 03 Kreuzung 1162 m; 04 Mercader 1252 m; 05 HI-400 926 m

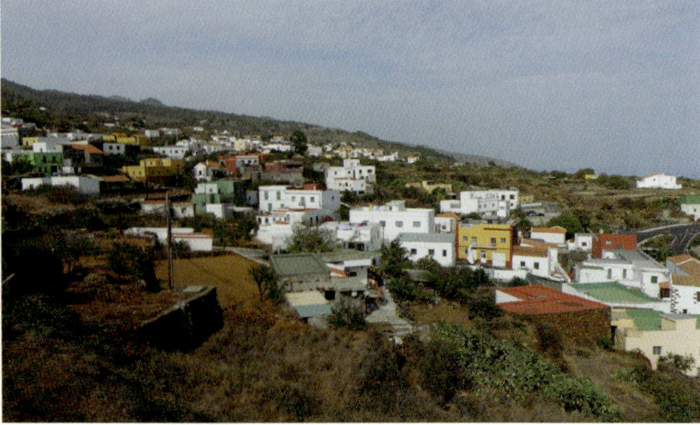

Taibique am Ausgangspunkt der Wanderung

die Einbahnstraße der Calle El Chamorro zu biegen. Bei einem Heiligenschrein gabelt sich die Straße, wir gehen halb rechts bergauf. Bei der nachfolgenden großen Kreuzung gehen wir halb links am Barranco entlang. An der nachfolgenden Kreuzung gehen wir weiterhin geradeaus weiter auf dem Camino El Pinar. Wir erreichen eine Weggabelung, halb rechts geht es zur Aula de la Naturaleza, wir gehen halb links in den Pinienwald und folgen den aus Lavastein gemauerten Markierungen. Bei der darauffolgenden Weggabelung folgen wir weiterhin dem Camino El Pinar. Einem mit Steinen gesäumten Pfad nach rechts ignorieren wir. Zwischen Fußballfeld und Grillstelle queren wir den einzigen Campingplatz auf El Hierro, dem **Hoya del Morcillo** 02 (997 m). Nachfolgend überqueren wir die Straße und 2 m neben einem Verkehrsschild befindet sich der weiterführende Aufstieg – hier befinden sich auch weißgelbe Markierungen. Kurz später mündet der Pfad in eine bergaufführende Forstpiste. Nach einem kurzen Wegabschnitt auf schwarzem Lapilli und einem gepflasterten Abschnitt verlassen wir die Piste halb rechts bergauf. Der Pfad mündet in eine weitere bergaufführende Piste. An der nachfolgenden Weggabelung – mit dem Wasserbecken – lassen wir die Fuente Pino Piloto rechts liegen, bis wir auf ein Hinweisschild treffen – keine Zigaretten in die Natur zu werfen . An dieser **Kreuzung** 03 (1162 m) gehen wir auf dem Trampelpfad, der den vor uns liegenden Hang quert, bis zu einer querenden Forststraße und

Beim Campingplatz Hoya del Morcillo

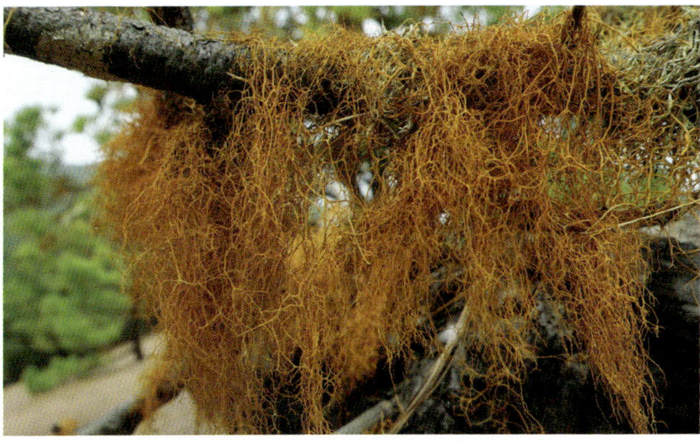

Eigentlich grüne Moosflechten – orange eingefärbt

folgen dieser nun vorbei an einem Haus zum Feuerwachturm, auf dem Gipfel des Vulkankegels. An der betonierten Säule befindet sich der höchste Punkt, der **Mercader** 04 (1252 m). Nicht ohne Grund ist der Wachturm an dieser Stelle erbaut worden, denn man hat einen beeindruckenden 360°-Rundblick über den Pinienwald, bis hin zum höchsten Berg von El Hierro, dem 1501 m hohen Malpaso – zu

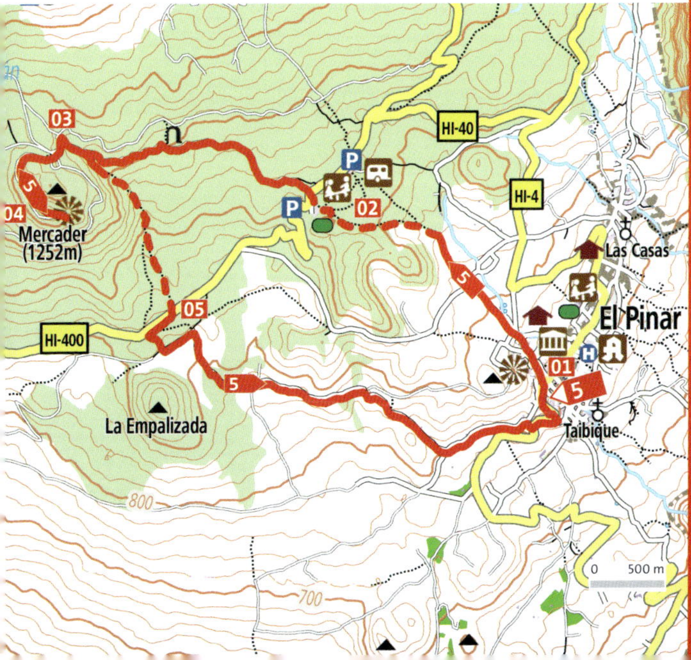

03
04
Mercader (1252m)
02
HI-40
HI-4
Las Casas
El Pinar
05
HI-400
5
La Empalizada
01
Taibique
800
700
0 500 m

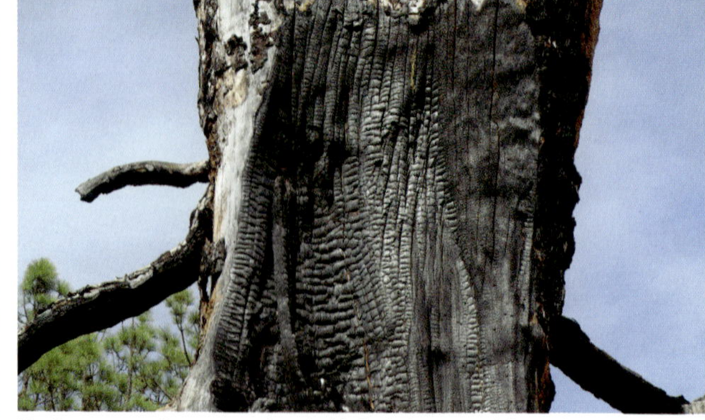

Ein Baum – verbrannt und verkohlt bei einem Waldbrand

erkennen an dem großen Funkmast. Der Rückweg verläuft zunächst auf einem schmalen Pfad auf dem Vulkankrater, bis er in den Hinweg mündet. Auf diesem gehen wir zurück bis zu dem Wasserbecken mit dem verbrannten Baum. Hier folgen wir dem Hinweisschild Cueva de Mocan, ignorieren den nachfolgenden linken Abzweiger und gehen geradeaus weiter – obwohl dieser Wegabschnitt gelbweiß ausgeschildert ist. Bei der nachfolgenden Linkskehre verlassen wir die Piste auf einem mit Steinmännchen markierten Pfad. Bei einem weiteren Steinmännchen steigen wir in das Trockenbachbett und folgen diesem weglos, bis wir auf die querende Straße der **HI-400** **05** (926 m) treffen. Wir gehen 200 m rechts auf der Straße und biegen dann kurz vor einer kleinen Anhöhe links in die Schotterpiste. Sie endet bei einem verbrannten Baum, hier gehen wir links. Bei der darauffolgenden Kreuzung nach 250 m gehen wir rechts, entlang der Trockensteinmauer – auch ausgeschildert Richtung Taibique. Bei einem weiteren leicht verbrannten Baum ignorieren wir die rechts abzweigende Piste entlang der Trockensteinmauer und gehen leicht bergauf und geradeaus bis zur Asphaltstraße vor. Hier halten wir uns halb links und bei großen Palmen gehen wir abermals rechts, erreichen die Hauptstraße und folgen dieser halb links bis zum Ausgangspunkt.

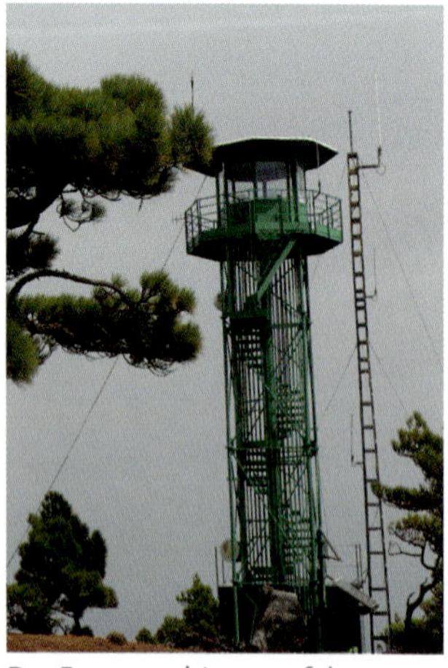

Der Feuerwachturm auf dem Vulkankegel Mercader

TAIBIQUE – ROQUE GRANDE – MONTAÑA DEL JABLE – CAMINO DE ICOTA

Schon auf dem Mond oder noch auf der Erde

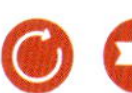 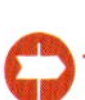 13,3km  5:20 h  605 hm  601 hm  242

START | Busverbindung: Buslinie 2 von Valverde nach El Pinar. Pkw-Anfahrt: Der Start liegt im Süden der Insel und ist 18,7 km von Valverde entfernt. Man fährt auf der Verbindungsstraße HI-4 über den Dorfplatz in Taibique und parkt bei der Busstation. Geokoordinaten: [GPS: N27° 42,126000 O-17° 58,858980].
CHARAKTER | Mittelschwere und lange Wanderung. Bei dem weglosen Aufstieg auf den Vulkan wird intuitiver Richtungssinn benötigt.

El Hierro ist vulkanischen Ursprung und das werden wir heute hautnah erleben. Hat man El Pinar und die letzten Kanarischen Kiefern hinter sich gelassen, besticht der Süden der Insel mit einer Mondlandschaft aus vulkanischer Asche, Schlackenkegel, Schlote, schwarzen-, grauen-, rotbraunen- und ockergelben Felsen. Die bizarre, unwirtlich, schroffe und doch wunderschöne Landschaft übt einen besonderen Zauber auf den Betrachter aus. Beeindruckende Momente in großartigen Landschaften.

▶ Vom **Start und Ziel** 01 (819 m) gehen wir am Busbahnhof vorbei Richtung La Restinga. Bei der

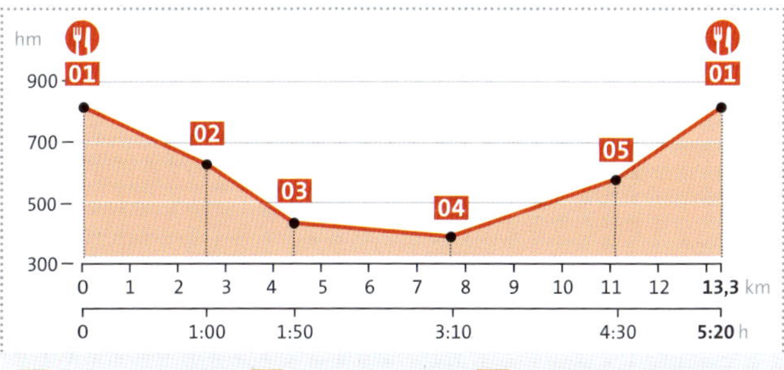

01 Start und Ziel 819 m; 02 Tembargena 635 m; 03 Roque Grande 418 m; 04 Montaña del Jable 355 m; 05 Barranco de la Vieja 580 m

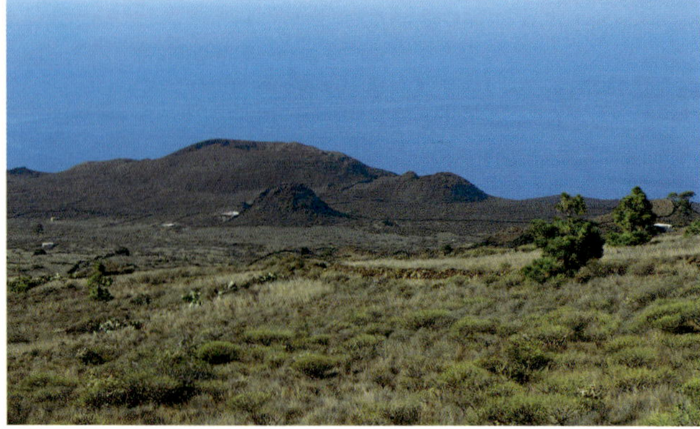

Blick über die Vulkanlandschaft bis zum Meer

ersten Kreuzung verlassen wir die Hauptstraße und gehen halb rechts leicht bergauf, um bei den Palmen links abzubiegen. Nach 100 m gabelt sich der Weg, wir gehen halb links. Der Pfad mündet nur kurz später wieder in die Hauptstraße. Nach weiteren 400 m verlassen wir wieder die Hauptstraße nach halb rechts, Richtung Las Lapas, um nach 110 m halb links auf dem ausgeschilderten Camino bergabzugehen. Nachdem wir durch eine kleine Schlucht gelaufen sind, gehen wir nicht links gemäß Ausschilderung, sondern bleiben auf der Straße, die kurz später in eine Schotterpiste übergeht. Nach kurzem Abstieg, links von uns befindet sich der Vulkan

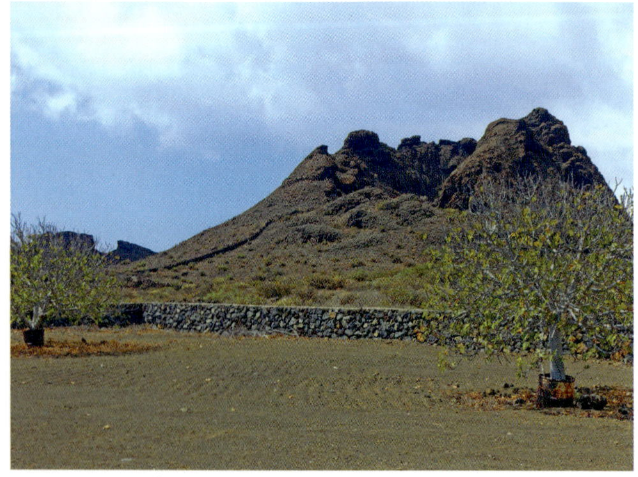

Der Roque Grande

Tembargena 02 (635 m), biegen wir direkt hinter dem Barranco in eine weitere Piste, Richtung Los Santillos. Ein erstes Aloe-Vera Feld lassen wir links liegen, ein zweites und drittes passieren wir, bis der weitere Weg hinter einem Haus aus Lavagestein schwer auszumachen ist. Hinter einem Mauerdurchbruch und vor einem kleinen Vulkankegel endet unser Weg, wir gehen links bergab, direkt auf eine große überdachte Halle zu. Der Weg endet und wir gehen auf der querenden Piste rechts, um nach 200 m diese nach links zu verlassen – nun auf dem Camino de Tacorón. Unsere Piste mündet in eine weitere, wir gehen direkt auf einen mächtigen Vulkankegel zu, den **Roque Grande** 03 (418 m). In der darauf folgenden Linkskehre – noch vor dem Roque – befindet sich auf der rechten Seite eine halbseitig aufgeplatzte Lavablase. Zeit für eine Exkursion abseits des Weges. Wieder auf der Wanderroute gabelt sich der Weg nach 240 m, wir gehen halb rechts, vorbei an Feigenbäumen, bis wir die Verbindungsstraße von El Pinar nach La Restinga überqueren. Hinter einer Metallkette gehen wir durch die Linkskehre

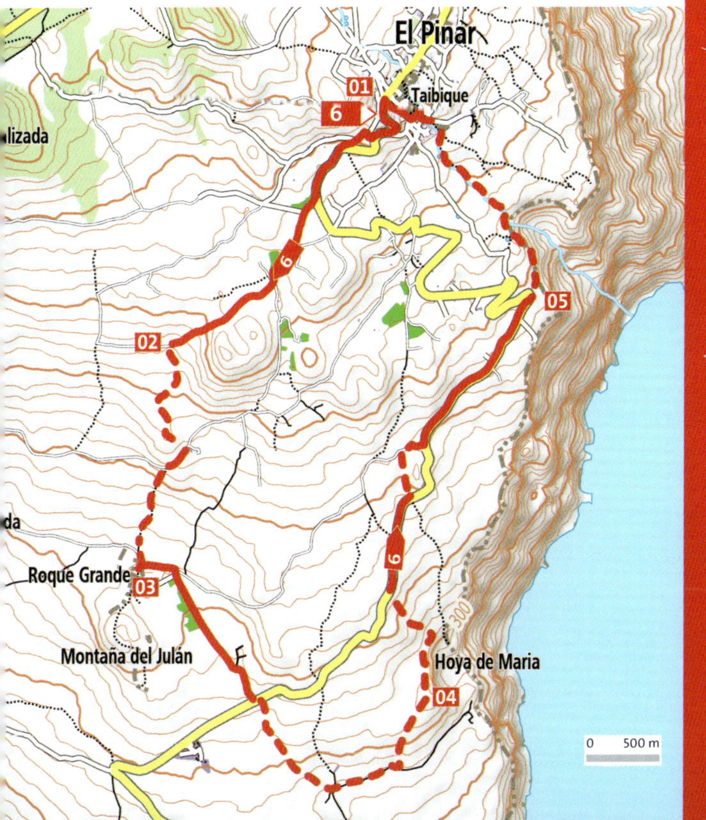

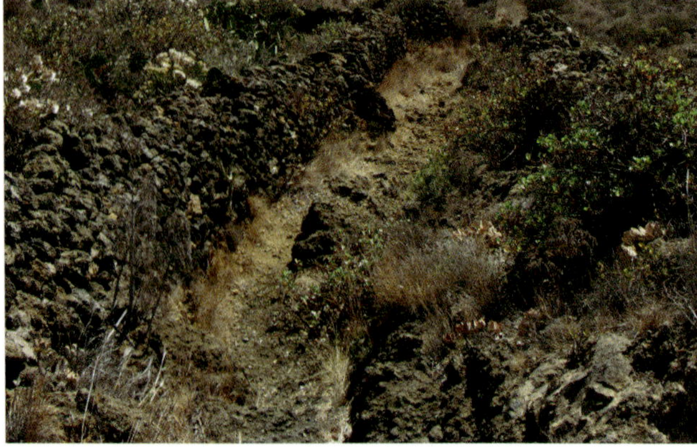

Der Camino de Icota

und Rechtskehre der Piste weiter bergab. Durch ein Ziegengatter – naja, ein Bettenrost mit Metallfedern – gelangen wir auf den weiterführenden Pfad. Nach einem weiteren Ziegengatter mündet der Pfad in eine Piste. Wir gehen links, ignorieren nach 10 m den linken Abzweiger Richtung El Pinar und gehen auf der Piste bis zu einem alleinstehenden Strommast. An dieser Schlüsselstelle verlassen wir die Piste nach links und gehen nun weglos bergauf durch den weichen Sand zu einem zweiten erhöht stehenden Strommast. Dort angekommen sehen wir halb rechts oberhalb, einen Busch auf dem höchsten Punkt der **Montaña del Jable** 04 (355 m). Unser nächster Orientierungspunkt, zu dem wir nun direkt und weglos aufsteigen. Wir gehen links auf den Kraterrand weiter bis zu einer Anhöhe. Auf der rechten Seite der bergaufführenden Trockensteinmauer gehen wir 440 m an dieser entlang bis zur Hauptstraße. Nach 675 m bergauf auf der Straße treffen wir auf zwei Steinmännchen am rechten Wegesrand. Hier verlassen wir die Straße nach links, wandern entlang einer Trockensteinmauer, im weiteren Verlauf an einem betonierten Strommast vorbei, bis wir auf der nachfolgenden Asphaltstraße rechts bis zur Hauptstraße vorgehen. Nach 1,3 km, direkt vor einem Überholverbotsschild, verlassen wir die Straße nach rechts. Zunächst ist der Pfad schwer auszumachen, führt zunächst parallel zu frisch gepflanzten Bäumen, bis man auf einen Pfad gelangt – der im weiteren Verlauf parallel zum **Barranco de la Vieja** 05 (580 m) verläuft. Bei einer rotbraunen Wasserpumpstation steigen wir zur Piste hoch und gehen rechts an einem Ziegengatter vorbei. Dann queren wir das Bachbett und wandern oberhalb des Barrancos – auf dem **Camino de Icota.** Bei einem weißen Pumpenhaus queren wir nicht den Barranco, erreichen kurz später den unteren Ortsteil von El Pinar. Durch die Einbahnstraße gelangen wir zum Ortskern, um dort links über den Dorfplatz zum Ausgangspunkt zu gelangen.

EL PINAR – CAMINO DE TACORÓN – CALA DE TACORON – CRUCE DE TACORÓN

Entlang der jüngsten Vulkane auf dem Festland von El Hierro

 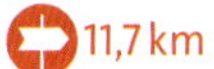 11,7 km 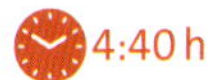 4:40 h 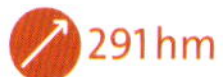 291 hm 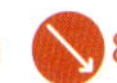 850 hm 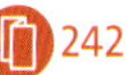 242

START | Busverbindung: Buslinie 2 von Valverde nach El Pinar. Busverbindung zum Ausgangspunkt der Wanderung; von der Bushaltestelle Cruce de Tacorón fährt die Buslinie 8, von La Restinga nach El Pinar, um 14:05, 16:30 und 19:00 Uhr. Pkw-Anfahrt: Der Start liegt im Süden der Insel und ist 18,7 km von Valverde entfernt. Man fährt auf der Verbindungsstraße HI-4 über den Dorfplatz in Taibique und parkt bei der Busstation. Geokoordinaten: [GPS: N27° 42,127980 O-17° 58,852020].
CHARAKTER | Mittelschwere Wanderung und stets einfache Orientierung im Gelände.

Die jüngste Ausbruchphase der Vulkane auf dem Festland von El Hierro ereignete sich vor weniger als 20.000 Jahren. Vorbei führt die Wanderung an Vulkankegeln und Auswurfmaterial, in einer unwirklichen Landschaft. Mitten in diesem Szenario befindet sich die sogenannte Hoya de Los Roques, mit Viehbestand und malerisch gelegenen Feigenbäumen. Es ergeben sich atemberaubende Weitblicke

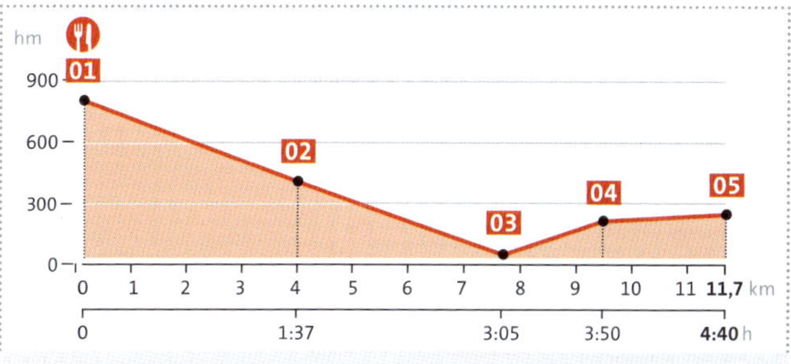

01 El Pinar 817 m; 02 Montaña de Julán 416 m; 03 Cala de Tacorón 0 m; 04 HI-410 168 m; 05 Cruce de Tacorón 280 m

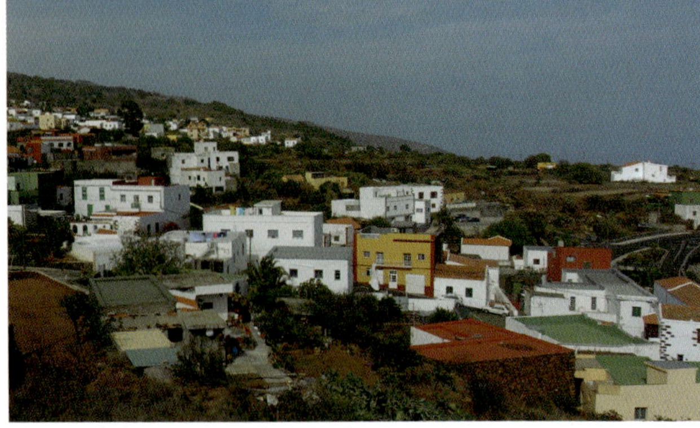

Der Ort El Pinar am Start der Wanderung

entlang der Südwestküste, über den Julianbruch bis zum 13 km entfernten Leuchtturm Orchilla. Am Zwischenziel wartet ein erfrischendes Bad in natürlichen Lavabecken – eine schwarze Perle.

▶ Vom **Start in El Pinar** 01 (817 m) gehen wir am Busbahnhof vorbei Richtung La Restinga. Bei der ersten Kreuzung verlassen wir die Hauptstraße nach halb rechts leicht bergauf, um bei den zwei Palmen links abzubiegen. Nach 100 m gabelt sich der Weg, wir gehen halb links und folgen der Ausschilderung Richtung Tacorón. Der Pfad mündet nur kurz später wieder in die Hauptstraße. Nach weiteren 400 m verlassen wir wieder die Hauptstraße nach halb rechts, Richtung Las Lapas, um nach 110 m halb links auf dem ausgeschilderten Camino zu folgen. Dieser mündet in eine Straße. Im weiteren Verlauf gehen wir durch eine kleine Senke mit Weinstöcken, um dann nach kurzem Anstieg die Straße nach halb links zu verlassen. Wir folgen dem von einer Steinmauer gesäumten Camino. Auf dem nachfolgenden Wegabschnitt ignorieren wir Abzweiger, sondern bleiben auf der Straße, die kurz später in eine Schotterpiste übergeht. Nach kurzem Abstieg wandern wir wieder auf einer Schotterpiste, direkt auf eine Halle zu. Im weiteren Verlauf gehen wir an dieser noch 210 m vorbei, um bei schwarzen Lapilli – Felsmaterial, dass bei einer explosiven Eruption freigesetzt wurde – auf dem linken Abzweiger talwärts zu gehen. Unterhalb von uns erhebt sich die **Montaña del Julán** 02 (416 m). Im Talgrund angekommen endet diese Piste,

Blick auf den Vulkan Montaña del Julán

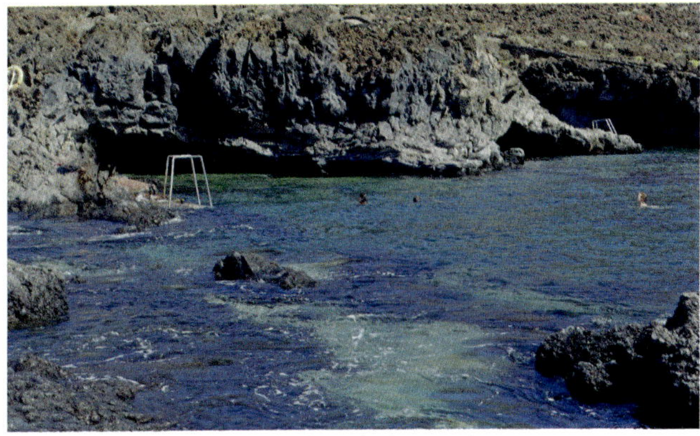

Die wunderschöne Badestelle der Cala de Tacorón

während wir rechts auf der Piste weitere 300 m wandern. Dort – auf Höhe eines Vulkankegels rechts von uns – verlässt nach links ein Pfad die Piste. An dieser Stelle befinden sich auch Steinmännchen und gelbweiße Markierungen. Auf der Hauptstraße angekommen gehen wir rechts, um nach 130 m auf dem links beginnenden Pfad ab-

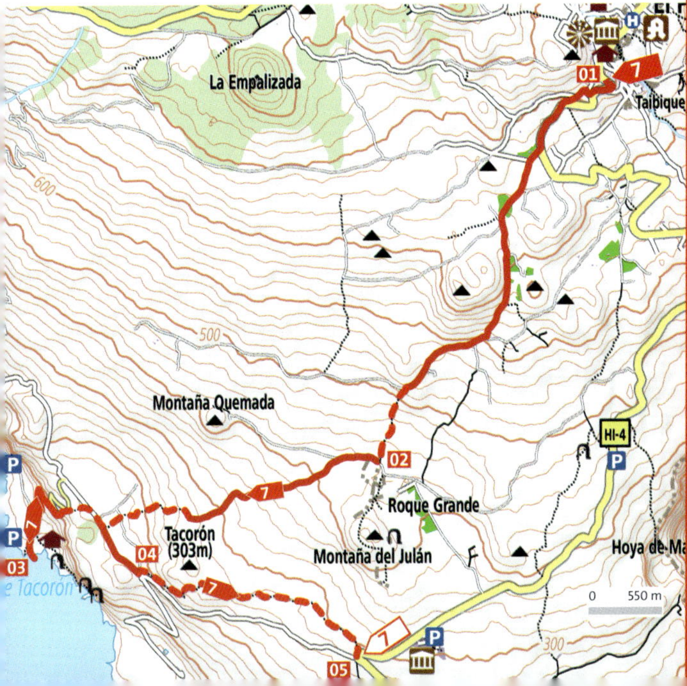

La Empalizada
Taibique
Montaña Quemada
Roque Grande
Tacorón (303m)
Montaña del Julán
Hoya de Ma
HI-4
0 550 m

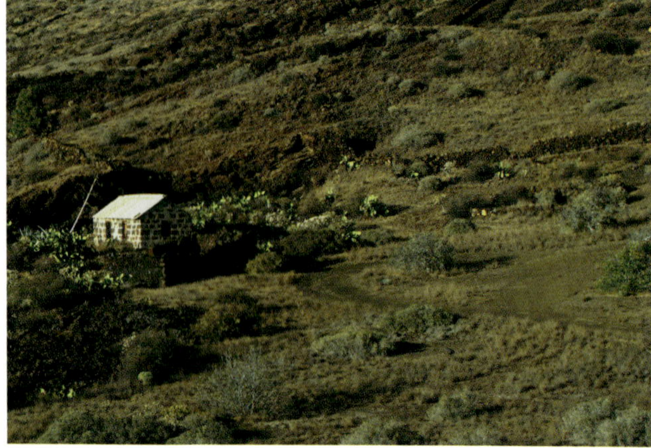

An dieser Stelle verlassen wir die Straße HI-410

zusteigen. Dieser mündet schlussendlich in die Fahrstraße und im weiteren Verlauf erreichen wir die **Cala de Tacorón** 03 (0 m). Die natürlichen Lavabuchten laden zum Badevergnügen ein. Auf dem Rückweg gehen wir auf der Straße und dem Pfad auf dem bekannten Hinweg zurück, gehen dann aber auf der Verbindungsstraße nach La Restinga weiter geradeaus. Sobald wir in 150 m Entfernung zur Straße links ein einzeln stehendes weißes Haus sehen, verlassen wir bei der nächsten Gelegenheit die **Straße HI-410** 04 (168 m) nach links. So gehen wir auf der Anhöhe, mit den beiden Metallpfeilern, 10 m auf der Zufahrt Richtung eines weißen Hauses. Dort, am Ende einer Steinmauer, steigen wir rechts auf und gelangen durch einen Mauerdurchbruch auf dahinter liegenden Pfad. Dieser nur schwer zu erkennende Weg führt parallel zur unterhalb liegenden Straße. Nach 400 m macht die Piste eine Linkskehre, wo wir auf die schroffen Felsen eines unbegehbaren Lavastroms treffen. Nach weiteren 225 m ist wieder eine Piste zu erkennen, die rechts durch die Malpais des Lavastroms führt. Im weiteren Verlauf wandern wir an einem mächtigen Vulkanschlot vorbei. Weiterhin ist der Weg in dem unwirklichen Gelände nicht einfach auszumachen, bis wir dann auf die Verbindungsstraße von El Pinar nach La Restinga stoßen. An dem Zubringer von der Cala Tacorón befindet sich das **Cruce de Tacorón** 05 (285 m). Es empfiehlt sich die Straße etwas bergauf zu gehen, sodass der Bus bequem bei einer Parkbucht anhalten kann.

Variante

An der Verbindungsstraße von der Cala de Tacorón zum Cruce de Tacoron geht man nicht zu den Badebecken 03 hinunter, sondern folgt gleich der Wegbeschreibung 04 und 05. Die Strecke ist 8,92 km lang, ist im Anstieg 118 m und im Abstieg 645 m.

TAIBIQUE – CAMINO DE LA RESTINGA – LA RESTINGA

8

Auf einem historischen Camino von El Pinar nach La Restinga

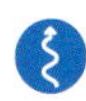 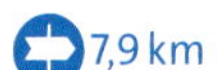 7,9 km 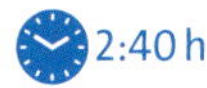 2:40 h 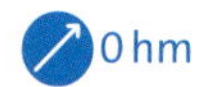 0 hm 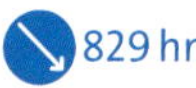 829 hm  242

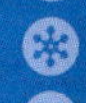

START | Busverbindung: Buslinie 2 von Valverde nach El Pinar. Buslinie 8 um 14:05, 16:30 und 19:00 von La Restinga nach El Pinar. PKW-Anfahrt Der Start liegt im Süden der Insel und ist 18,7 km von Valverde entfernt. Man fährt auf der Verbindungsstraße HI-4 über den Dorfplatz in Taibique und parkt bei der Busstation. Geokoordinaten: [GPS: N27° 42,130980 O-17° 58,861020].
CHARAKTER | Einfache Wanderung mit geringem Gefälle. Zahlreiche Wegweiser unterstützen bei der Wegfindung.

Der historische Verbindungspfad zwischen dem Bergdorf El Pinar und La Restinga am Atlantischen Ozean wurde in der Vergangenheit intensiv genutzt, um Meeresfrüchte und Fische nach El Pinar zu transportieren. Dort wurden sie verkauft oder gegen andere Erzeugnisse eingetauscht. Zum Pfad: Beim Abstieg lassen wir schnell wir die letzten Kanarischen Kiefern hinter uns, bis La Restinga geht es durch eine karge und trockene Vulkanlandschaft. Eine Genusswanderung ohne große körperliche Anstrengung.

▶ Von der **Bushaltestelle in Taibique** 01 (819 m) gehen wir auf der Verbindungsstraße Richtung La

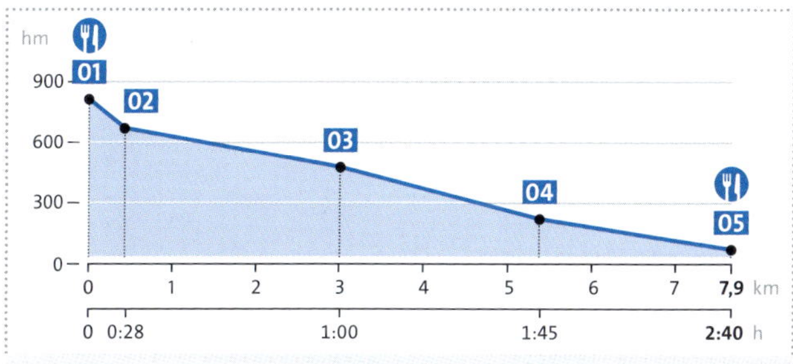

01 Bushaltestelle Taibique 819 m; 02 halb links 665 m; 03 Camino de La Restinga 506 m; 04 geradeaus 250 m; 05 La Restinga 6 m

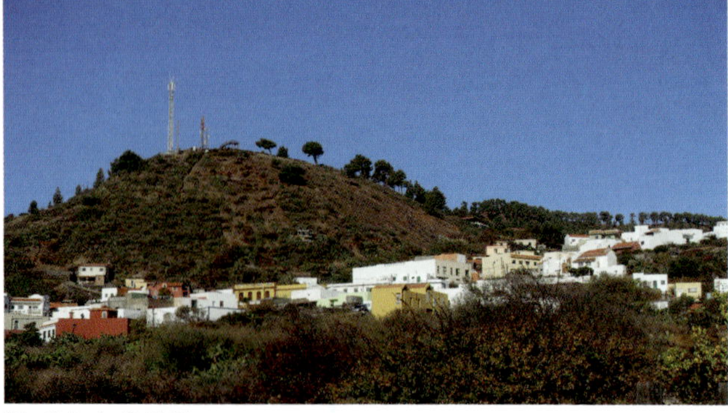

Die Ortschaft El Pinar

Restinga bergab und biegen direkt hinter dem Mirador links ab. Sobald wir die Dorfkirche sehen biegen wir rechts in die Calle Atalaya. An einer gelben Mauer endet die Straße und wir gehen rechts. Kurz vor dem Friedhof biegen wir links in die Straße, nun befinden wir uns auf dem Camino La Restinga. Nach 425 m queren wir und nach 60 m tangieren wir die Hauptstraße Richtung La Restinga. Nach weiteren 250 m setzen wir den Abstieg auf dem Camino **halb links** 02 (665 m) fort. Der gemütliche Abstieg führt durch ein Weinanbaugebiet, bis der Weg in eine Schotterpiste übergeht. Wir passieren den rechts von uns liegenden Vulkan, danach öffnet sich ein weiter Blick bis zur Hafenanlage von La Restinga. Direkt hinter einer kleinen Schlucht rechts des Weges ignorieren wir den linken Abzweiger zur Hauptstraße und gehen geradeaus weiter. Nach weiteren 160 m macht die Piste eine Linkskehre und in der folgenden Rechtskehre verlassen wir diese, nun geradeaus auf dem ausgezeichneten **Camino de La Restinga** 03 (506 m). Bereits nach 150 m gabelt sich der Weg, wir gehen halb rechts und ignorieren den kleineren Abzweiger nach links. Es folgt ein längeres Wegstück entlang verlassener Felder. Einen weiteren linken Abzweiger zu einem Strommast ignorieren wir. Wir queren mal wieder die Hauptstraße und gehen ein kurzes Stück auf einer Asphaltstraße, Richtung der Vulkane Montaña de Prim (rechts) und Montaña Restinga (links). Vorbei führt der Camino an einen Einsiedlerhof mit kläffenden Hunden bis zu einer Dreiwegekreuzung, an der wir **geradeaus** 04 (250 m) weiter wandern. Hinter den rechts liegenden Aloe-Vera-Feldern gehen wir nicht scharf rechts, sondern auch hier geradeaus weiter. Eine Piste zu einem links stehenden Einzelhaus ignorieren wir und gehen geradeaus weiter. Hinter einer Senke gabelt sich die Piste, wir gehen halb links und im weiteren Verlauf vorbei an der Montaña La Restinga, rechts von uns. Hinter der Entsalzungsanlage halten wir uns halb links, Richtung eines Strommasts und gehen dann auf dem Pfad bis zur Bushaltestelle an der Hauptstraße von **La Restinga** 05 (6 m). Gleich mehrere Straßen führen hinunter zu den Fischrestaurants und der Promenade.

Las Casas
El Pinar
01
Taibique
ada
02
03
HI-4
400
Roque Grande
Montaña del Julán
Hoya de Maria
04
200
Montaña de Prim
Montaña Colorada
Restinga
(198m)
100
La Restinga
05
0 500 m

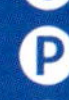

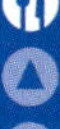
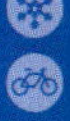
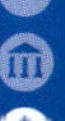

9

LAJA DE ORCHILLA – FARO ORCHILLA – ERMITA VIRGEN DE LOS REYES – BARRANCO DE LA CHARCA

Weiße Kirche in schwarzer Vulkanlandschaft

 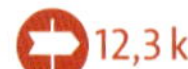 12,3 km  4:55 h  689 hm  689 hm  242

START | Busverbindung: keine. Pkw-Anfahrt: Der Ausgangspunkt der Wanderung liegt im Südwesten der Insel und ist 43 km von Valverde entfernt. Man fährt auf der Straße HI-5, vorbei an Frontera, auf der HI-550, biegt im weiteren Verlauf rechts ab auf die HI-503, kurz vor dem Leuchtturm geht es weiter auf einer Schotterpiste, bis man am Ende der Piste einen Schiffsanleger und einen Parkplatz erreicht.
Geokoordinaten: [GPS: N27° 42,304980 O-18° 8,064000].
CHARAKTER | Mittelschwere Wanderung und einfache Orientierung im Gelände.

Die von hohen weißen Mauern umgebene Ermita Virgen de Los Reyes befindet sich auf der 700 m hoch gelegenen La Dehesa Ebene. Alle 4 Jahre ist sie der Ausgangspunkt einer 28 Kilometer langen Prozession quer durch die Insel, auf der die Marienfigur zur Kirche Iglesia de la Concepción nach Valverde geleitet wird. Vom Atlantischen Ozean nähern wir uns diesem religiösen Zentrum von El Hierro. Der extrem beeindruckende Pfad führt durch eine karge aber extrem reizvolle und spektakuläre Vulkanlandschaft. Weite und Unendlichkeit genießen.

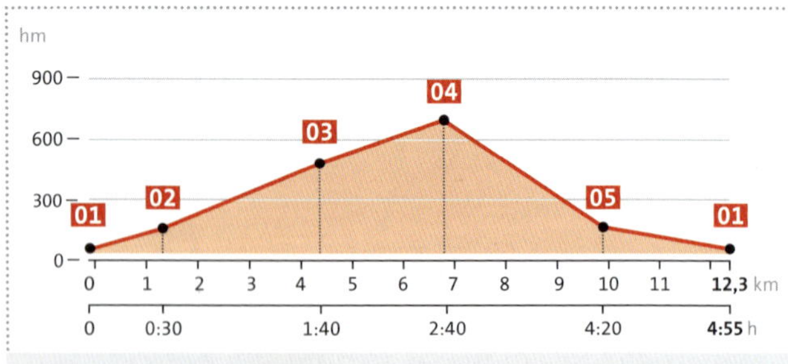

01 Laja de Orchilla 15 m; 02 Faro de Orchilla 114 m; 03 HI-500 480 m; 04 Ermita Virgen de Los Reyes 706 m; 05 Barranco de la Charca 142 m

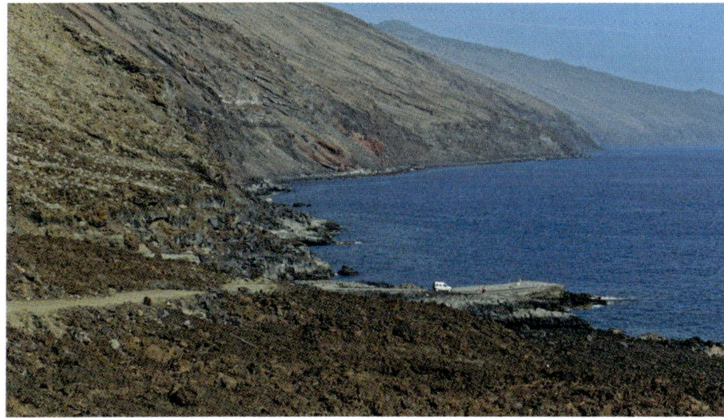

Die Schiffsanlegestelle Laja de Orchilla

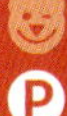
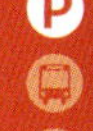
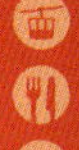
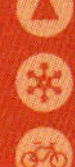
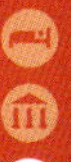

▶ Durch die sonst unpassierbare Malpais erschließt die Piste den Zugang zum Meer. Viele Angler nutzen die betonierte Plattform, nur wenige Boote legen an. Von dem Schiffsanlegeplatz, den sogenannten **Laja de Orchilla** 01 (15 m), geht es zunächst auf der Anfahrtspiste wieder bergauf. Nach 1,25 km erreichen wir den am 25. September 1933 in Betrieb genommenen Leuchtturm **Faro de Orchilla** 02 (114 m). Weiter wandern wir in einem großen Halbkreis um die Montaña de Orchilla und im weiteren Verlauf vorbei an dem Abzweiger zum Nullmeridian. Wir folgen der Piste noch durch die Linkskehre, um nach 150 m, direkt hinter einem Barranco, auf den rechts abzwei-

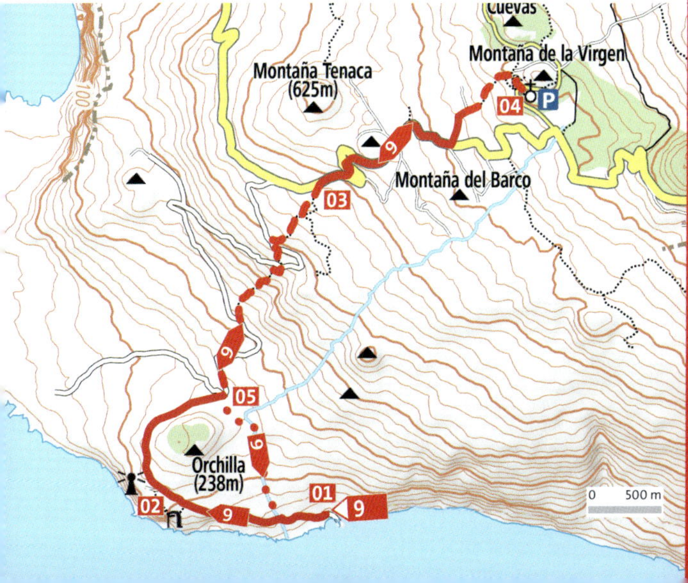

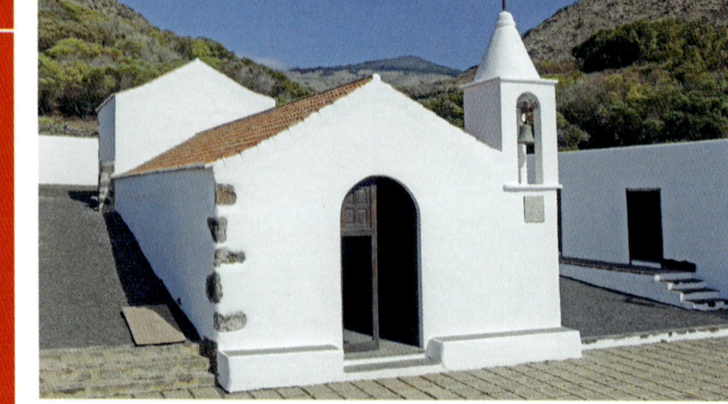

Die Ermita Virgen de Los Reyes

genden Pfad mit rotweißer Markierung den Aufstieg zu beginnen. Wir überqueren ein erstes Mal die Piste, gehen parallel zum Barranco, bis wir das zweite Mal die Piste erreichen. Dieser folgen wir über den Barranco, um dann auf dem weiterführenden Pfad halb rechts den Aufstieg fortzusetzen. In engen Kehren steigen wir auf parallel zu einem mächtigen Schluchtauslauf. Der Wanderweg ist gut zu erkennen, auch ist er öfters von Steinen gesäumt. Ein erstes Mal queren wir nun die Asphaltstraße und nach 125 m ein zweites Mal, aber bereits nach 90 m verlassen wir sie wieder nach rechts. Schlussendlich erreichen wir die Verbindungsstraße **HI-500** **03** (480 m). Nach 900 m auf der Asphaltstraße – die extrem gering befahren ist – kann man bereits am Berg die weiße Kirche der **Ermita Virgen de Los Reyes** **04** (706 m) ausmachen. 20 m hinter einem Viehgitter verlassen wir die Straße nach links auf dem weiterführenden Pfad. Auf der linken Seite sehen wir eine Höhle, wir überqueren noch die Straße und haben es geschafft. Die Kirche beherbergt die Marienfigur, die alle 4 Jahre mit einer Wallfahrt nach Valverde gebracht wird. Die Herreños tanzen dazu in traditionellen Gewändern, begleitet wird der Zug von Flötenmusik und Trommeln. Ursprünglich war die Marienfigur in den Höhlen neben der Ermita untergebracht, an der wir wieder auf dem Rückweg vorbeikommen. Auf dem bekannten Hinweg steigen wir bis zum Abzweiger zum Nullmeridian ab. Dort angekommen folgen wir der Piste, die die Hauptpiste nach links, über die Hochebene, verlässt. Wir gehen bis zum Ende der Piste. Weiter gehen wir weglos auf schimmernd rotes Vulkangestein zu. Sobald wir die platt geschliffenen Steine eines Trockenbachbetts erreicht haben, den **Barranco de la Charca** **05** (142 m), folgen wir seinem Verlauf. Nur wo die Erosion des Wassers die Felsen bearbeitet hat, können wir gehen, sonst ist rechts und links des Weges das Gelände so zerklüftet, dass man dort definitiv nicht weiterkommt. Hinter einem Wasserreservoir steigen wir einige Meter zur Piste ab und gehen den restlichen Weg bis zum Ausgangspunkt.

FARO DE ORCHILLA – CUEVA DEL FARO – NULLMERIDIAN

Auf den Spuren eines Irrglaubens

 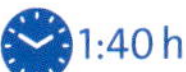4,3 km 1:40 h 190 hm 180 hm 242

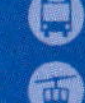
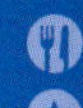

START | Busverbindung: keine. Pkw-Anfahrt: Der Ausgangspunkt der Wanderung liegt im Südwesten der Insel und ist 42 km von Valverde entfernt. Man fährt auf der Straße HI-5, vorbei an Frontera, weiter auf der HI-550, biegt im weiteren Verlauf rechts ab auf die HI-503 und folgt der Ausschilderung bis zum Leuchtturm, wo man bequem parken kann.
Geokoordinaten: [GPS: N27° 42,385020 O-18° 8,790000].
CHARAKTER | Prinzipiell eine einfache Wanderung, aber im Lavakanal und auf den Lavafeldern besteht Verletzungsgefahr an dem messerscharfen Gestein. An mehreren weglosen Abschnitten im Gelände muss man sich richtungsbezogen zurechtzufinden können.

Die einmalige Wanderung beginnt gleich mit einem Paukenschlag, die Durchquerung eines 400 m langen Lavatunnels. Danach besteigen wir die Montana de Orchilla oberhalb der Punta de la Orchilla. Neben dem Hauptkrater kommen wir vorbei an weiteren kleinen Nebenkratern – ein faszinierendes Farbspiel aus rotbraunem Gestein. Bis 1492 wurde geglaubt, dass am Leuchtturm von Orchilla der westlichste Punkt der bekannten Welt war, also El Hierro

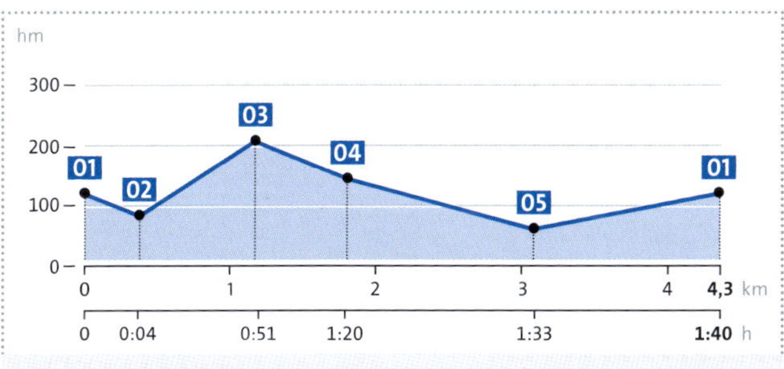

01 Faro de Orchilla 110 m; 02 Ausgang Cueva del Faro 92 m; 03 Montaña de Orchilla 205 m; 04 HI-500 141 m; 05 Nullmeridian 52 m

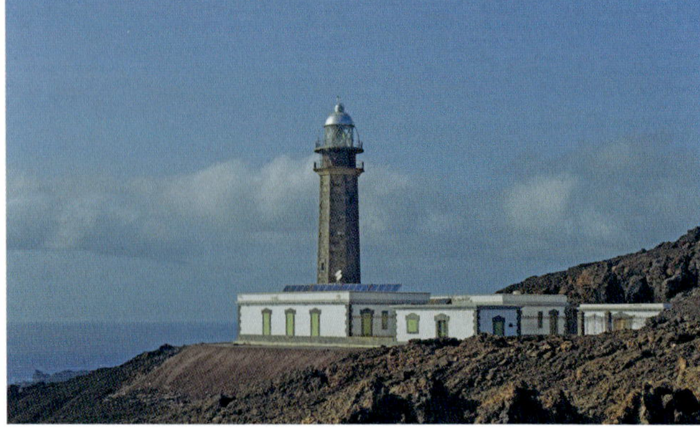

Der Leuchtturm Faro de Orchilla

am äußersten Rand der Erdscheibe lag. Der Weg führt vorbei am Monument des Nullmeridians. 1883 holten die Engländer dann den Nullmeridian nach Greenwich. Eine Wanderung mit vielen außergewöhnlichen Erlebnissen.

▶ Bei dem weißen Wasserkasten 75 m vor dem **Faro de Orchilla** 01 (110 m) orientieren wir uns Richtung Meer und dem hölzernen Kreuz. Auf dem Weg zum Kreuz treffen wir auf den Treppenabstieg in den Lavatunnel. Ein Lavatunnel entsteht, wenn flüssiges Magma für längere Zeit sehr gleichmäßig innerhalb eines Lavastroms fließt. Dabei bildet sich zunächst ein Lavakanal, an dessen Oberfläche das Material langsam abkühlt und sich eine Decke ausbildet. Unterhalb der Tunneldecke kann die Lava aber weiter fließen, da sie von der kühleren Luft isoliert ist und für längere Zeit ihre hohe Temperatur hält. Erlischt die Förderung, so fließt das Material noch aus

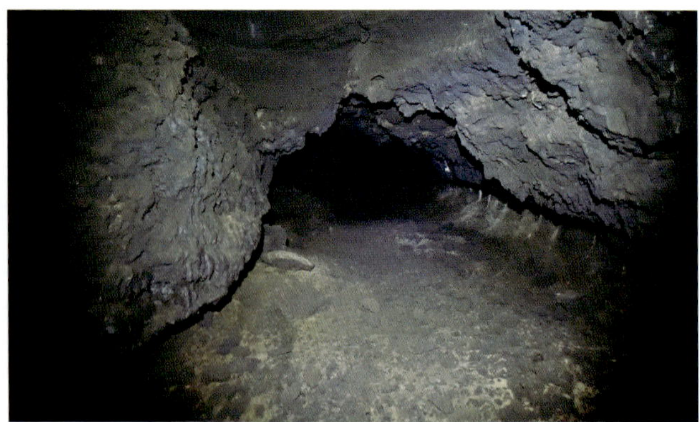

Der Lavakanal der Cueva del Faro

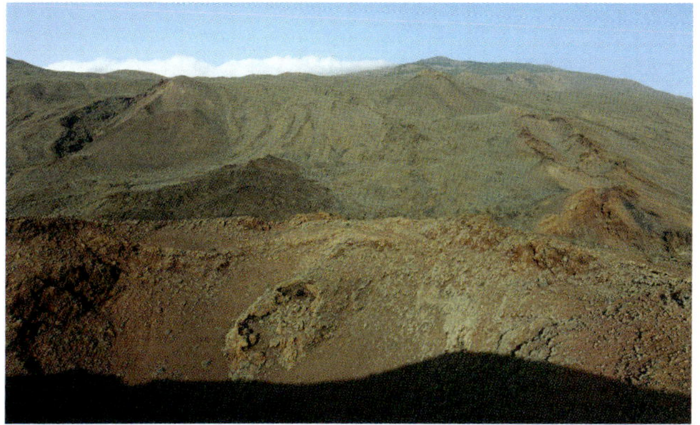
Blick von der Montaña de Orchilla

der Röhre heraus, was bleibt, ist der Lavatunnel. Während der Expedition durch die Höhle stellen wir fest, dass die Tunneldecke an einigen Stellen eingebrochen ist und Öffnungen entstanden sind, sogenannte Skylights. Schlussendlich erreichen wir den **Ausgang der Cueva del Faro 02** (92 m), auf einem Pfad laufen wir bis zur Schotterpiste. Exakt auf Höhe des Abzweigers zum Leuchtturm gehen wir auf der gegenüberliegenden Straßenseite weglos auf einer gedachten Linie zwischen unserem Standort und der weißen Messsäule der **Montaña de Orchilla 03** (205 m) bergauf. Wir wandern rechts an einem ersten kleinen Vulkankegel vorbei, um

Erlebnis

Die Erkundung des 400 m langen Lavakanals ist ein unvergessliches Abenteuer.

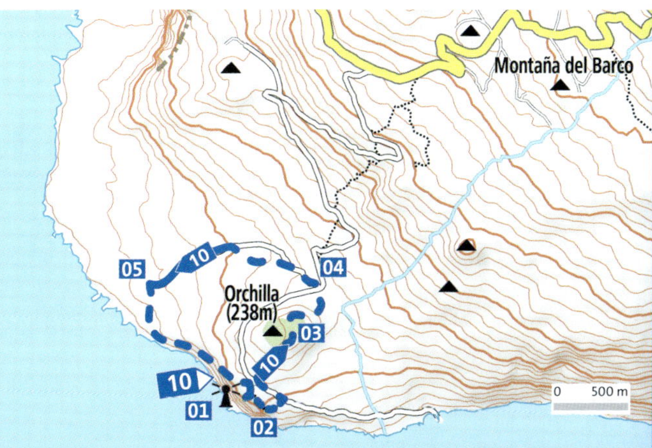

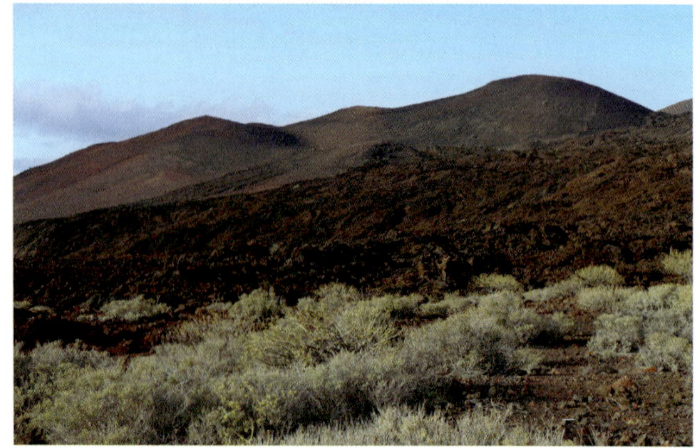

Abzweiger zum Nullmeridian

dann kurzfristig auf einem Pfad zu einem zweiten, etwas halb rechts von uns liegenden Vulkankegel zu gelangen. Kurz vor zwei mächtigen Vulkanbomben steigen wir links zum Vulkankrater auf, mit einem herrlichen Panoramablick auf. An der Messsäule vorbei laufen wir auf dem Kraterrand und kommen vorbei an einem weiteren, rechts vor uns liegenden Nebenkrater. Sobald wir die Anfahrtsstraße zum Leuchtturm sehen, steigen wir gut 80 m nach rechts ab. Bereits unterhalb des Nebenkraters queren wir diese in einer langen Rechtskehre,

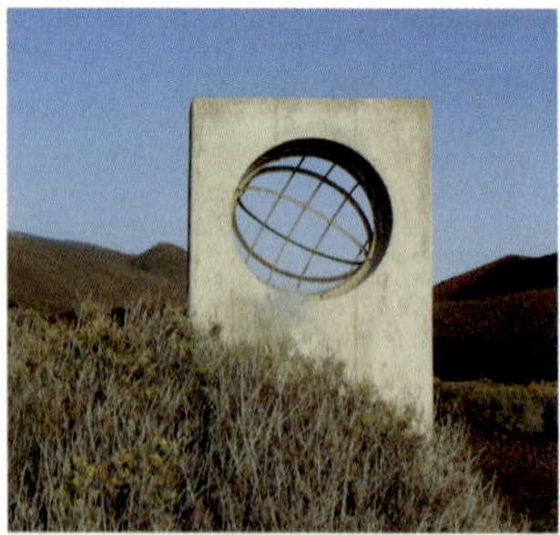

Der Nullmeridian

bis wir festeres Gestein erreichen, um dort in die Hochebene abzusteigen. Auf einer Piste gehen wir bis zur **Straße HI-500** 04 (141 m) vor und folgen der Ausschilderung Richtung Nullmeridian. Nach 190 m, bei einem Steinmännchen und einer Markierung verlassen wir die Piste auf einen Pfad. Nach einem kurzen Wegabschnitt in einem Trockenbachbett mündet dieses wieder in die Piste, wir erreichen den **Nullmeridian** 05 (52 m). Die Schlüsselstelle der Wanderung: 5-10 m vor dem Nullmeridian verlässt nach halb links, schräg auf das Meer zu, ein unscheinbarer Pfad die Piste. Zur ergänzenden Orientierung halten wir Ausschau nach einem Steinmann. Wir gehen in einem Trockenbachbett (großem Spülfeld) und erreichen nach 165 m Aalava. Sieht aus wie ein frisch gepflügter Ackerboden, besteht aber aus sehr scharfkantigen Blöcken und Schollen. Am oberen Klippenrand angekommen orientieren wir uns im weglosen Gelände an dem oberhalb stehenden Leuchtturm, dem Ausgangspunkt der Wanderung.

MALPASO • 1501 m

Einfache Gipfeltour auf das Dach von El Hierro und Freestyle-Abstieg

 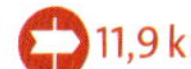 11,9 km 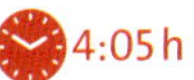 4:05 h 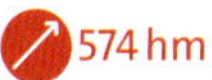 574 hm  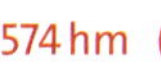 574 hm 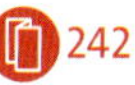 242

START | Busanbindung: keine. Pkw Anfahrt: Der Ausgangspunkt der Wanderung liegt am Fuße des zentralen Gipfelmassivs der Insel, 24 km von Valverde entfernt. Man fährt auf der Straße HI-4, HI-400, Richtung El Julan und bei dem rechten Abzweiger, mit einem Holzschild und der Aufschrift Mercadel Cruz de Los Reyes, parken wir das Auto am rechten Straßenrand in einer Parkbucht.. Geokoordinaten: [GPS: N27° 27,710950 O-18° 18,030917].
CHARAKTER | Mittelschwere Wanderung. Grundvoraussetzung für diese Tour sind Erfahrung und Kenntnisse bei der Orientierung im nahezu weglosen Gelände anhand von Landschaftsmerkmalen.

Die wunderschönen Kanarischen Kiefernwälder sind anfangs unsere botanischen Begleiter, doch mit der Annäherung an die Wetterscheide weichen sie dem Lorbeerwald. In der baumfreien Zone unterhalb der Gipfelrate angekommen wandern wir über großflächiges und vegetationsarmes Lapilli. Vom höchsten Berg auf El Hierro, dem 1501 m hoch gelegenen Malpaso, genießt man bei idealen Bedingungen eine hervorragende Fernsicht auf El Hierro und seine Nachbarinseln La Palma, Teneriffa und La Gomera. Definitiv ein Glücksplatz und Kraft.

▶ Vom **Start und Ziel** 01 (922 m) wandern wir auf der anfangs ge-

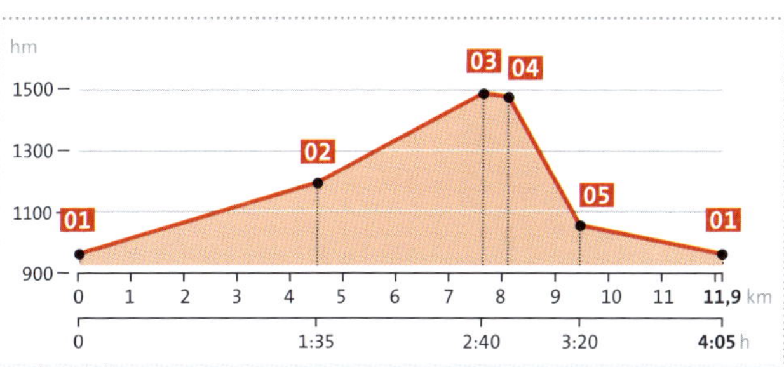

01 Start und Ziel 922 m; 02 älteste Kiefer von El Hierro 1184 m; 03 Malpaso 1501 m; 04 Piste verlassen 1484 m; 05 Piste erreicht 1043 m

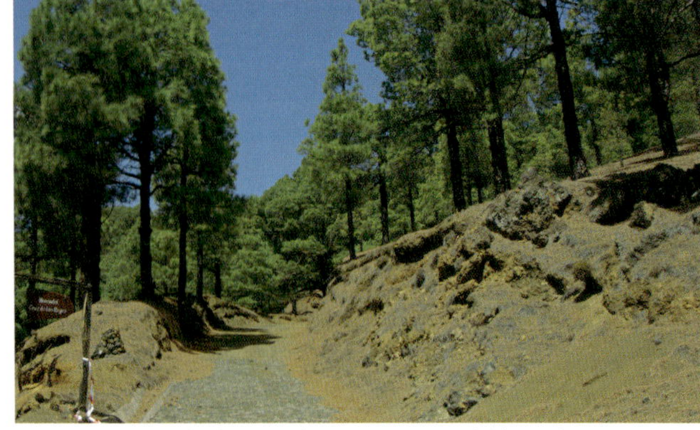
Am Ausgangspunkt der Wanderung am Mercadel/Cruz de Los Reyes

pflasterten Forstpiste bergauf. Der fast süßliche Geruch der Kiefern verzaubert das Gemüt. Nach 375 m auf der Piste erheben sich links von uns die steilen Hänge des Vulkans Mercader. Immer wieder gibt der Wald den Blick frei Richtung Atlantischen Ozean und dem Fischerdorf La Restinga. Kurz hinter einer lang gezogenen Natursteinmauer endet die Forststraße, wir gehen rechts, bei der nächsten Möglichkeit links Richtung Frontera und bei der abermals folgenden Weggabelung halb rechts. Kurz bevor unsere Piste in eine weitere mündet, führt auf der linken Seite ein Trampelpfad zur **ältesten Kiefer von El Hierro** 02 (1184 m). Aufgrund des langsamen Wachstums in dieser Region und einem unteren Stammdurchmesser von 2-3 m wird sie auf 400–600 Jahre geschätzt. Ein wahres Juwel mit seinen tentakelartigen und mächtigen Ästen. Wieder auf der Forststraße wandern wir bei der Fuentes de Julan auf dem rechten bergauf führenden Weg Richtung Cruz de Los Reyes und Sabinosa.

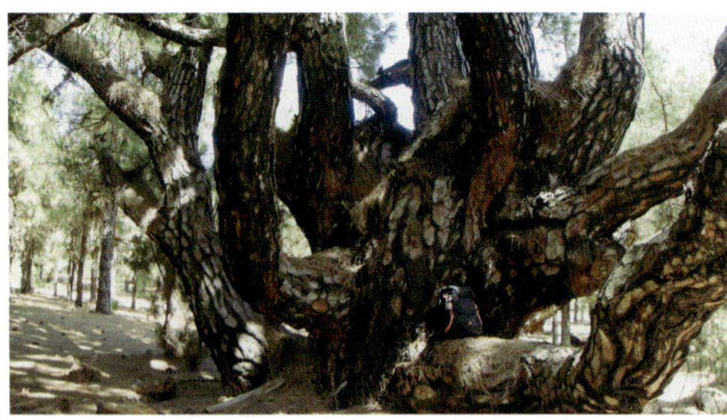
Die älteste Kiefer auf El Hierro

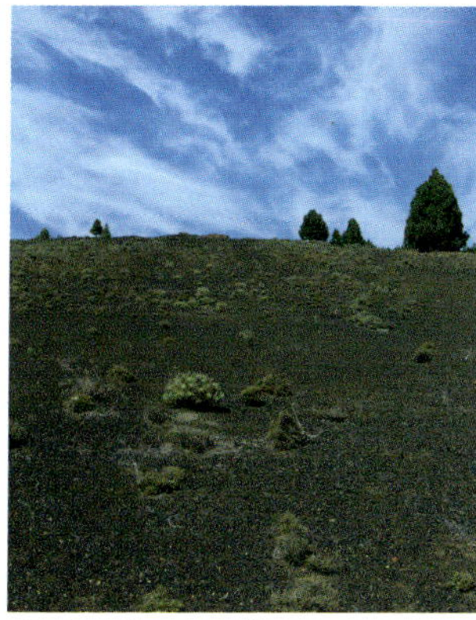

Abstieg über Lapilli

Nach steilem Aufstieg erreichen wir eine Weggabelung, wir nehmen den halblinken Abzweiger, kommen vorbei an der Fuente Cruz de Los Reyes und queren im weiteren Verlauf eine Straße. Bei der Dreiwegegabelung entscheiden wir uns für den mittleren Weg, Richtung der ausgeschilderten Parkplätze. Noch vor der großen freien Fläche orientieren wir uns rechts bergauf, um an der Asphaltstraße links zu gehen. Bereits nach 80 m verlassen wir die Straße nach halb rechts, gehen in eine Mulde zu einer Informationstafel und folgen fortan dem gut ausgeschilderten Pfad. In der Ferne sieht man bereits einen Sendemast, dieser befindet sich auf dem höchsten Berg von El Hierro, den **Malpaso** 03 (1501 m). Die Fernsicht ist einmalig. Auf dem Rückweg gehen wir an dem kleinen Haus mit dem brummenden Dieselmotor vorbei und biegen dann halb rechts auf die Piste – auch ausgeschildert mit Camino de Virgen. Nach nur 325 m, bei einem Holzpfeiler mit einer rot-weißen Markierung **verlassen wir die Piste** 04 (1484 m), gehen weglos halb links über das Lapilli und orientieren uns dabei an einem kleinen Kie-

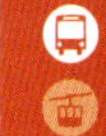
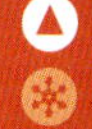

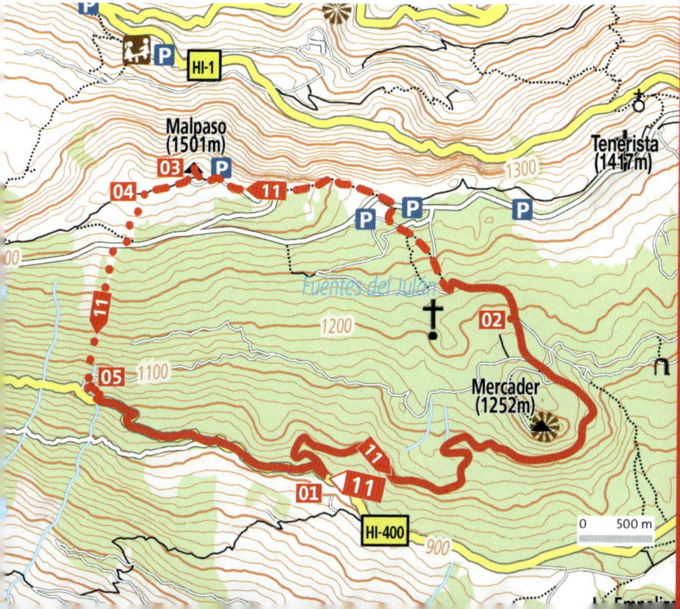

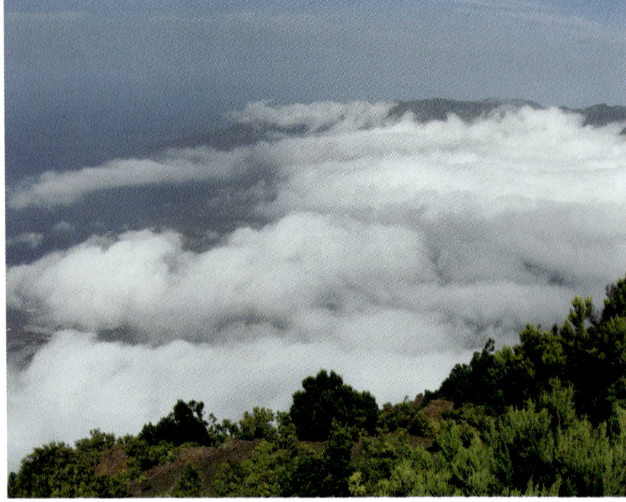

Blick vom Malpaso auf das El-Golfo-Tal

fernwald, sodass wir 50 m rechts neben den Kiefern ankommen. Die Wegrichtung muss noch ein bisschen feinjustiert werden, wenn wir zu weit links gegangen sind, denn dort befindet sich ein steiler Abbruch, den man bequem durch das weiche Gestein umgehen kann, Richtung der unterhalb Piste. Wir gehen 70 m nach rechts auf der Schotterpiste. Schauen wir den Abhang nach links hinunter, so sehen wir eine große Freifläche mit Lapilli, die sich nach unten hin verjüngt. In 200 m Entfernung stehen mittig im Hang einige Kiefern, zu denen steigen wir ab. Eine perfekte Skipiste, nur der Schnee fehlt. Weiterhin in der Falllinie geht der Untergrund in festes Gestein über, langsam formt sich ein Trockenbachbett – das wir als Wegmarkierung nutzen. Zunehmend wird es steiler und wir gehen inzwischen auf glatt geschliffenem Gestein, das in Kombination mit den daraufliegenden Fichtennadeln zu einer extrem rutschigen Angelegenheit wird. Nach 885 m hat dieser Freestyle-Abstieg ein Ende, wir haben eine **Piste erreicht** **05** (1043 m), folgen dieser bergab und gehen dann auf der Asphaltstraße – die nur sehr gering befahren ist – links, bis zum Ausgangspunkt der Wanderung.

Achtung!

Der Freestyle-Abstieg erfolgt im unteren Bereich durch einen Barranco. Dort sind die Felsen extrem platt geschliffen und in Kombination mit den daraufliegenden Kiefernnadeln wird der Abstieg zu einer extrem rutschigen Angelegenheit. Bei Nebel im Gipfelbereich ist die Navigation aufgrund fehlender Landschaftsmerkmale nur mit einem GPS-Gerät möglich!

AULA DE LA NATURALEZA – TENERISTA • 1424 m

Durch den kanarischen Kiefernwald zu einem aussichtsreichen Gipfel

  10,6 km 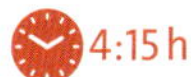 4:15 h 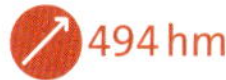 494 hm 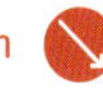 474 hm 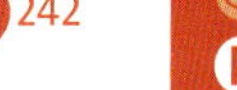 242

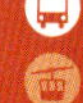

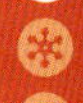
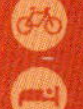

START | Busverbindung: keine. Pkw-Anfahrt: Der Ausgangspunkt der Wanderung liegt oberhalb der Ortschaft El Pinar südlich des Bergmassivs, 19 km von Valverde entfernt. Man fährt auf der Straße HI-1 und HI-400, um kurz vor El Pinar/El Julán auf dem rechten Abzweiger der Ausschilderung Richtung Aula de La Naturalezza zu folgen und vor oder auf dem Gelände zu parken. Geokoordinaten: [GPS: N27° 42,825000 O-17° 59,293980].
CHARAKTER | Mittelschwere Wanderung bei stets einfacher Orientierung im Gelände.

Der Ausgangspunkt der Tour ist die Aula Naturalleza, auf 930 m Höhe in idyllisch liegender allein Lage mitten im Wald. Das Haus drohte zu verfallen, bis die Inselregierung das Objekt von Grund auf sanierte und es seit der Neueröffnung für naturpädagogische Arbeit mit Kindern genutzt wird. Zur Wanderung: Durch den wohlriechenden Kanarischen Kiefernwald und durch den immer grünen Nebelwald führt die Wanderung durch 2 Vegetationsstufen auf den dritthöchsten Vulkan der Insel. Herrliche Ausblicke auf die reizvolle Landschaft.

▶ Vor der **Aula de La Naturaleza** 01 (945 m) befindet sich ein großer abgesägter Baumstumpf

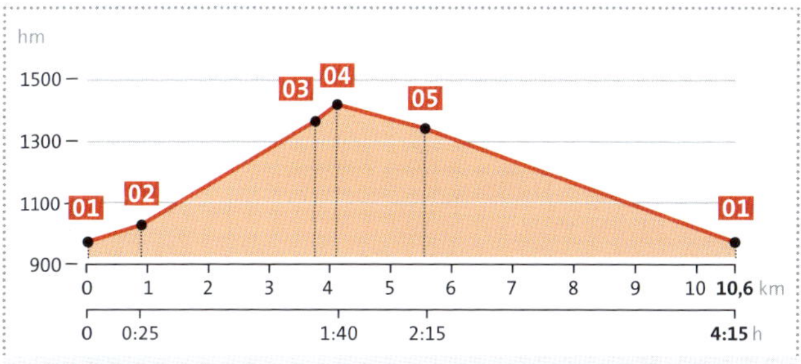

01 Aula de La Naturaleza 945 m; 02 Hoya del Morcillo 1008 m; 03 Blick in das El-Golfo-Tal 1355 m; 04 Tenerista 1414 m; 05 HI-40 1356 m

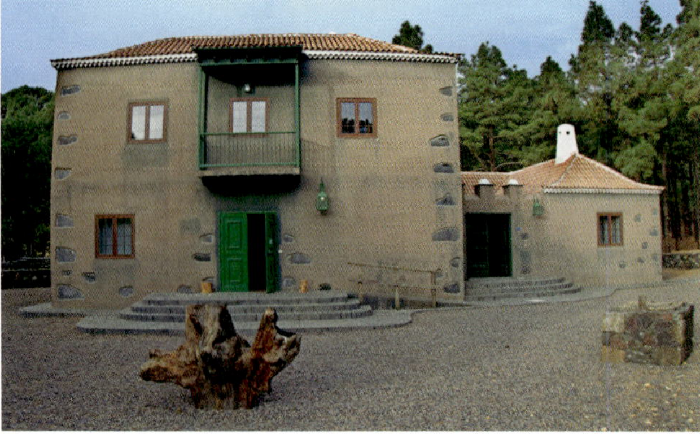

Aula de La Naturaleza

und direkt gegenüber befindet sich ein Gatter – der Notausgang – durch das wir in den Wald gelangen und dann auf der Piste halb rechts bis zu einer Weggabelung laufen. Von dort gehen wir rechts auf dem bergaufführenden Weg Richtung Tigaday, auf dem von Steinen gesäumten Camino El Golfo. Wir erreichen eine große Freifläche, den einzigen Campingplatz von El Hierro, den**Hoya del Morcillo** **02** (1008 m). Wir überqueren den Campingplatz und folgen weiterhin dem Wegweiser Richtung El Golfo, bis wir 100 m vor der Rezeption die Piste nach rechts, auf einem von Steinen gesäumten Pfad verlassen. Diesen verlassen wir bereits nach 50 m, gehen bei der unscheinbaren Weggabelung halb links, queren die Straße, orientieren uns an der gelb-weißen Markierung, da der Pfad unter einem dichten Teppich von Kiefernnadeln nur schwer auszumachen ist. Im weiteren Verlauf überqueren wir eine Forststraße – nun befinden wir uns auf einer breiteren Brandschutzschneise. Nach insge-

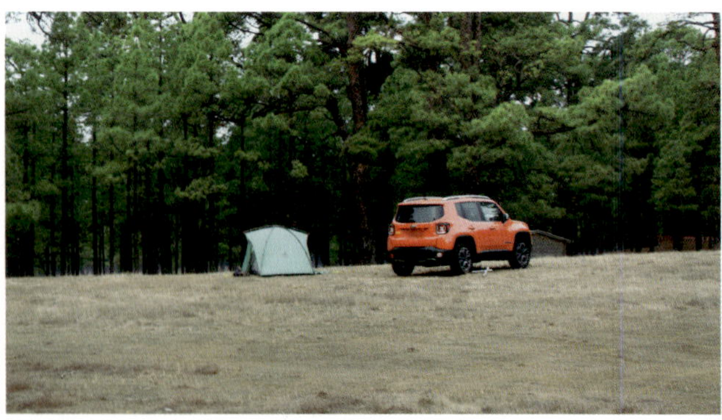

Der Campingplatz Hoya del Morcillo

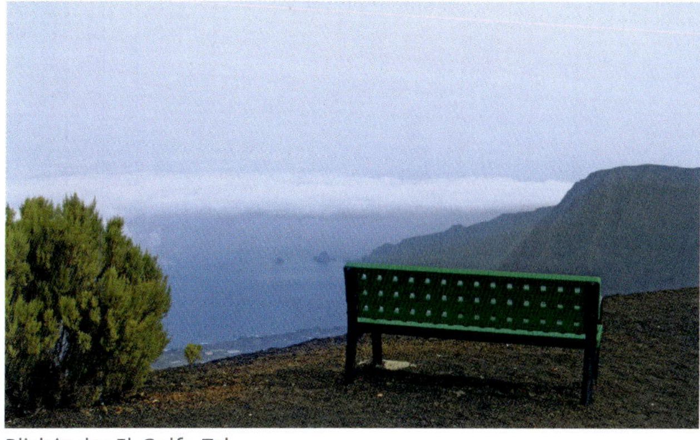

Blick in das El-Golfo-Tal

samt 2,5 km mündet von links eine weitere Forstpiste in unseren Weg. Auf dem Hauptbergkamm angekommen gehen wir bei der Weggabelung halb links, parallel zur Straße, um dann nach 450 m auf einer kleinen Anhöhe, rechts durch eine kleine Schneise, die Straße zu erreichen. Geht man einige Meter rechts, so erreicht

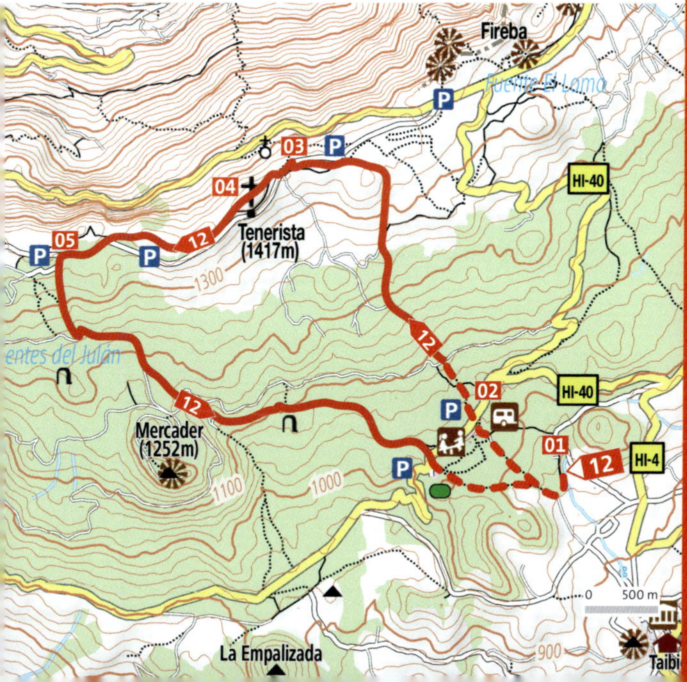

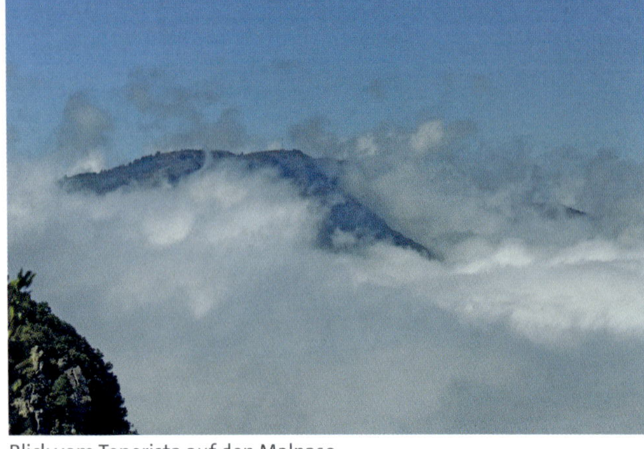

Blick vom Tenerista auf den Malpaso

man eine Bank mit einem gigantischen **Blick in das El-Golfo-Tal** 03 (1355 m). Wir drehen um und gehen zunächst weitere 115 m auf der Straße, um dort rechts auf den Camino de La Virgen zu gelangen, diesen aber bereits nach 40 m in der Linkskehre, halb rechts auf dem Trampelpfad über dem Bergkamm zum Gipfel des **Tenerista** 04 (1414 m) zu verlassen. Es eröffnet sich ein umwerfender Blick ins Tal und die Bergwelt entlang des Hauptkamms von El Hierro. Wir überschreiten den Berggipfel und steigen auf dem weiterführenden Trampelpfad ab, der in den Camino de la Virgen mündet. In der nachfolgenden Senke, hier ist der Weg mit Holzblöcken gesäumt, verlassen wir den Pfad und gehen fortan auf der **Straße HI-40** 05 (1356 m). Wir zweigen ab zur ausgeschilderten Fuente de la Cruz ab, gehen bereits nach 50 m geradeaus weiter auf der Forstpiste bergab bis zur Fuente de la Cruz. Mit der Quelle im Rücken gehen wir auf der halb links bergabführenden Piste weiter. Die Forststraße gabelt sich, wir gehen halb links weiter – an einem kleinen Hydranten vorbei! Bei einem gemauerten Wasserbecken, die Quelle Pino Piloto, endet die Piste. Wir gehen geradeaus über die querende Forststraße und folgen der Ausschilderung Cueva del Mocan. Bei der Weggabelung mit dem verkohlten Baumstamm gehen wir halb links durch das gepflasterte Trockenbachbett. Nach weiteren 1,2 km stehen etwas unscheinbar Steinmännchen am Wegesrand, hier gehen wir halb rechts auf dem bergabführenden Pfad, queren die Straße, gehen zwischen Fußballfeld und Grillplatz über den Campingplatz, treffen auf dem Hinweg und gehen nun auf derselben Strecke zurück.

Achtung!

An den steilen und vegetationsarmen Hängen vor dem Gipfel wehen die Passatwinde in ihrer vollen Kraft.

PARADOR NACIONAL – EL PINAR – MIRADOR DE LAS PLAYAS – MIRADOR DE ISORA

Eine der schönsten und aussichtsreichsten Wanderungen auf El Hierro

  13,1 km 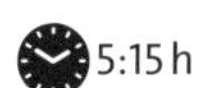 5:15 h 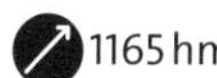 1165 hm  1176 hm 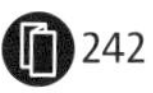 242

START | Busverbindung: Linie 7, 8 Uhr Bus von Valverde zum Parador; zurück: 18 Uhr. Pkw-Anfahrt: Der Ausgangspunkt der Wanderung liegt an der Ostküste in Las Playas, 18 km entfernt von Valverde. Man fährt auf der Straße HI-2 bis zum großen Hotelparkplatz am Parador.
Geokoordinaten: [GPS: N27° 43,039020 O-17° 57,520980].
CHARAKTER | Eine der schwersten Wanderungen aus diesem Wanderführer. Eine Mischung aus technisch anspruchsvollen und wiederum einfachen Streckenabschnitten. An einer Schlüsselstelle ist die Wegführung unklar und man muss intuitiv den Weg finden.

Diese Route entlang der Ostküste beeindruckt mit bis zu 1050 m hohen Klippen. Es ergeben sich atemberaubende Ausblicke und man wandert durch Felder, entlang von Gärten, Kanarischen Kiefern, Kandelaberwolfsmilch und zahlreichen Feigenbäumen – die im Herbst für Verköstigung sorgen. Die Tatsache, dass die Ureinwohner den Aufstieg sowie den Abstieg zum Fischfang, als Weg zu Wasser-

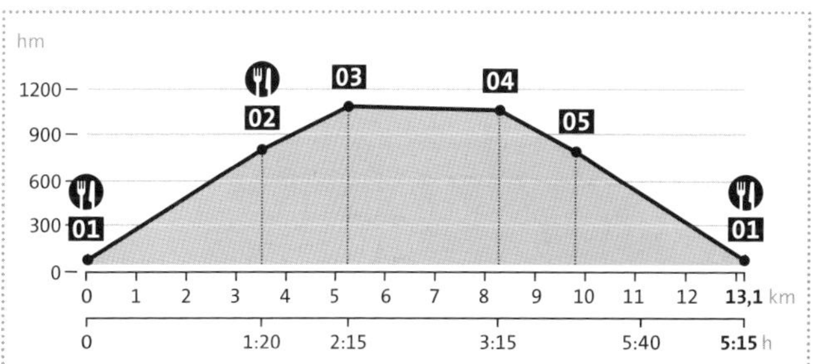

01 Start und Ziel 10 m; 02 Las Casas 841 m; 03 Mirador de Las Playas 1052 m; 04 Schlüsselstelle 1019 m; 05 Mirador de Isora 821 m

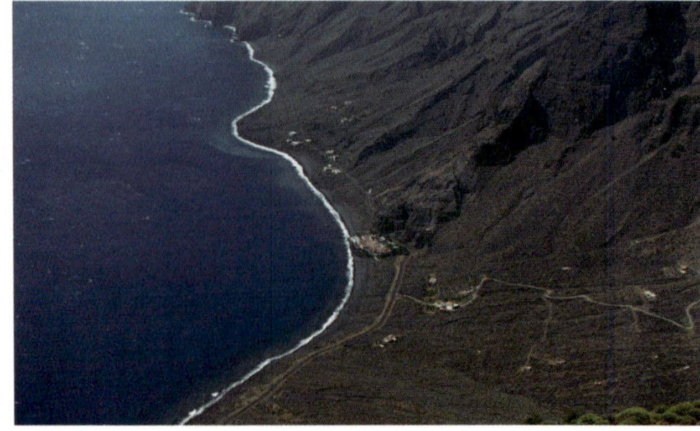

Blick in die Bucht von Las Playas und dem Hotel Parador

quellen, zur Wandertierhaltung oder traditionelle Umzüge genutzt haben, lässt uns innehalten vor der Leistung. Eine sehr anstrengende Wanderung, geprägt von emotionalen Extrempositionen von Frustration bis zu einem erhabenen Glücksgefühl.

▶ Vom Hotel Parador am **Start und Ziel** **01** (10 m) gehen wir auf der weiterführenden Straße vorbei an dem unterhalb liegenden schönen Strandabschnitt und folgen der Straße bergauf. Direkt hinter einer Linkskehre, beim Mauerdurchbruch, beginnen 800 Höhenmeter anspruchsvoller Anstieg auf einem zunächst ausgezeichneten Pfad. Auf dem nachfolgenden Streckenabschnitt

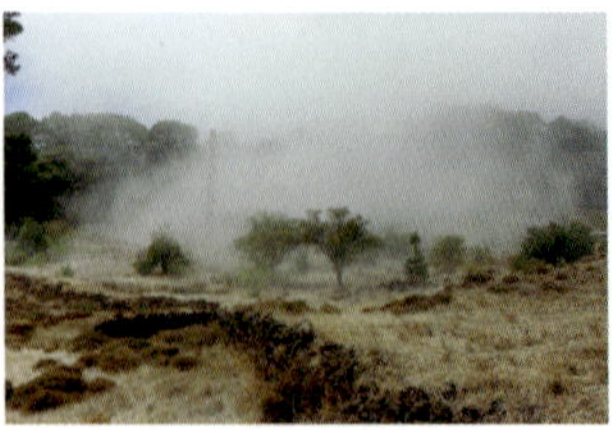

Oberhalb von Las Casas

ist es meistens windstill und dementsprechend heiß, nur im oberen Bereich spenden vereinzelt Kiefern Schatten. Auf der Hochebene angekommen queren wir ein Trockenflussbett, halb links befindet sich der weiterführende Camino. Kurz vor dem Dorf **Las Casas** **02** (841 m) gehen wir bei der Weggabelung nicht rechts in den Barranco, sondern links bis zur Asphaltstraße vor. Nach 115 m bergauf erreichen wir einen Dorfplatz, wir gehen halb rechts und folgen der Ausschilderung Richtung Las Playas. Nach 325 m gehen wir ein kurzes Stück auf dem Camino parallel zur Straße, der Camino mündet wieder in die Hauptstraße, auf der wir nun 1,1 km gehen. Hier folgen wir rechts der Ausschilderung Richtung Las Playas, bis wir auf die querende Straße zum **Mirador de Las Playas** **03** (1052 m) treffen – einer der beeindruckendsten Miradors auf El Hierro. Nach der Besichtigung gehen wir ein kurzes Stück auf dem Hinweg zurück und an der Stelle, wo wir auf die Straße getroffen sind, gehen wir rechts auf dem Pfad weiter. Der folgende Wegabschnitt führt im-

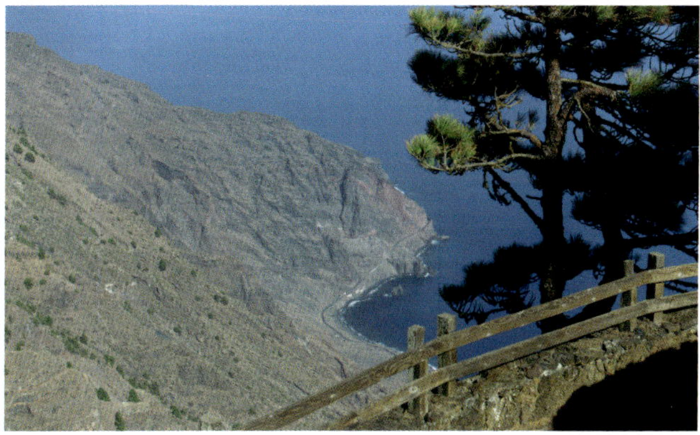
Blick vom Mirador de Las Playas

mer am Abgrund entlang, 1100 m über dem Meeresspiegel ergeben sich immer wieder gigantische Tiefblicke – wenn nicht Passatwolken die Sicht vernebeln. Der Pfad geht in eine Schotterpiste über und mündet nur kurz später in eine Asphaltstraße, auf der wir Richtung Isora bergabwandern. 200 m vor einem weißen Haus mit

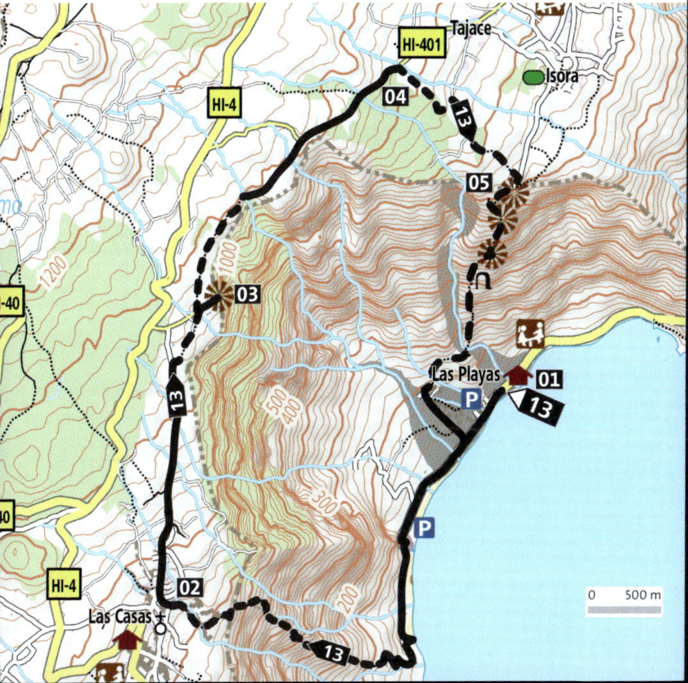

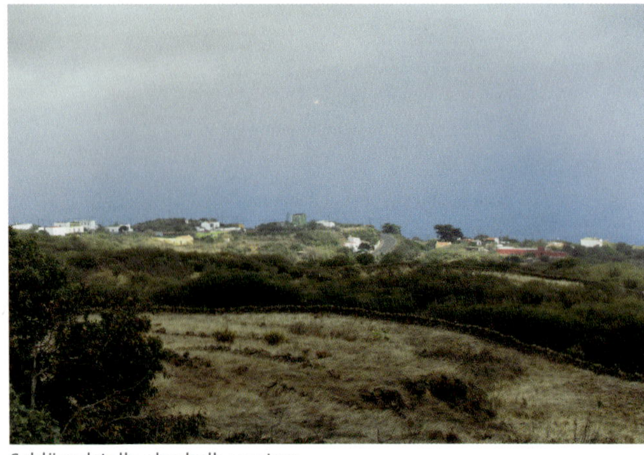

Schlüsselstelle oberhalb von Isor

einem grünen Dach zweigt rechts an einen kleinen Erdbeerbaum ein Pfad ab, der sich aber bereits nach einigen Metern verliert. An dieser **Schlüsselstelle 04** (1019 m) gehen wir auf Ziegenpfaden auf dem vor uns liegenden Bergrücken. An der Steinmauer gehen wir rechts vorbei und bei dem nachfolgenden Mauerdurchbruch links hindurch, um dann durch dichteres Gestrüpp und Kakteen Slalom zu laufen. Von der Anhöhe steigen wir auf rutschigem Untergrund zu einem Camino ab, um dort angekommen rechts bergauf zu gehen. Der Camino endet an einer Asphaltstraße. Nach 285 m auf der Asphaltstraße erreichen wir eine Anhöhe, hier verlassen wir die Straße und gehen auf dem Pfad weiter. Wieder auf einer Asphaltstraße gehen wir nur einige Meter rechts bis zum **Mirador de Isora 05** (821 m), es eröffnet sich ein spektakulärer Tiefblick auf die Bucht. Es folgt ein gerölliger Abstieg durch den extrem steilen Berghang. Dabei sollte man bedenken: Der Abstieg von Mirador de Isora nach Las Playas wurde angelegt, um die Wandertierhaltung zwischen Berg und Tal zu gewährleisten. Außerdem wurde die Route in der Trockenzeit genutzt, um sich an der Quelle von Las Playas mit Trinkwasser zu versorgen oder einfach nur zur Küste zu gelangen, um dort zu fischen. Eigentlich kann man sich beim Abstieg nicht verlaufen, aber trotzdem gibt es eine Schlüsselstelle. Nachdem wir dem Bergrücken hinter uns gelassen haben und ein Trockenbachbett erreicht haben, folgt man nicht dem Verlauf, sondern quert dieses und steigt noch einmal zu einer Anhöhe auf. Von dort führt der Camino bis zu der Streusiedlung Las Playas, gelangt im weiteren Verlauf bis zur Hauptstraße, die direkt zum Hotel Parador führt.

Erlebnis

Die Miradors auf dieser Wanderung gehören zu den schönsten auf der Insel.

PICO MALPASO 1501 m

Reduziert auf das Wesentliche – die Gipfelbesteigung

 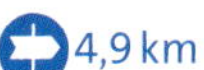 4,9 km  1:50 h 141 hm  146 hm 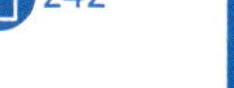 242

START | Bushaltestelle: keine. Pkw-Anfahrt: Der Start der Wanderung liegt am östlichen Hauptbergkamm 20 km entfernt von Valverde. Man fährt auf der HI-1 über San Andrés, im weiteren Verlauf biegt man nicht rechts nach Frontera oder links nach El Pinar, sondern fährt geradeaus weiter, bis die Asphaltstraße in eine Piste übergeht. Nach weiteren 225 m kann man rechts bequem parken. Geokoordinaten: [GPS: N27° 43,645980 O-18° 1,612020].
CHARAKTER | Einfache Wanderung auf gut ausgezeichneten Wegen, aber nur solange das gute Wetter mitspielt.

Schönes Wetter ist für diese Kurzwanderung auf den höchsten Punkt der Insel ein absolutes Muss. Aber den richtigen Moment zu bestimmen, ist nicht einfach. So wachte ich am frühen Morgen bei Regen und extrem dichtem Nebel in Valverde auf. Trotzdem packte mich das Gefühl, es gibt heute ein oberhalb der Wolken, und zwar auf dem Malpaso. Glück gehabt, denn es war genauso, wie ich innig gehofft hatte und so kam ich nicht aus dem Staunen heraus: die atemberaubenden Ausblicke auf das El Golfo Tal, der extrem guten Fernsicht bis hin nach Teneriffa und dem spielerischen Wolkenspektakel. Die Natur in ihren schönsten Facetten.

▶ Vom **Start und Ziel** 01 (1359 m) folgen wir der Ausschilderung 1,5 km Richtung Malpaso, gehen in

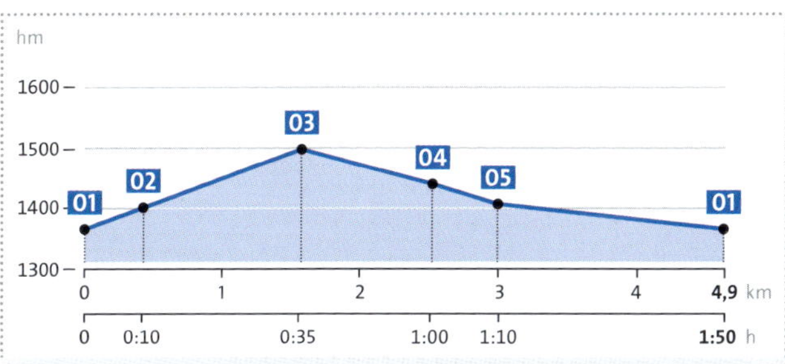

01 Start und Ziel 1359 m; 02 traumhafter Tiefblick 1403 m; 03 Malpaso 1499 m; 04 links halten 1441 m; 05 links halten 1406 m

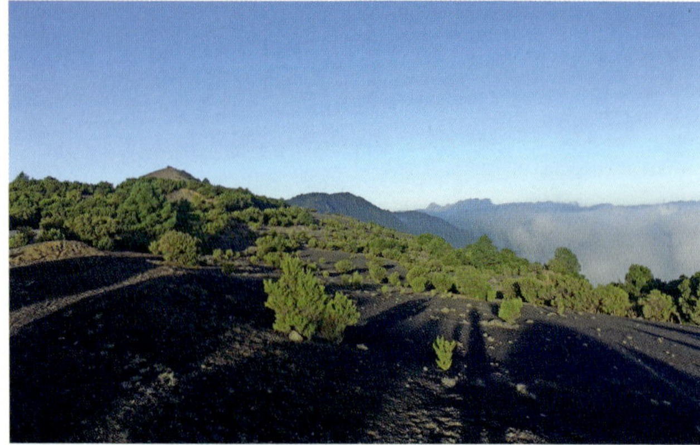

Am Start zum 1501 m hohen Malpaso

die Senke hinunter zu der Informationstafel und beginnen den Aufstieg auf der breiten Schotterpiste. Wir laufen über vegetationsarme Lapilli-Felder, nur vereinzelt stehen Kanarische Kiefern und Baumheide am Wegesrand. Nach 350 m befindet sich auf der rechten Seite eine kleine Felsgruppe, hier sollte man 5 m nach rechts gehen, von der Spitze der 1400 m über dem Meeresspiegel thronenden Felswand ergibt sich ein **traumhafter Tiefblick** 02 (1403 m). Auf dem Höhenrücken tangiert unser Pfad zweimal eine bergaufführende Asphaltstraße, bis wir in der Ferne schon das Dach von El Hierro sehen, den **Malpaso** 03 (1501 m), gut zu erkennen an dem Funkmast. Kein spektakulärer Felsgipfel, aber dafür eine spektakuläre Fernsicht. Mit der Höhenbezeichnung herrscht Uneinigkeit.

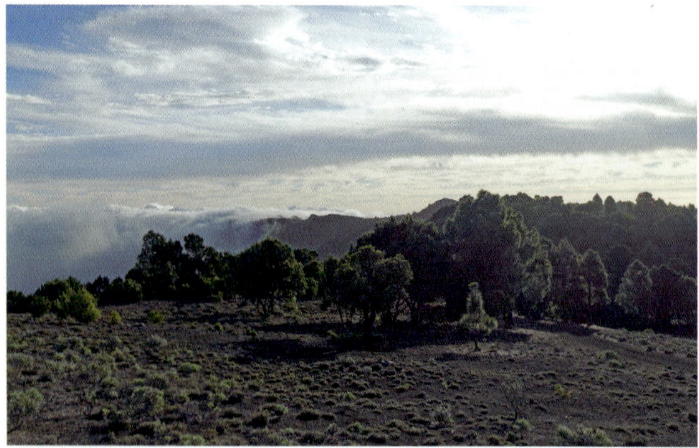

Umwerfende Farbenspiele in den Morgenstunden am Malpaso

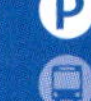
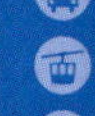

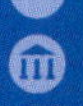

Mal wird von 1500 m und mal von 1501 m geredet. Die Einwohner sagen: Nach den neuerlichen Seebeben vom Juli 2011 und den daraus neu entstandenen Unterwasservulkan hat sich die gesamte Insel um 30 cm gehoben. Naja, die endgültige Beurteilung überlassen wir den Geologen und nicht dem Hörensagen. Auf dem Rückweg gehen wir auf der Schotterpiste an dem dieselbetriebenen Generator in einem Natursteinhaus auf der Schotterpiste vorbei und biegen nach 30 m nach halb rechts ab. Es geht wieder über große Freiflächen aus Lapilli bis zu einem kleinen Waldstück, um sich dann bei dem Abzweiger **links zu halten** **04** (1441 m), auch ausgeschildert Richtung Cruz Los Reyes und nun fast in entgegengesetzter Richtung zum bisherigen Weg den Abstieg fortzusetzen. Unser Weg endet, während wir uns **links halten** **05** (1406 m) und auf der breiten Schotterpiste nun bergauf wandern. Auf dem Weg zum Ausgangspunkt lassen wir den linken bergaufführenden Abzweiger zum Malpaso links liegen und

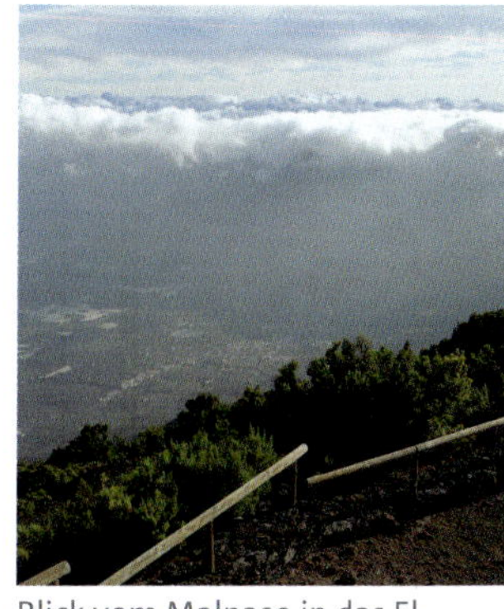
Blick vom Malpaso in das El-Golfo-Tal

gehen geradeaus auf der breiten Piste bis zum geparkten Pkw. Die Hauptpiste ist so gut wie gar nicht befahren.

Hinweis

In den frühen Morgenstunden oder zur Blauen Stunde ergeben sich gigantische Beleuchtungsverhältnisse.

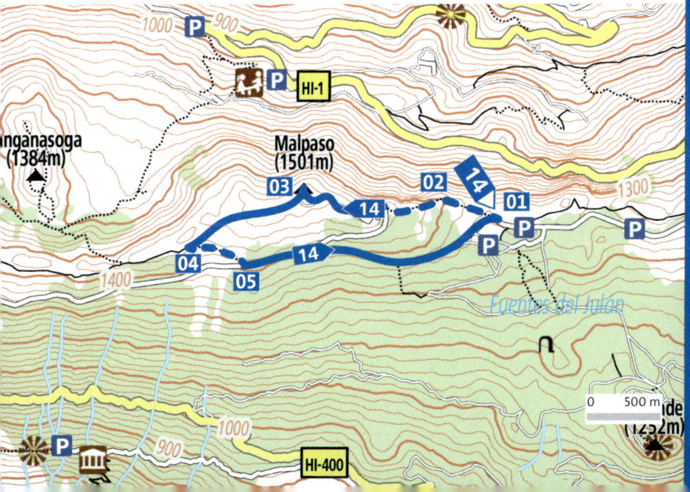

ERMITA VIRGEN DE LOS REYES – EL SABINAR – MIRADOR BASCOS

Die wildromantische La-Dehesa-Hochebene

  8,9 km  3:30 h  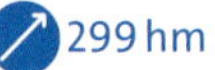 299 hm  302 hm 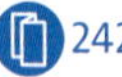 242

START | Busverbindung: keine. Pkw-Anfahrt: Der Start der Wanderung liegt am südwestlichen Zipfel des Hauptbergkamms 35 km entfernt von Valverde. Man fährt auf der HI-1, HI-4, HI-400 und folgt dabei immer der Ausschilderung Richtung Ermita Virgen de Los Reyes.
Geokoordinaten: [GPS: N27° 43,822020 O-18° 7,239000].
CHARAKTER | Einfache Wanderung bei stets eindeutiger Wegführung.

Auf der La Dahesa Hochebene befinden sich die wohl berühmtesten Bäume der Insel, die mystisch anmutenden Zedernwacholderbäume – ein Naturschauspiel der Extraklasse. Weiter führt die Wanderung zu einem der schönsten Miradors im Süden der Insel. Von einer Aussichtsplattform aus Vulkangestein ergibt sich ein unbeschreiblicher Ausblick über das El Golfo Tal hinweg bis zum tiefblauen Atlantik. Und schließlich noch die von weißen Mauern umschlossen Ermita Virgen de Los Reyes und ihrer Attraktion der Madonnenfigur der Virgin de los Reynes. Dort innehalten, wo die Natur verzaubert.

▶ An der linken Seite des Vorplatzes der **01 Ermita Virgen de Los Reyes** (703 m) gelangt man durch eine Pforte auf die Straße,

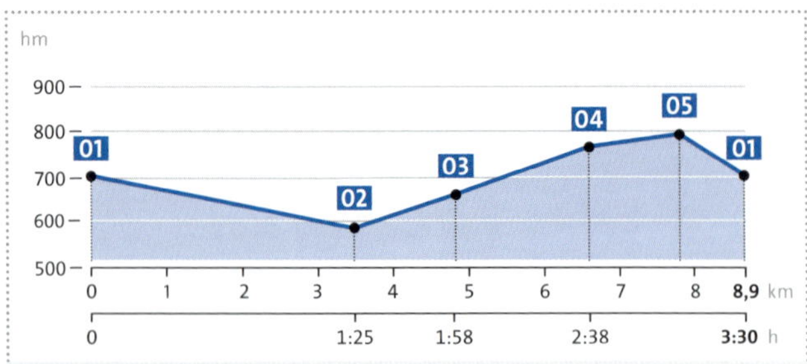

01 Eremita Virgen de Los Reyes 703 m; 02 El Sabinar 591 m; 03 Mirador de Bascos 659 m; 04 Las Casillas 874 m; 05 La Dehesa 793 m

quert diese und geht auf der Piste Richtung Cueva de La Virgen. Lange Zeit war die Marienfigur der heiligen Jungfrau in diesen Höhlen untergebracht, bevor sie dann ihren Platz in der Kirche fand. In Verlängerung des bereits eingeschlagenen Weges gelangen wir zu einer Anhöhe und folgen dem Pfad durch eine Senke bis zur Piste. Wir gehen über Viehgitter, kommen vorbei an Kanarischen Kiefern, Zedernwacholder und gelangen an eine Weggabelung. Geradeaus geht es weiter zum Mirador, wir gehen scharf links auf der Piste weiter. In der darauffolgenden scharfen Rechtskurve der Piste führt links ein Pfad zu einem ersten Prachtexemplar der Zedernwacholderbäume. Wieder auf der Piste erreicht man nach 425 m den bekanntesten aller Bäume den **02 EL Sabinar** (591 m). Ein sogenannter Windflüchter, seine Wuchsform

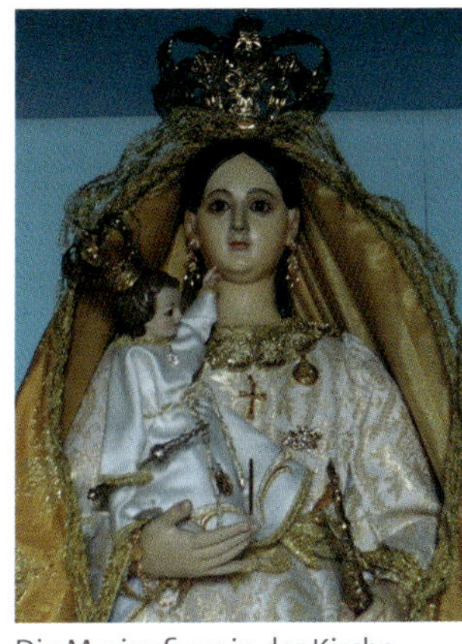

Die Marienfigur in der Kirche Ermita Virgen de Los Reyes

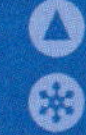

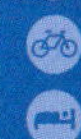

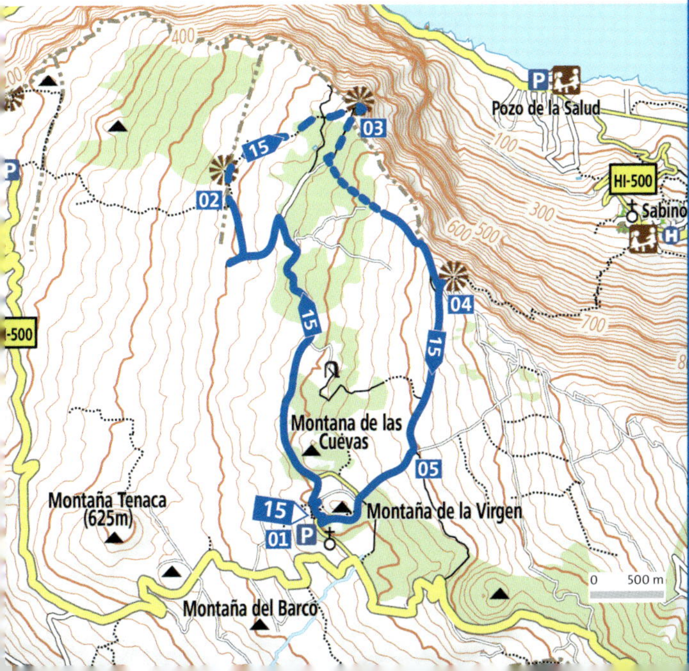

Pozo de la Salud
HI-500
Sabinos
15
03
02
04
05
01
Montana de las Cuevas
Montaña Tenaca (625m)
Montaña de la Virgen
Montaña del Barco
0 500 m

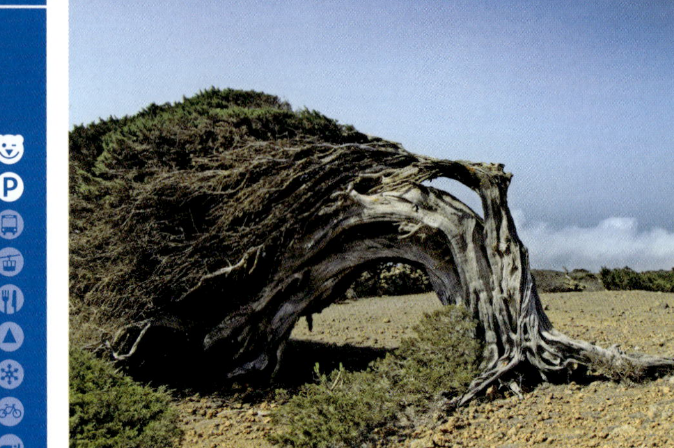

Der älteste und mächtigste der El Sabinars

wird aus der Windrichtung der nordwestblasenden Passatwinde bestimmt. Fallwinde drücken Passatwolken über den Bergkamm und liefern somit das Lebenselixier der Bäume: Feuchtigkeit. Einst war der Bestand zahlreicher, denn die Bäume mussten Weideland weichen. Heutzutage regeneriert sich der Baum wieder und vielerorts sind junge Exemplare zu sehen. In Verlängerung der ursprünglichen Wegrichtung gelangt man auf einen gelb-weiß markierten Pfad. Auf der La-Dehesa-Hochebene kommen wir vorbei an weiteren Zedernwacholder-Prachtexemplaren und einem Steinhaus, bis wir eine Schotterpiste queren und den **03 Mirador de Bascos** (659 m) erreichen. Aufgrund eines Erdrutsches ist dieser gesperrt, aber auf dem daneben liegenden Gipfel ist die Aussicht mindestens genauso beeindruckend. Wieder auf der Schotterpiste gehen wir ein kleines Waldstück zu einer Lichtung und bei dem linken Abzweiger Richtung Sabinosa und Malpaso. Es folgt ein Bilderbuch. Camino, der kurz vor einer Anhöhe endet. Bei den folgenden Weggabelungen – noch vor der Anhöhe – gehen wir jeweils links, bis zu einem weiteren Aussichtspunkt. Nur kurz unterhalb befinden sich die **04 Las Casillas** (874 m). Wir überschreiten die Anhöhe nicht, sondern gehen vom kleinen Platz auf der Anhöhe wieder auf die Hochebene zurück und bei der folgenden Weggabelung halb rechts. Nach 1,125 km endet der Camino mitten auf der **05 La-Dehesa-Hochebene** (793 m), rechts bergab geht es Richtung Ermita Virgen de Los Reyes. Vereinzelt weiden Kühe auf den Feldern, ein fast unwirklicher Anblick auf einer Kanarischen Insel. Bei der darauffolgenden Kreuzung führt halb links die Piste zum Ausgangspunkt.

HOYA DEL PINO – PISTA JARANITA – HOYA EL CREAL

Waldspaziergang unterhalb des höchsten Berges der Insel

  6,4 km  2:35 h 283 hm  251 hm  242

START | Busverbindung: keine. Pkw-Anfahrt: Der Ausgangspunkt befindet sich westlich unterhalb des Hauptbergkamms, 31 km entfernt von Valverde. Man fährt auf der HI-1 und folgt der Ausschilderung Richtung Frontera. Bei dem Wegweiser Hoya del Pino zweigt man nach halb links ab und parkt direkt vor dem Picknickplatz.
Geokoordinaten: [GPS: N27° 44,158980 O-18° 2,563020].
CHARAKTER | Einfacher Spaziergang bei stets eindeutiger Wegführung.

Wird in den extrem heißen Sommermonaten heiß, so zieht es die Einheimischen auf den äußerst beliebten Picknickplatz und Grillplatz Hoya Del Pino. Unter Schatten spendenden Bäumen ist es auch 991 m Höhe angenehm frisch. Das Wetter hat aber auch eine extreme Kehrseite: Nicht nur in den Wintermonaten halten sich die Passatwolken hartnäckig an den 1500 m hohen Hauptbergkamm, es regt selten, aber das an den Bäumen auskondensierte Wasser tropft als Niederschlag ab und schlägt als horizontaler Regen nieder. Die Wetterbedingungen können sich aber auch innerhalb

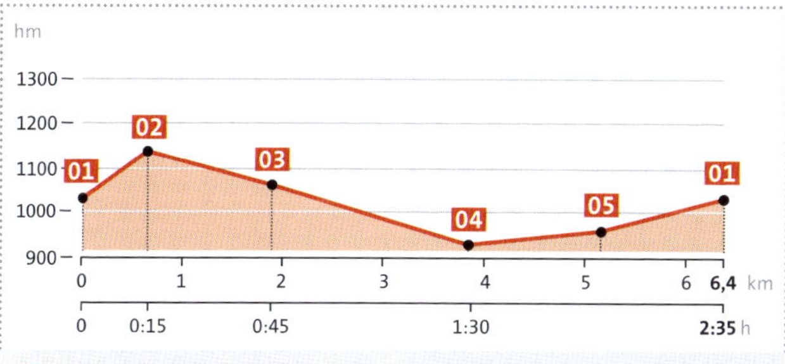

01 Hoya del Pino 1020 m; 02 Pista Janima 1123 m; 03 HI-1 1059 m; 04 Hoya El Creal 909 m; 05 Einsiedlerhof 944 m

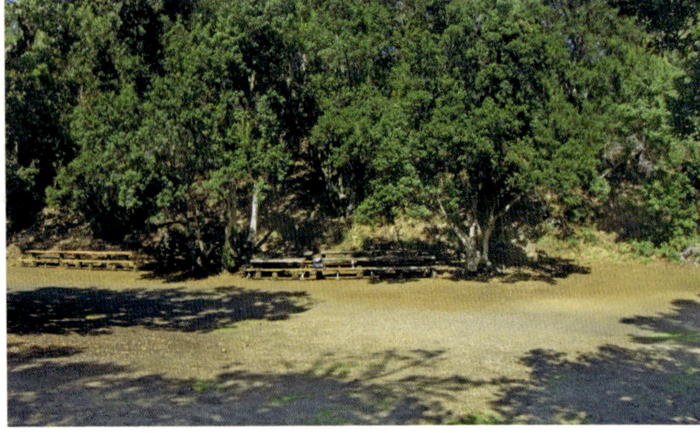

Am Picknickplatz Hoya del Pino

von 30 Minuten rapide ändern. Am besten erholt man sich bei einem guten alten Waldspaziergang.

▶ Zwischen Kinderspielplatz und den Toiletten führt eine Piste zum westlichen Ende des Picknickplatzes **Hoya del Pino** 01 (1020 m). Auf einem links bergauf beginnenden Pfad, auch ausgeschildert mit Sendora Hoya del Pino, verlassen wir das Gelände. Dieser führt tief in den Lorbeerwald, am Wegesrand wachsen gigantische Exemplare Kanaren-Wurmfarn. Aufgepasst: Maulbeerblättrige

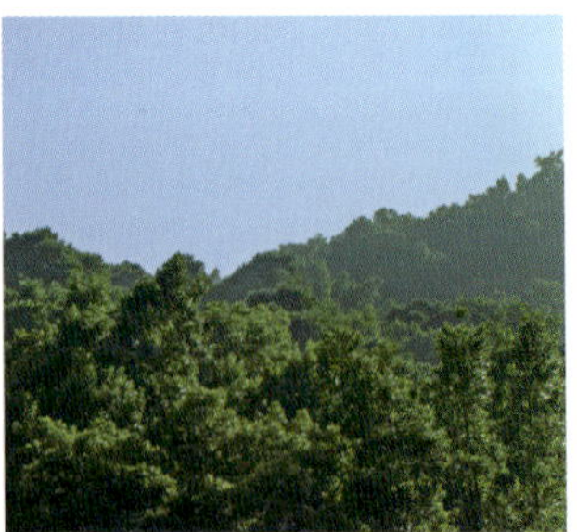

Die Pista Jaranita führt durch dichten Wald

Brennnesseln tummeln sich in Kniehöhe und brennen schmerzhafter als ihre europäischen Kollegen. langen Kehren und wenigen Treppen steigt der Pfad durch den beeindruckenden Nebelwald bis zur **Pista Janima** 02 (1123 m) auf. Links bergab laufen wir auf der Piste, an wenigen Stellen gibt Wald den Blick frei auf das 1000 m tiefer liegende El-Golfo-Tal. 450 m hinter einem schwarzen Lapillifeld, das sich den Hang hinaufzieht – die Piste macht hier eine leichte Rechtskehre – erreicht man weglos und halb links über Vulkangestein einen wunderschönen Aussichtspunkt. Wir setzen unseren ursprünglichen Weg fort und auf der Verbindungsstraße 03 **HI-1** (1057 m) gehen wir 60 m links Richtung Frontera, um dann rechts auf die betonierte Piste zu biegen. Diese geht in eine Sandpiste über und bei der Weggabelung gehen wir halb rechts über die Absperrkette. Auf dem nachfolgenden Wegstück ist der Wald besonders dicht gewachsen und die Bäume sind sehr hoch – ihre Blätter bilden einen zweiten Himmel. Aus der Piste wird ein Pfad. Bei aufgestapeltem Astwerk, das den Weg versperrt, gehen wir links bergab. Nach einem längeren Stück bergab mündet der Pfad in weitere Piste, an der wir links gehen. Bei dem sofort darauffolgenden Holzschild mit der Beschriftung **04** **Hoya El Creal** (909 m) und der Weggabelung setzen wir unseren Weg halb links fort. Die nächsten Abzweiger nach rechts ignorieren wir und nach einem längeren Wegabschnitt führt die Piste an den Obstbäumen, Walnussbäumen und einem gigantischen Maronenbaum bei einem **05** **Einsiedlerhof** (944 m) vorbei. Die darauffolgende Piste nach links ignorieren wir. Es geht weiter bis zur Hauptstraße, der wir ein kurzes Stück Richtung Frontera und der Ausschilderung zum **Hoya del Pino** **01** folgen.

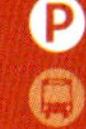
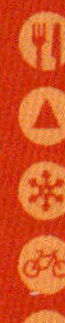
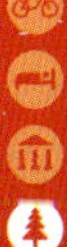

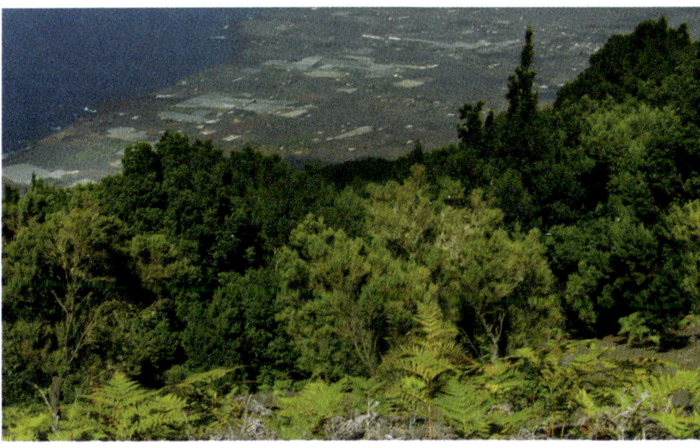

Fernblick beim Hoya El Creal

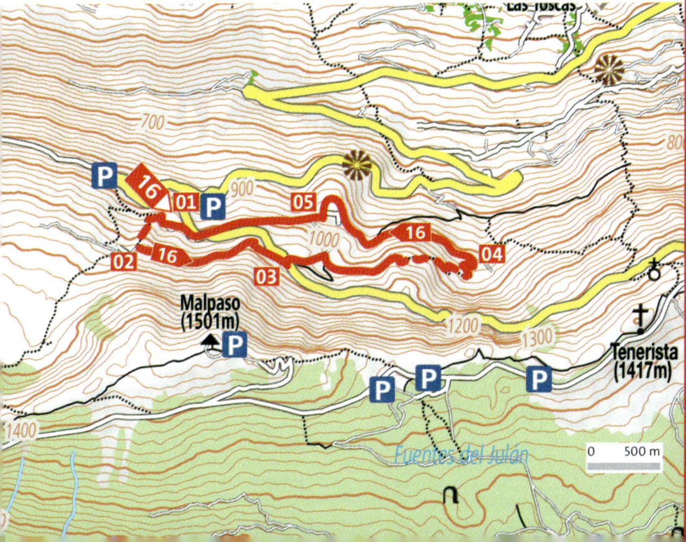

17

LA LLANIA – MIRADOR DE LA LLANIA – CALDERA DE FIREBA

Eine der faszinierendsten Wanderungen auf El Hierro verknüpft landschaftliche Höhepunkte

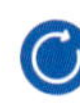 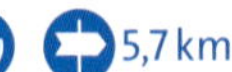

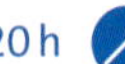 

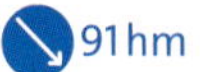

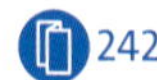

START | Busverbindung: keine. Pkw-Anfahrt: Der Ausgangspunkt befindet sich östlich Hauptbergkamm 18 km entfernt von Valverde. Man fährt auf der HI-1 an San Andrés vorbei Richtung Frontera und parkt direkt an der Kreuzung mit dem linken Abzweiger zur Ermita de Los Reyes.
Geokoordinaten: [GPS: N27° 44,167020 O-17° 59,820000].
CHARAKTER | Einfache Wanderung, aber aufgrund des verzweigten Wegenetzes ist die Wegfindung nicht immer einfach.

Im Gegensatz zu den traditionellen Wanderwegen auf El Hierro ist dieser botanische Interpretationsspaziergang angelegt worden, um die äußerst beeindruckenden Landschaftskontraste auf so engem Raum herauszuheben. Obwohl der Pfad auf der südöstlichen Seite des Bergkamms liegt, gelingt es den von nordwestkommenden Passatwolken den Bergkamm zu überwinden und die notwendige Feuchtigkeit zu spenden, die diesen immergrünen Wald – den Monteverde – am Leben hält. Ein riesiger Wasserspeicher, gesammelt wird das Wasser an der Quelle El Lomo. Ein besonderes geologisches Highlight ist die abgesagte Caldera Fireba und der Blick über das El Golf Tal.

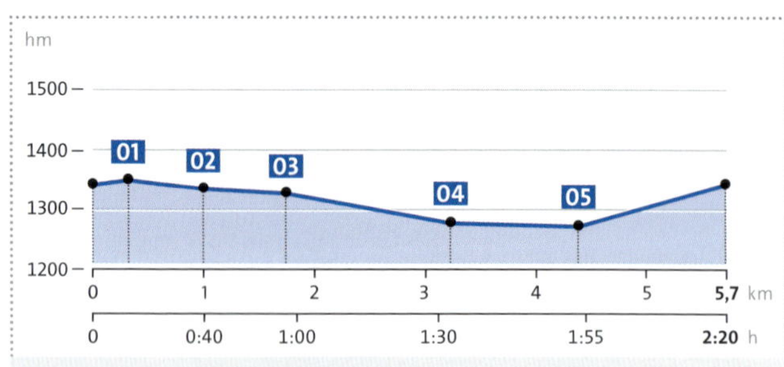

01 MIrador de La Llana 1366 m; 02 Mirador Fireba 1332 m; 03 kreuzen wir die Straße 1321 m; 04 Quelle 1285 m; 05 Straße 1280 m

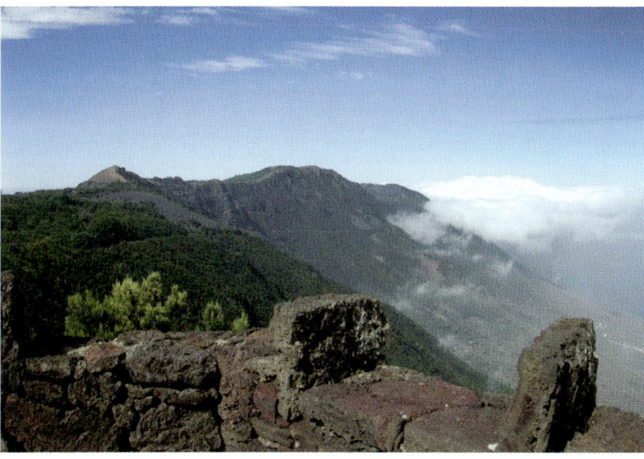

Fern

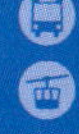
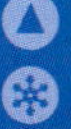

▶ Die Inselregierung hat 3 Interpretationswege angelegt. Die Wege sind mit farbigen Wegweisern versehen: Grün (4,2 km und 1 1/2 Std.), orange (5,6 km und 2 Std.) und hellblau (7,4 km und 3 Std.). Lange Wegabschnitte dieser Tourbeschreibung führen entlang der hellblauen Runde, aber in umgekehrter Richtung – um weitere Sehenswürdigkeiten einzubinden. Zur Wanderung: In nördliche Richtung verlassen wir die Kreuzung (1345 m) auf dem mit immergrünen Farnen gesäumten Pfad durch den dichten Nebelwald. Vorbei geht es an Lorbeerbäumen, Gagelbäumen und Baumheide mit herabhängenden Bartflechten, bis wir den **Mirador de La Llania** 01 (1366 m) erreichen. Man schaut über das große Halbrund des El-Golfo-Tals, bis zum azurblauen Atlantischen Ozean. Schaut man halb rechts entlang des Hauptbergkamms, so sieht man an seinen

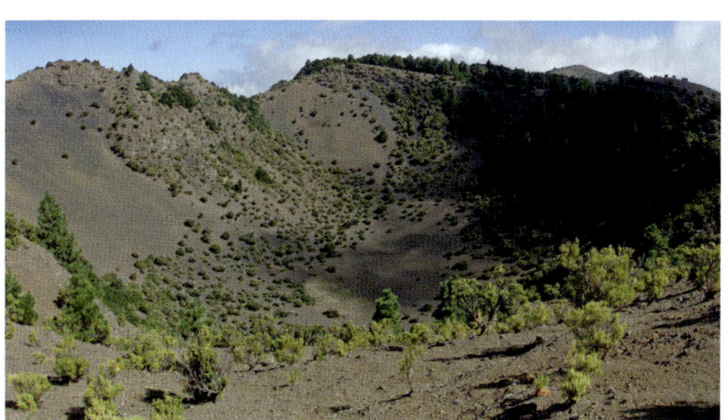

Blick in die Caldera de la Hoya de Fireba

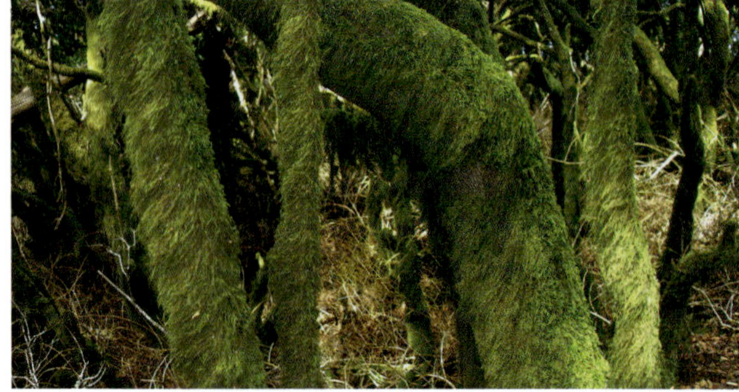

Moos und Flechten zieren die Bäume

Ausläufern die Roques de Salmor im Meer, und links von uns befindet sich der höchste Berg von El Hierro, der Malpaso – zu erkennen an dem weißen Funkmast. Wir gehen bis zum gemauerten Wegweiser zurück und wandern halb links durch den Wald. Nach kurzem Abstieg erreichen wir in einer Senke einen hochstämmigen Kiefernwald, die sogenannte der Bailadero las Brujas, einem von Legenden umrankten Ort. Man erzählt, einst tanzten hier Hexen. Beim **Mirador Fireba** 02 (1332 m) kann man tief in eine der am besten konservierten Calderas von El Hierro schauen, die Caldera de la Hoya de Fireba. Entlang des Kraterrands setzen wir unseren Weg fort. Rechts unterhalb befindet sich die Straße. Wir ignorieren zwei Abzweiger nach links. Dort wo die Piste an die Straße stößt **kreuzen wir die Straße** 03 (1321 m). Auf einem Pfad geht es noch 40 m durch den Wald, um auf der querenden Piste rechts weiter zu wandern. Links vorbei an zwei geschnitzten Palmenstümpfen wandern wir nun auf dem Camino St. Anton. Das Landschaftsbild hat sich drastisch geändert, es geht über eine sandige Piste und kleine Kiefern. Die Piste durchquert ein verbranntes Areal, das sich gerade in der Wie-

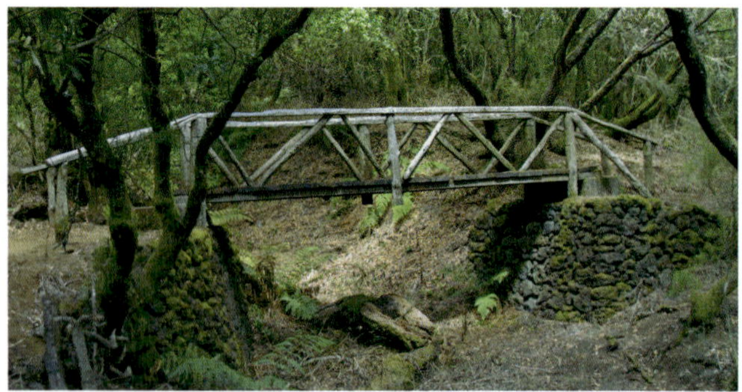

Eine Brücke im immergrünen Wald

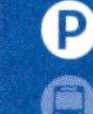
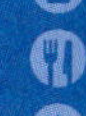
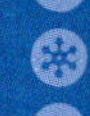

deraufforstung befindet. Nach 335 m biegen wir auf den ersten rechten Abzweiger, nach 150 m links und bei der darauffolgenden Weggabelung – mittig befindet sich ein kleiner Lorbeerbaum – halb rechts. Der Pfad endet an einem Weg, auf dem wir halb rechts weitergehen. In der darauffolgenden Senke verlassen wir die breitere Piste auf den Pfad halb rechts, der leicht bergauf führt. Dieser mündet in einen weiteren Pfad. Bei der nächsten Weggabelung gehen wir halb rechts an den Informationstafeln. So langsam kommen wir wieder in den Einflussbereich der Passatwolken, der Wald wird sichtlich grüner und wir erreichen die **Quelle** **04** (1285 m) El Lomo. Der weiterführende Weg verläuft scharf links, auch ausgezeichnet mit Pista El Brezal. Bei der folgenden Weggabelung gehen wir nicht halb rechts in den Wald hinein, sondern halb links, leicht bergauf und queren die darauffolgende Piste. Nach kurzem Abstieg setzen wir unsere Wanderung auf dem breiten Pfad nicht fort, sondern halten uns auf den rechts bergaufführenden Pfad – wir gehen entgegengesetzt der Markierungspfeile. Eine Holzbrücke führt über ein Trockenbachbett und kurz später kreuzen wir die **Straße** **05** (1280 m). Den nachfolgenden orange-farbenen Wegweiser ignorieren wir und gehen geradeaus weiter. Nach einer gigantisch hohen Kiefer führt der Pfad kurzfristig parallel zur Straße, in die er auch kurz später mündet und wir die Kreuzung (1345 m)mit dem Parkplatz erreichen.

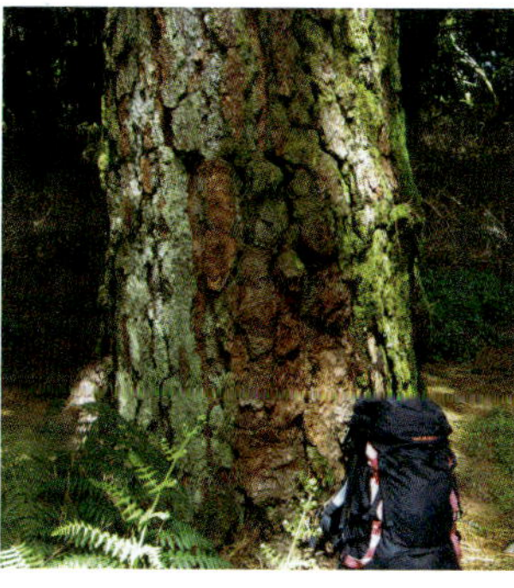

Mächtige Kiefern am Wegesrand

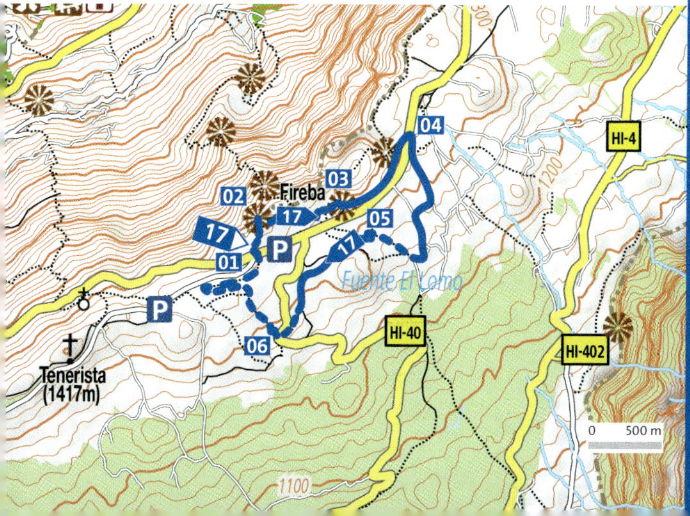

18

FUENTE DE MENCAFETE

Durch einen Zauberwald zum Brunnen des Lebens

 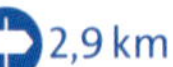 2,9 km  1:10 h 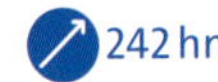 242 hm  243 hm 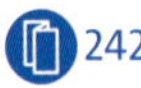 242

START | Busverbindung keine: Pkw-Anfahrt: Der Ausgangspunkt der Wanderung befindet sich 26 km entfernt von Valverde. Von dort fährt man auf der HI-1 Richtung San Andrés, quert das zentrale Bergmassiv und fährt bergab Richtung Frontera. In einer Rechtskehre der Straße folgt man der Ausschilderung, links Richtung Fuente de Mencafete. Die Piste endet an einer Weggabelung, an der es links mit einem Vierradantrieb, direkt zur Quelle geht. An dieser Stelle und nach 20 m bergauf kann man bequem parken. Es führt auch noch eine Piste extrem steil bergauf von Sabinosa, von der Anfahrt aus dieser Richtung ist abzuraten.
Geokoordinaten: [GPS: N27° 44,182020 O-18° 4,828980].
CHARAKTER | Einfacher Spaziergang auf markierten Wegen.

Aufgrund der isolierten Lage führt die Wanderung durch die besterhaltenen Lorbeerwälder auf El Hierro – ein 440 ha großes Naturschutzgebiet für Flora und Fauna. Besonders erwähnenswert ist die cabezon herreno (Cheirolophus duranii), eine endemische Art auf El Hierro. In versteckt liegenden Höhlen leben Fledermäuse und Wildkatzen. Die Quelle und der Wasserfall sind äußerst beeindruckend. Die Natur in ihren schönsten Facetten.

▶ Vom **Start und Ziel** 01 (780 m) wandern wir auf der Piste 350 m bergauf, die nur für Ge-

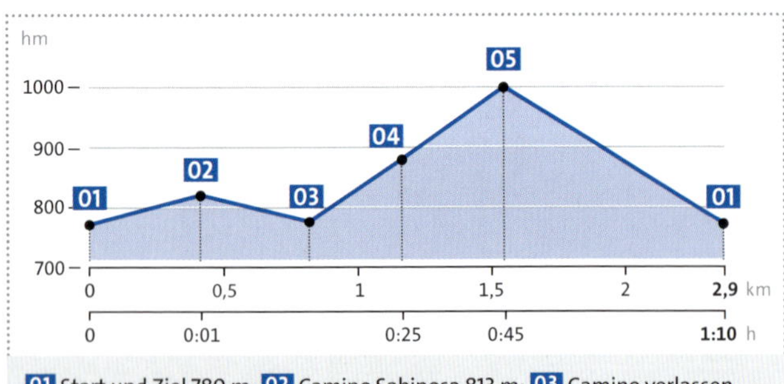

01 Start und Ziel 780 m; 02 Camino Sabinosa 813 m; 03 Camino verlassen 769 m; 04 Piste 882 m; 05 Fuente de Mencafete 1000 m

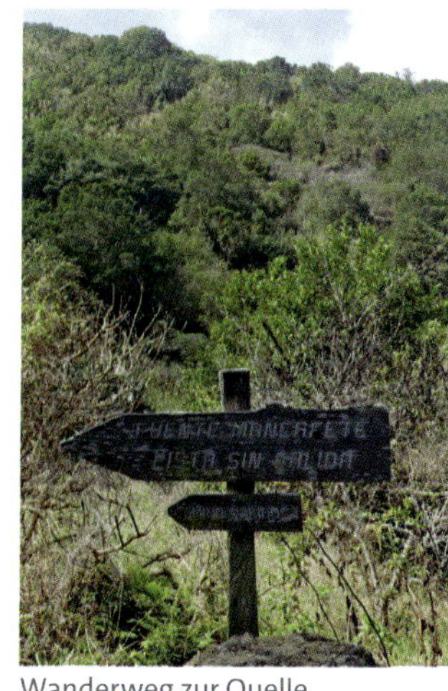

Wanderweg zur Quelle

ländewagen zugelassen ist. Kurz hinter einem grünen Gatter verlassen wir die Schotterpiste nach halb rechts. Auf dem **Camino Sabinosa** 02 (813 m), ein historischer Verbindungsweg zwischen dem Ort Sabinosa und dem Ort El Pinar, gehen wir bergab Richtung Pozo de La Salud. Obstbäume und üppiges Grün am Wegesrand zeugen von reichlich Wasservorkommen. Auch gibt der Wald immer wieder den Blick frei auf den Atlantischen Ozean und die umliegende Bergwelt. Nach 600 m erreichen wir eine Weggabelung, an der wir den **Camino verlassen** 03 (769 m). Scharf links steigen wir nun bergauf auf einem schmalen Saumpfad. Bemerkung: Das heute veraltete Wort Saum bedeutet so viel wie Last. Ein Saumweg ist eine für Wagen oder Gespanne zu steiler und zu schmaler Aufstieg. Der Aufstieg ist auch ausgeschildert Richtung Fuente de Mencafete. Wir folgen dem von einer Steinmauer gesäumten Camino durch den immergrünen Nebelwald. Bei einer Informationstafel mündet der Pfad in eine **Piste** 04 (882 m). Nach 50 m bergauf verlassen wir die Piste nach rechts auf dem Pfad in den Wald – auch ausge-

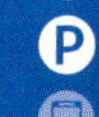
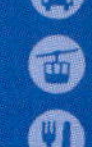
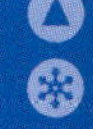

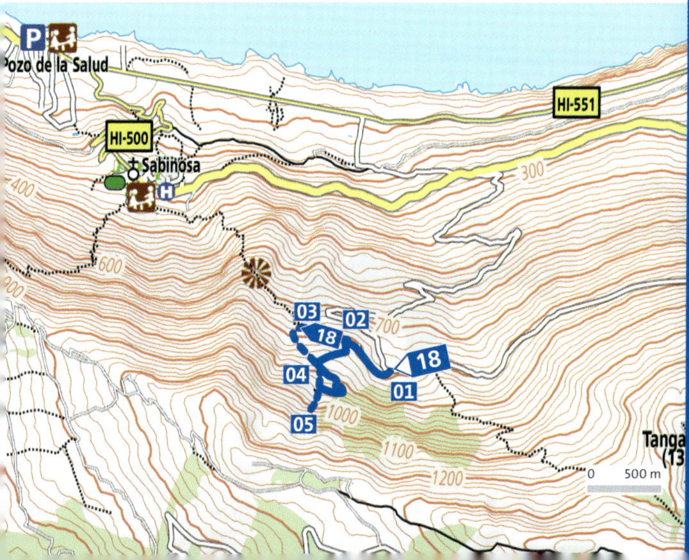

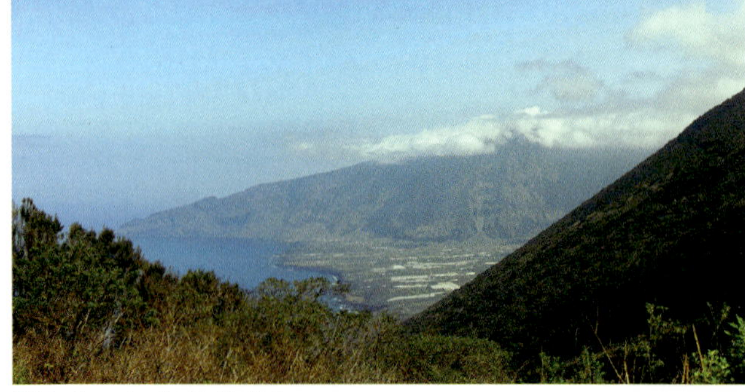

Blick über das El-Golfo-Tal

schildert Richtung Fuente. Wir erreichen einen Wendeplatz für Fahrzeuge und gehen auf dem weiterführenden Pfad weiter. Unterhalb von kräftig grün bewachsenen Felsen verjüngt sich der Pfad. Wir erreichen einen 20–25 m hohen Wasserfall, die **Fuente de Mencafete** 05 (1000 m). Beeindruckend ist die Ruhe, nach langen Trockenperioden hört man nur das Geräusch von tropfendem Wasser – der Wasserfall führt kein Wasser mehr. Geht man auf dem Gelander gesicherten Weg weiter bergauf, so erreicht man zwei angelegte Wasserreservoirs. Sind diese gefüllt, so wird das überlaufende Wasser zu einem riesigen Reservoir weitergeleitet, das erreicht man über einen etwas rutschigen Treppenweg. Auch befinden sich am Wegesrand aus Stein gemeißelte Wassertröge. Vergleicht man diese verborgene Welt mit seiner üppig grünen Vegetation mit dem wüstenähnlichen Klima von La Restinga, das nur 6,5 km entfernt liegt, so kann man nur staunen. Auf dem Rückweg gehen wir auf der Schotterpiste bis zum Ausgangspunkt zurück.

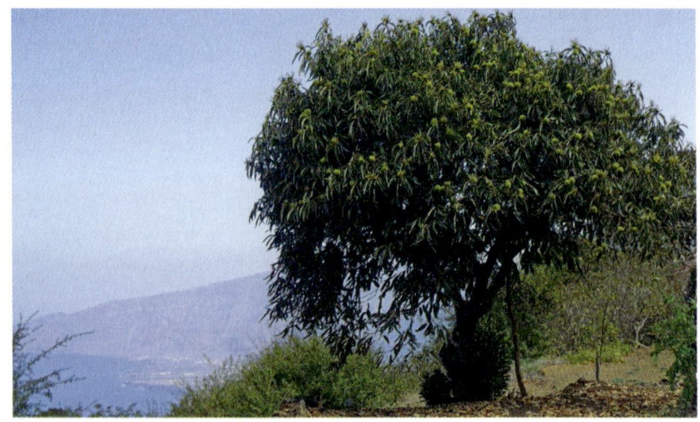

Ein prachtvoller Maronenbaum

TANGANASOGA • 1384 m

Auf den Spuren eines Vulkanausbruchs

  11 km 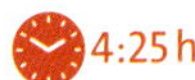 4:25 h  599 hm  592 hm  242

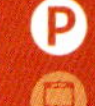

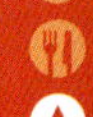
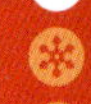

START | Busverbindung: keine. Pkw-Anfahrt: Der Ausgangspunkt der Wanderung befindet sich 23 km entfernt von Valverde westlich vom zentralen Bergmassiv. Von Valverde fährt man auf der HI-1 Richtung San Andrés, quert das zentrale Bergmassiv und fährt bergab Richtung Frontera. In einer scharfen Rechtskehre der Straße zweigt links eine Piste Richtung Fuente de Mencafete ab. Genau in dieser Rechtskurve der Hauptstraße befindet sich eine große Parkbucht.
Geokoordinaten: [GPS: N27° 44,340000 O-18° 2,865000].
CHARAKTER | Mittelschwere Wanderung bei stets eindeutiger Orientierung im Gelände. Nur der Weg zum Vorgipfel ist nicht einfach zu finden.

Aufgrund eines gravitationsbedingten Abrutschens entstand das El Golfo Tal in seiner heutigen Erscheinungsform. Daraus resultierte aber auch ein weiterer geologischer Prozess: Das auf der Insel ruhende Gewicht des abgerutschten Erdreiches war nun reduziert und konnte den zunehmenden Druck von aufstrebenden Vulkanen nicht mehr nachgeben. Eine sogenannte phreatomagmatische Eruption durchschlug die überlagernden Gesteinsmassen, es entstand der Vulkan Tanganasoga. Feine vulkanische Asche lagerte sich im El Golfo ab. Auf dieser Wanderung umrunden wir diesen beson-

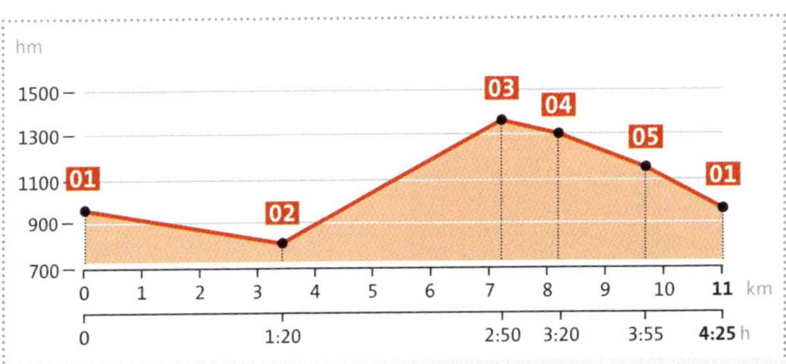

01 Start und Ziel 942 m; 02 Camino Sabinosa 790 m; 03 Tanganasoga 1384 m; 04 Abstieg 1295 m; 05 Pista Jaranita 1135 m

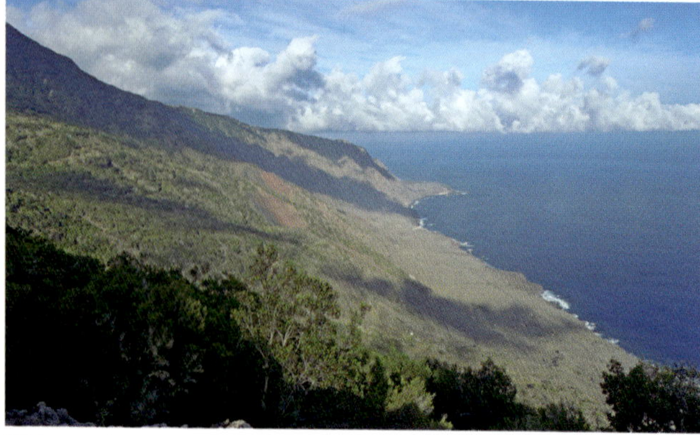

Blick vom Ausgangspunkt über den Süden der Insel

deren Vulkan. Am Gipfel wandern wir völlig unspektakulär entlang des ursprünglichen Kraters. Einwandererlebnis der Extraklasse.

▶ Vom **Start und Ziel** 01 (942 m) folgen wir der Ausschilderung Richtung Fuente de Mencafete. Auf der Piste geht es nun an den westlichen Hängen des Tanganasoga kontinuierlich bergab. Gelegentlich gibt der Wald die Aussicht frei auf den Atlantischen Ozean, sogar die weißsandigen Playas Blancas kann man im Süden der Insel ausmachen. Nach 3,4 km zweigt scharf links der **Camino Sabinosa** 02 (790 m) ab. Auf laubgefedertem Untergrund geht es in Kehren kontinuierlich bergauf. Auch auf dieser Wanderung gilt: Achtung vor den hüfthohen maulbeerblättrigen Brennnesseln, sie sind nachhaltig schmerzhaft. Wir lassen die Vegetationsstufe des immergrünen Nebelwalds hinter uns und Kanarische Kiefern säumen den Wegesrand. Der Wanderweg führt über feines Lapilli-Gestein und kurz später auf langen und vertrockneten Tannennadeln. Bei einer Waldlichtung können wir schon einmal links von uns den Vulkan Tanganasoga beäugen. An einer kleinen Lichtung ignorieren wir das Steinmännchen am linken Wegesrand und gehen bis zum nächsten Steinmännchen vor einer riesigen Kiefer. Ab hier steigen wir weglos über den Bergrücken bis zum **Tanganasoga** 03 (1384 m) auf – immerhin die vierthöchste Erhebung der Insel. Der vorgelagerte Gipfel ist um einige Meter niedriger, begeistert aber mit einen perfekten 360°-Rundblick. Aber es ist gar nicht so einfach dorthin zu kommen, denn enger Baumbewuchs verhindert

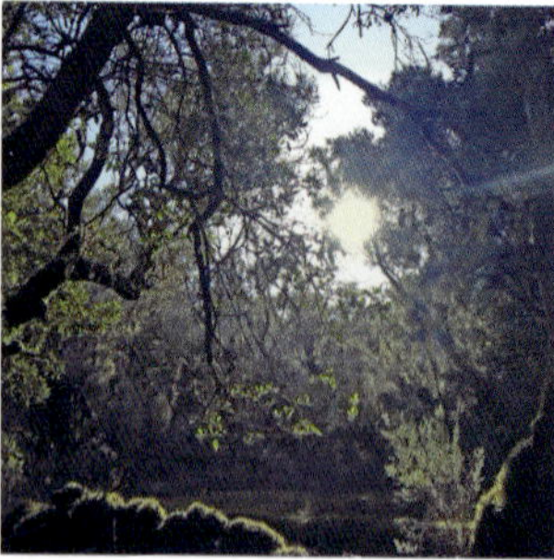

Abzweiger zum Camino Sabinosa

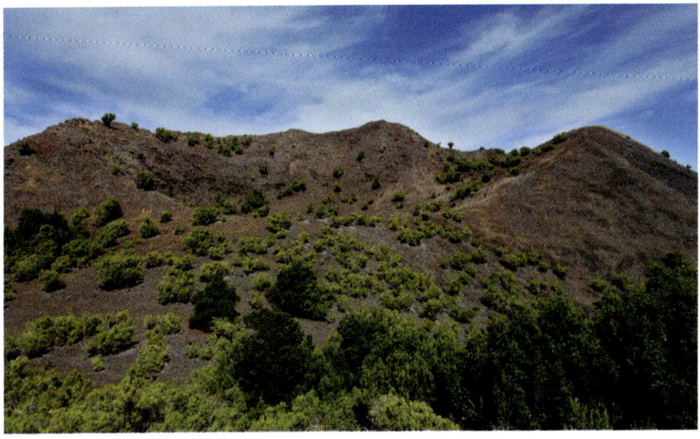

Der Vulkankrater des Tanganasoga

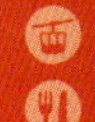
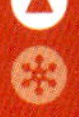
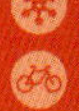
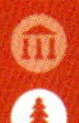

ein schnelles Vorankommen. Wir gehen zunächst auf dem Hinweg bis zum Steinmännchen zurück und dort links. Nach 115 m erreichen wir eine Weggabelung. Halb rechts führt der Wanderpfad weiter Richtung El Pinar. Wir beginnen mit dem finalen **Abstieg** 04 (1295 m) Richtung des ausgeschilderten Picknickplatzes Hoja del Pino. Am Rande der Malpais des Tanganasoga führt der Weg zunächst durch Kiefern, schon bald tauchen wir wieder in den Nebelwald ein. Der Weg endet, wir gehen links 100 m auf der **Pista Jaranita** 05 (1135 m) bergauf, um dann halb rechts auf dem Pfad den Abstieg fortzusetzen. Auf einem schmalen Steig geht es durch den Wald bergab, bis wir die enge Kehre der Hauptstraße erreichen, den Ausgangspunkt der Wanderung.

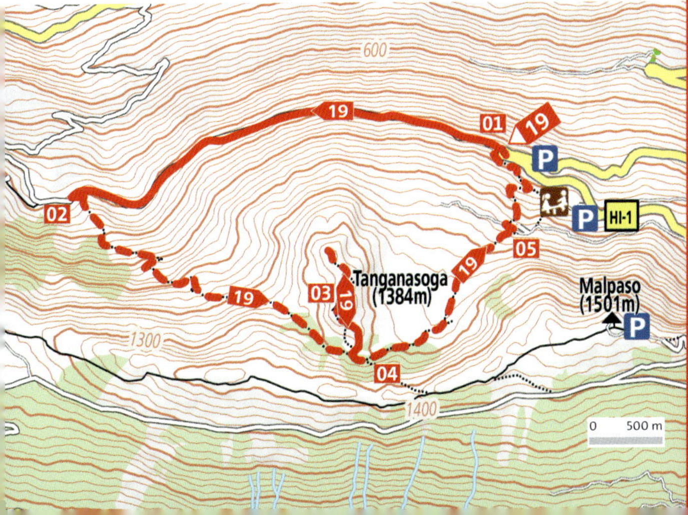

ASOMADAS • 1381 m – JINAMA • 1350 m – MIRADOR JINAMA – TIMBAROMBO • 1339 m

Nummer 6, 7 und 8 am Rande der Nisdafe-Hochebene

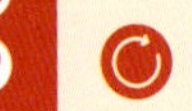

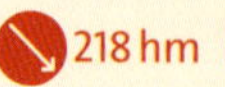

START | Busverbindung: keine. Pkw-Anfahrt: Der Ausgangspunkt der Wanderung befindet sich 15 km entfernt von Valverde direkt auf dem zentralen Bergmassiv. Von Valverde fährt man auf der HI-1 durch das Bergdorf San Andrés. Wir biegen nicht nach El Pinar ab und genau 2 km hinter dem Abzweiger zum Mirador de Jinama kann man das Auto an der Einsattelung parken. Geokoordinaten: [GPS: N27° 44,794980 O-17° 59,022000].
CHARAKTER | Einfache Wanderung und leichte Wegführung bis auf den Abstecher zum Vulkangipfel Timbarombo.

Schönes Wetter ist der Garant für die atemberaubenden Ausblicke auf dieser Tour: der Tiefblick in das 1350 m tiefer gelegene El Golfo Tal, der Panoramablick über die Nisdafe Hochebene und der Fernblick zu den Nachbarinseln La Palma, La Gomera und Teneriffa. Und ganz nebenbei werden der sechsthöchste Berg, der Asomados 1372 m, der siebthöchste Berg, der Jinama 1350 und der achthöchste Berg, der Timbarombo 1339 bestiegen. Wir erleben die pure Energie dieser einzigartigen Landschaft.

▶ Vom **Start und Ziel** 01 (1335 m) queren wir den breiten Fernwan-

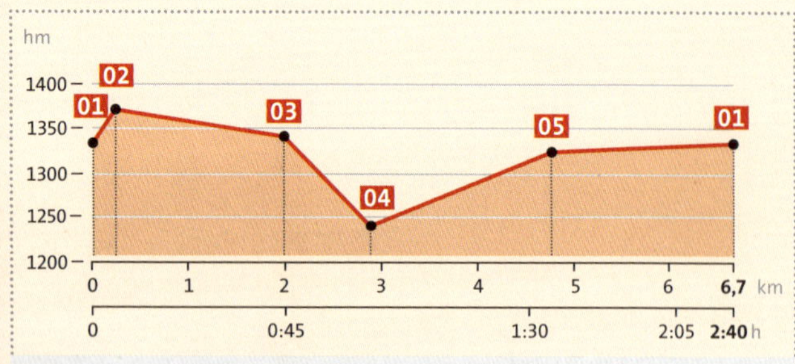

01 Start und Ziel 1335 m; 02 Asomadas 1370 m; 03 Jinama 1340 m; 04 Mirador de Jinama 1237 m; 05 Timbarombo 1325 m

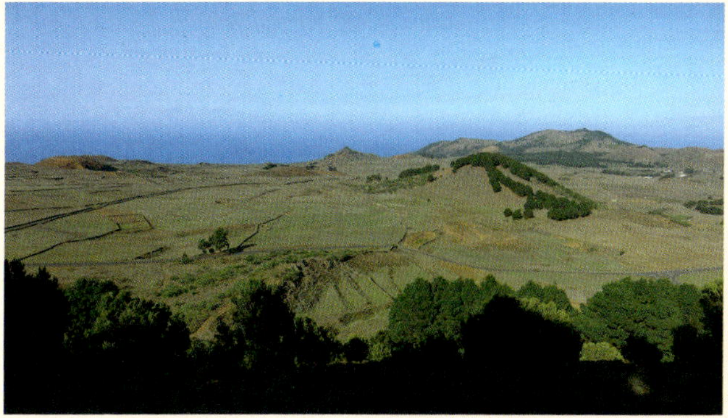

Blick über die Hochebene Meseta de Nisdafe

derweg Camino de La Virgen nach rechts, steigen über das Gatter und verlassen die beginnende Piste nach links. Weglos geht es auf einem Bergrücken bis zum Gipfel des Vulkans **Asomadas** 02 (1370 m). Von der Betonmesssäule ergibt sich ein atemberaubender Fernblick über die grüne Hochebene von Meseta de Nisdafe. Auch kann man bereits sehr schön die weiteren Wegpunkte der heutigen Wanderung entdecken. Halb links der höchste Gipfel – eher ein Höhenzug – ist der Jinama und direkt vor uns hinter der Senke befindet sich der **Timbarombo.** Wir gehen wieder zur Verbindungsstraße von San Andrés nach Frontera zurück, überqueren diese und wandern auf der Piste Richtung eines kleinen Observatoriums. Auf Höhe der kleinen Anlage, bei einer kleinen Kreuzung, gehen wir aber gerade aus weiter und erreichen nach 110 m eine 1350 m abfallende Steilwand. Ein umwerfender und einmaliger Blick eröffnet sich über das El-Golfo-Tal bis zum Atlantischen Ozean. Am Rande der

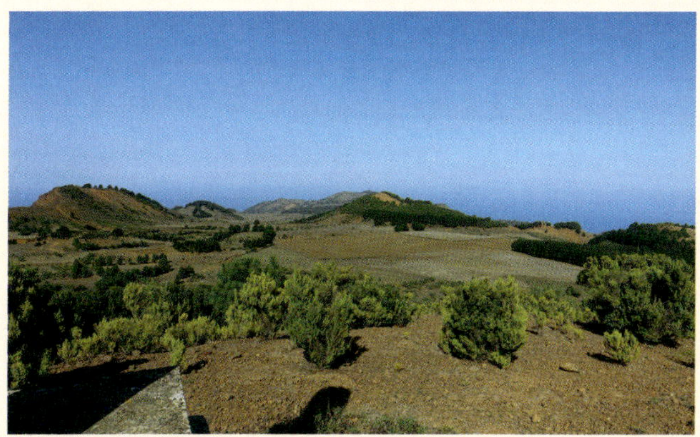

Blick vom Gipfel des Asomadas

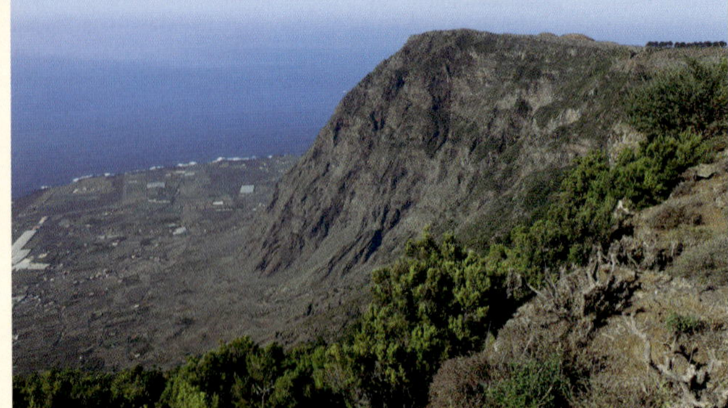

Blick vom Gipfel des Jinama

Steilwand folgt ein kurzer Aufstieg. Bei dem folgenden Abstieg durch niedrig gewachsene Bäume zweigt nach links ein unscheinbarer Pfad ab, den man leicht übersehen kann, den wir aber gehen müssen. Der Pfad steigt über einen Bergrücken bis zum höchsten Punkt, dem **Jinama** 03 (1340 m) an. Auf dem nachfolgenden Abstieg ist dann kein eindeutiger Pfad auszumachen. Der weglose Abschnitt führt durch majestätisch am Abgrund stehenden Kiefern, bis sich auf halbem Weg zum Mirador wieder ein Pfad auftut, dem wir bis zu einer querenden Piste folgen. Halten wir uns links, gelangen wir zum **Mirador de Jinama** 04 (1237 m). Auf der Anfahrtsstraße zum Mirador biegen wir nach bereits 50 m rechts ab und gehen bis zur Hauptstraße vor. Dieser folgen wir Richtung San Andrés, verlassen diese aber nach 270 m auf den rechts weiterführenden Camino de La Virgen. Entscheidet man sich für den

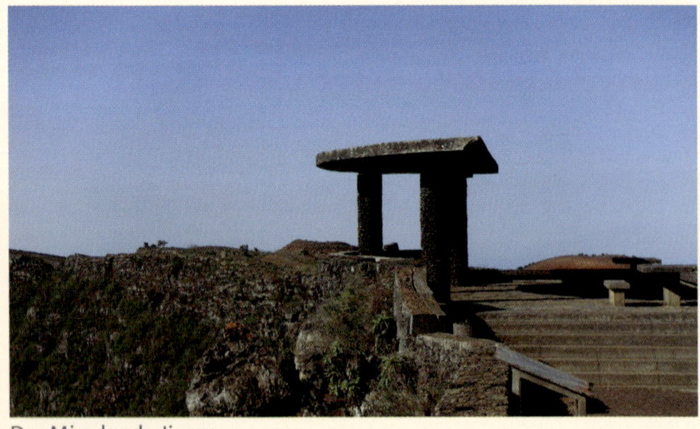

Der Mirador de Jinama

etwas chaotischen Aufstieg, den man auslassen kann, indem man einfach geradeaus weitergehen und so automatisch zu Ausgangspunkt gelangt. 50 m hinter einer alleinstehenden großen Kiefer verlässt im rechten Winkel eine Trockensteinmauer den Camino. Wir gehen entlang dieser Trockensteinmauer, indem wir über die parallel zum Camino verlaufende Trockensteinmauer steigen und an dieser bergauf entlanggehen. Hinter einem kleinen Stacheldrahtzaun geht es weglos und teilweise sehr steil senkrecht bis auf den Gipfel des **Timbarombos** 05 (1325 m). Für den Abstieg gehen wir auf den halb rechts – Richtung Süden – liegenden Bergrücken zunächst baumlos bergab. Im weiteren Verlauf geht es durch Kiefern bergab, bis wir zur rechts unterhalb liegenden Piste

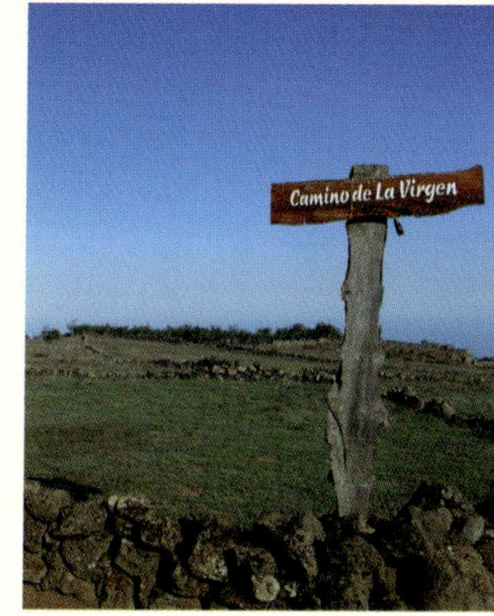

Ein Wegstück vom Camino de la Virgen

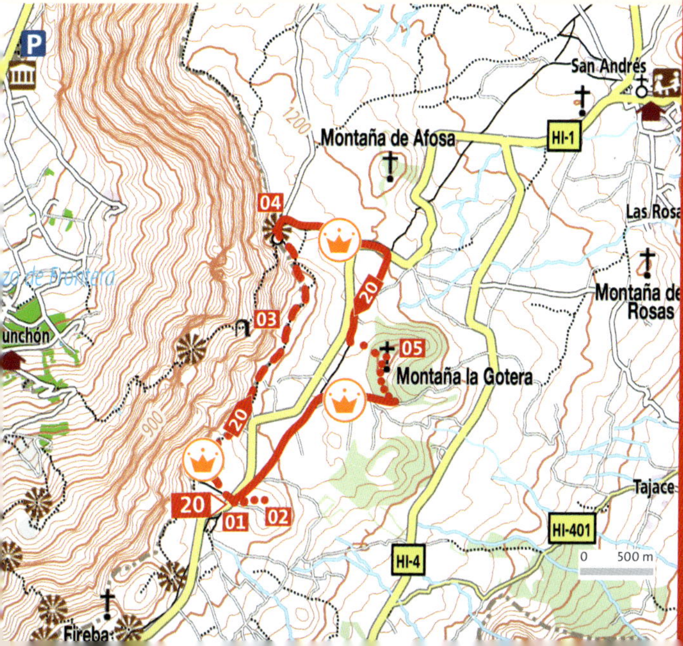

absteigen. In westlicher Richtung geht es über die Ebene, bis man wieder auf den Camino de la Virgen trifft, den man links bergauf bis zum Ausgangspunkt folgt.

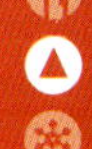
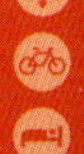
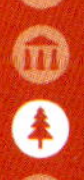

San Andrés
HI-1
Montaña de Afosa
1200
Las Rosas
04
03
20
05
Montaña la Gotera
Montaña de Rosas
900
20
01
02
Tajace
HI-401
HI-4
0 500 m
Fireba

SABINOSA – LAS CASILLAS – EL SABINAR – MIRADOR DE BASCOS

Landschaften von unglaublicher Magie und Schönheit

 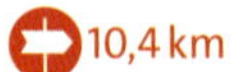 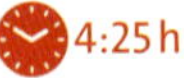 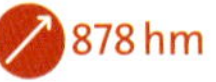 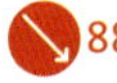 

10,4 km | 4:25 h | 878 hm | 887 hm | 242

START | Busverbindung: Linie 12. Pkw-Anfahrt: Das kleine Dorf Sabinosa liegt im Südwesten der Insel 25 km entfernt von der Inselhauptstadt Valverde. Dazu fährt man auf der HI-5, H-550 und HI-50 und folgt dabei immer der Ausschilderung Richtung Sabinosa. Im Dorfkern bei den 2 großen Palmen und der Bushaltestelle gibt es Parkmöglichkeiten.
Geokoordinaten: [GPS: N27° 44,872980 O-18° 5,883000].
CHARAKTER | Mittelschwere Wanderung; Erfahrung und Kenntnisse bei der Orientierung im nahezu weglosen Gelände anhand von Landschaftsmerkmalen sind vorteilhaft.

Auf alten Hirtenpfaden führt der Pfad durch das üppige Grün des Lorbeerwaldes – ein fast dschungelartiger Waldanschnitt – zu kommunalen Hochwiesen. Das Landschaftsbild ist geprägt durch langjährige Viehwirtschaft mit sanft abfallenden Wiesen. Ein weiteres Highlight sind die windgeformten und verknöcherten Zedern Wacholderbäume. Beim Mirador Bascos überblickt man das imposante halbrund des El Golfo Tals. Der Streckenabschnitt oberhalb der Steilwand lässt einem schon mal den Atem stocken, links von uns fällt die Steilwand 700 m in den Abgrund.

▶ Vom **Start und Ziel** 01 (291 m)

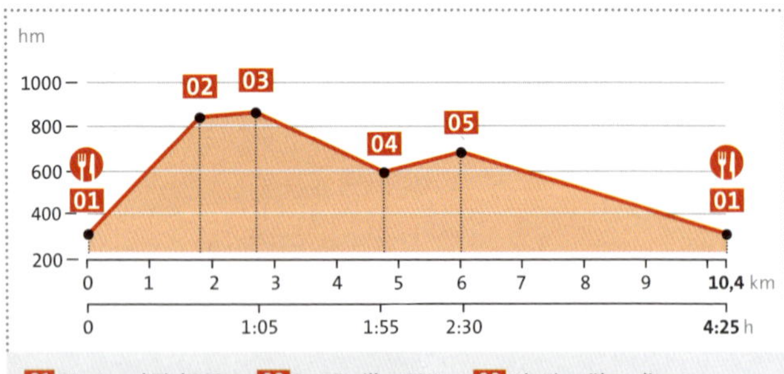

01 Start und Ziel 291 m; 02 Las Casillas 826 m; 03 Abstieg über die Felder 832 m; 04 El Sabinar 599 m; 05 Mirador de Bascos 657 m

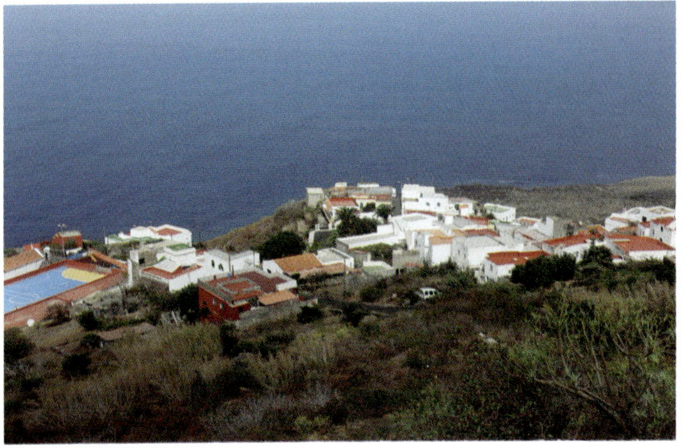

Das Bergdorf Sabinosa

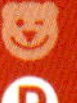

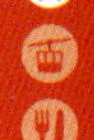
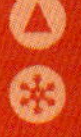
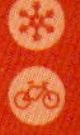
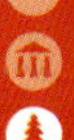

gehen wir links neben den Palmen steil die Straße Hoja del Moral bergauf. Bei der ersten Gabelung der Straße – nach 110 m – gehen wir rechts, bis dann die Straße nach einer Rechtskehre in das Dorf zurückführt, während wir halb links auf dem beginnenden Camino del La Dehesa den Aufstieg beginnen. Die Häuser von Sabinosa sind bald nur noch als kleine weiße Flecken zu erkennen. Ein wunderschön angelegter und noch sehr gut intakter Hirtenpfad führt in engen Kehren bis zu den **Las Casillas** 02 (826 m), eine kleine Lichtung mit Obstbäumen. Oft ist der obere Wegabschnitt in Passatwolken gehüllt, der Grund für den subtropischen Nebelwald. Wir überqueren die Einsattelung mit einem Wendeplatz für Fahrzeuge.

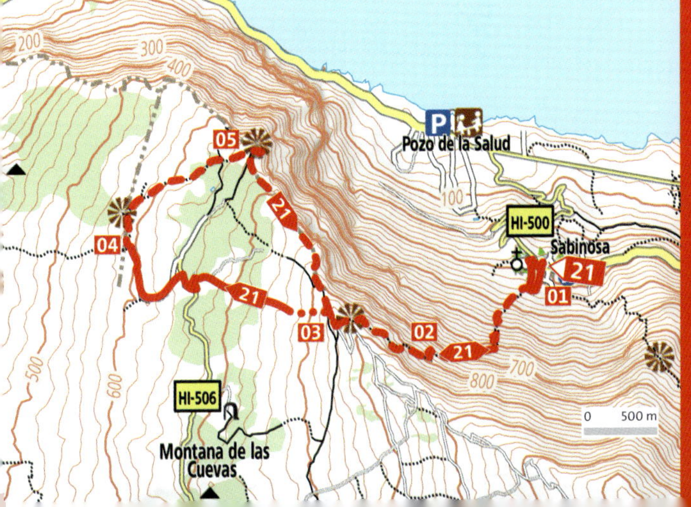

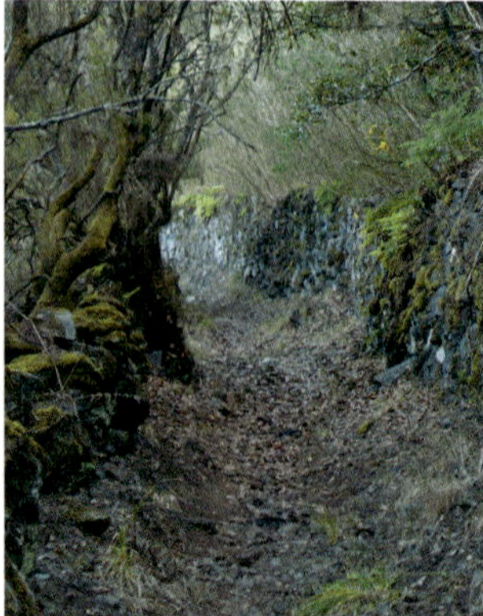

Der Camino Richtung Las Casillas

Ein aussichtsreicher Punkt, um sich den weiteren weglosen Abstieg einmal zu verinnerlichen. An der Dreiwegegabelung halten wir uns scharf rechts, auch ausgeschildert Richtung Mirador de Bascos. Nach 150 m gehen wir scharf links, aber nicht auf der Piste, sondern halb rechts weitere Meter bergab bis zu einem Zaun – bei einer längs bergabführenden Trockensteinmauer. Wir steigen über den flach gehaltenen Zaun und beginnen mit dem **Abstieg über die Felder** 03 (832 m). Dabei orientieren wir uns Richtung eines ca. 5 m breiten Wegs, der von einer hohen Trockensteinmauer eingefasst ist, und scheinbar mitten in den Feldern seinen Ursprung hat. Auf dem Abstieg erreichen wir nach 85 m etwas höheres Gestrüpp, nach 55 m eine weitere Steinmauer und nach 40 m einen weiteren flach gehaltenen Stacheldrahtzaun, bis wir dann den breiten Camino erreicht haben. Bei einem großen Metallgatter endet der Camino und wir folgen einer schwachen Fahrspur parallel zu einem kleinen Trockenbachbett. Wir erreichen eine gut auszumachende querende Piste, die Anfahrtsstraße zum **El Sabinar** 04 (599 m). Auf dieser gehen wir rechts, zweigen bei der nachfolgenden Weggabelung links ab und folgen dem Verlauf der Straße bis zu dem wohl berühmtesten Baum auf El Hierro. In Verlängerung der ursprünglichen Wegrichtung gelangt man auf einen gelb-weiß markierten Pfad. Auf der La-Dehesa-Hochebene kommen wir vorbei an weiteren Prachtexemplaren der Zedernwacholderbäume und einem Steinhaus, bis wir eine Schotterpiste queren und den **Mirador de Bascos** 05 (657 m) erreichen. Aufgrund eines Erdrutsches ist dieser gesperrt, aber auf dem danebenliegenden Gipfel ist die Aussicht mindestens genauso beeindruckend. Von dort gehen wir aber nicht auf der weiterführenden Piste weiter, sondern immer weglos oberhalb der Steilwand. Im weiteren Verlauf muss man zwei Trockensteinmauern überqueren und bei einer Messsäule aus Beton trifft man auf eine breite Piste, die bis zur Einsattelung aufsteigt. Von nun an geht es auf derselben Strecke wie auf dem Hinweg zurück.

Achtung!

Der beschriebene weglose Wegabschnitt oberhalb der Steilwand vom Mirador de Bascos zur Einsattelung sollte nur begangen werden bei trockenem Wetter, guter Sicht und nicht zu starken Passatwind. Alternativroute: Wanderung 15 beschriebenen Wegpunkt 04.

HOYA LA CASTAÑA – FIREBA • 1383 m – MIRADOR DE LA LLANIA – CAMINO DE SAN SALVADOR

Von den Weinbaugebieten um Frontera auf den fünfthöchsten Vulkan

  9,5 km  3:50 h  811 hm  808 hm  242

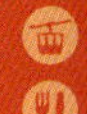
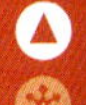

START | Busverbindung: keine. Pkw-Anfahrt: Der Start liegt westlich des Zentralmassives und ist 19 km entfernt von Valverde. Man fährt auf der HI-5 Richtung Frontera und folgt der Ausschilderung zur Iglesia de La Candelaria. Gegenüber der Kirche zweigt links neben dem Restaurant die Calle Los Corchos ab, die sich bereits nach 5 m gabelt – wir halten uns halb links. Die Straße führt steil bergauf und hinter einer Einsattelung – hier führt die Straße durch Felsen hindurch – sehen wir auf der linken Seite Weinstöcke und links oberhalb eine graue Hütte. Am linken Wegesrand befindet sich eine Parkbucht. Geokoordinaten: [GPS: N27° 45,010980 O-18° 0,016980].
CHARAKTER | Mittelschwere Wanderung aufgrund der Höhenmeter. Die Wegfindung ist größtenteils eindeutig.

Weinanbau ist auf El Hierro immer noch ein zentraler Wirtschaftsfaktor, vor allem an den vulkanischen Steilhängen des fruchtbaren E-Golfo-Tals. Auf unserer Wanderung erleben wir, dass ab etwa 600 m Höhe die Rebstöcke vom üppig immergrünen Lorbeerwald

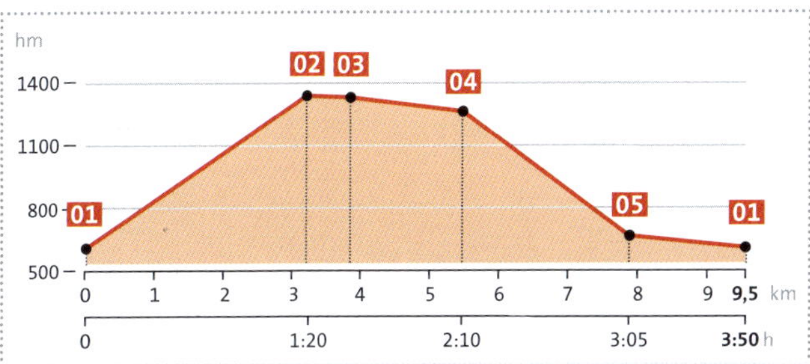

01 Start und Ziel 570 m; 02 Fireba 1374 m; 03 Mirador de La Llania 1366 m; 04 Ermita de San Salvador 1272 m; 05 Camino de San Salvador 632 m

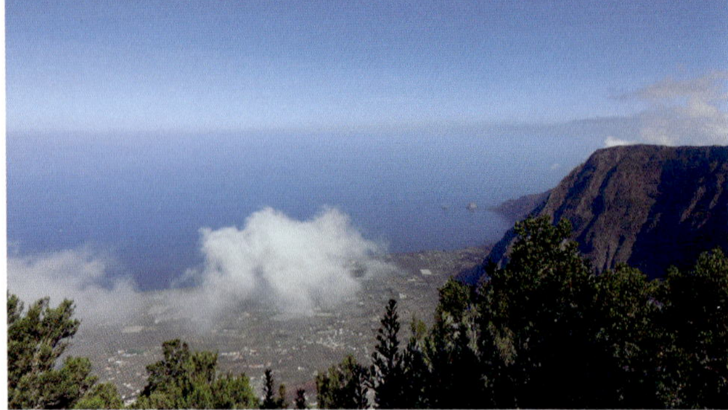

Blick in das El-Golfo-Tal

abgelöst werden. In dieser unteren Vegetationszone des Nebelwaldes wachsen mächtige Maronenbäume, Walnussbäume und vereinzelte Mocanbäume. Der Aufstieg bis zum Gradverlauf des zentralen Bergmassivs ist mühsam, wird aber mit einem unvergesslichen Weitblick belohnt. Nichts senkt den Stresslevel zuverlässiger als der Aufenthalt in freier Natur – auf geht's.

▶ Vom **Start und Ziel** 01 (570 m) führt ein Pfad unterhalb des grauen Hauses und zwischen den Weinreben bis zur einer Straße bergauf. Nach einer lang gezogenen Linkskehre und einem flach verlaufendem Stück zweigt scharf rechts eine Piste ab, die auch schon bald in einen Pfad übergeht. Wir erreichen den Nebelwald, hier wachsen vereinzelt Mocanbäume. Bei einem Steinmann und einem Felsen gabelt sich der Weg, wir gehen halb rechts weiter. Links führt der Pfad zu einer romantisch gelegenen Hochebene mit Maronenbäumen. Auf dem folgenden Wegabschnitt queren wir lange Zeit einen Hang,

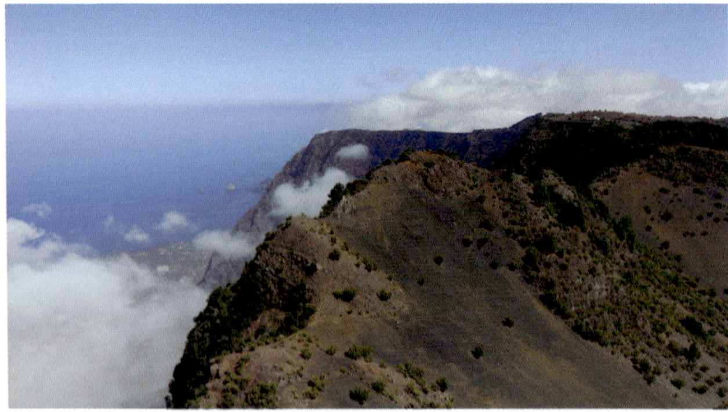

Blick vom Vulkan Fireba

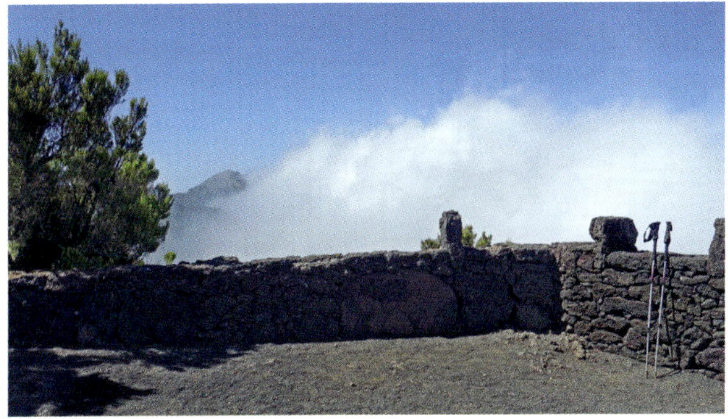

Am Mirador de La Llania

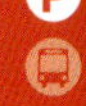

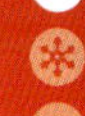
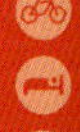

ja der Weg verliert sogar an Höhe, bis sich dann in langen und kurzen Kehren der Pfad kontinuierlich bergauf schraubt. Gelegentlich treffen wir auf Überreste von Mauern, so auch bei einem Felsenvorsprung mit einem wunderschönen Ausblick. An dieser Stelle gehen wir nicht an dem Felsen vorbei, sondern noch vor dem Felsen und der Mauer halb rechts weiter bergauf. Parallel zum Pfad gelegte Baumstämme und vereinzelte Steine helfen bei der Orientierung, bis wir zu einem Picknicktisch kommen. Sobald

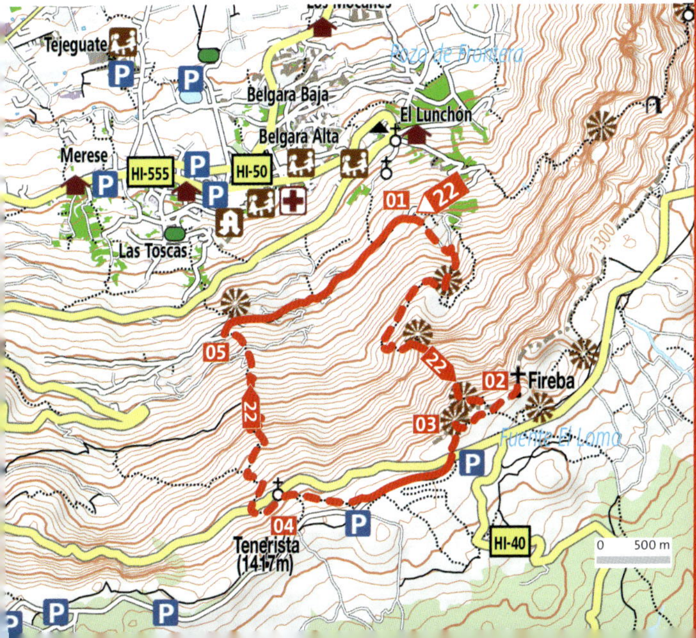

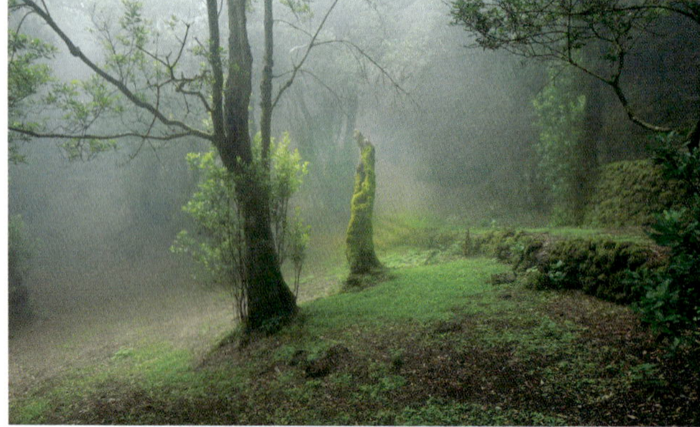

Abstieg über den Camino de San Salvador

wir auf Lapilli-Untergrund laufen sind es nur noch einige Meter, bis wir den Gratverlauf des zentralen Bergmassivs erreicht haben. Dort gehen wir sofort links auf einen Trampelpfad, aber auch zum Teil weglos, bis auf den Gipfel des **Fireba** 02 (1374 M). Frohe Emotionen steigen hoch, bei dem Panoramablick. Wir gehen zunächst wieder zurück und wählen nicht den Hinweg für den Abstieg, sondern steigen vom Grat 30 m links bergab und wandern auf dem querenden Pfad rechts bis zum **Mirador de La Llania** 03 (1366 m). Der Ausblick ist nicht minder schön, wenn die Passatwolken es zulassen. Nach einem kurzen Stück auf dem Hinweg gabelt sich der Weg und nach einem kurzen Abstieg erreichen wir die Straße. Wir queren die Straße und gehen geradeaus Richtung Cruz de Los Reyes. Nach 700 m auf der Straße zweigt nach rechts ein drei Meter breiter Pfad ab, der in seinem weiteren Verlauf über Lapilli bis zur **Ermita de San Salvador** 04 (1272 m) führt. Je nach Wetterlage hat uns der Nebelwald wieder eingefangen. Nach 260 m überqueren wir die Straße und steigen auf dem Camino de San Salvador ab. Den nachfolgenden linken Abzweiger Richtung Camino Los Llanillos ignorieren wir und gehen geradeaus weiter. Nach gut zwei Drittel des Abstiegs überqueren wir eine Schotterpiste. Den dichten Nebelwald bereits hinter uns gelassen passieren wir zwei Pisten, tangieren eine weitere Piste und bei der nachfolgenden Asphaltstraße endet für uns der Abstieg auf den **Camino de San Salvador** 05 (632 m). Auf dieser Straße queren wir den Hang nach rechts und gehen bis zum Ausgangspunkt.

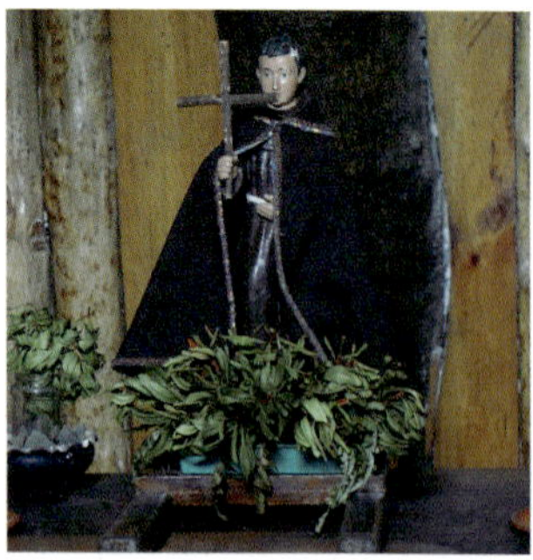

Die Ermita de San Salvador

ISORA – FUENTE DE AZOFA – LAS PLAYECILLAS

Auf in Vergessenheit geratenen Hirtenpfaden zu einer der wichtigsten Quellen

 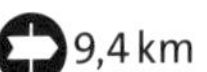9,4 km 5:20 h 881 hm 855 hm 242

START | Busverbindung: Buslinie 5, La Torre in Isora. Pkw-Anfahrt: Der Start liegt östlich des Zentralmassives und ist 11 km entfernt von Valverde. Man fährt auf der HI-5 und im Kreisverkehr kurz vor San Andrés folgt man der Ausschilderung Richtung Isora. Das Auto parken wir an der Hauptstraße direkt hinter der Kreuzung mit dem linken Abzweiger zur Fuente.
Pkw-Anfahrt:
Geokoordinaten: [GPS: N27° 45,118980 O-17° 56,868000].
CHARAKTER | Extrem schwere Wanderung aufgrund der steilen An- und Abstiege. Gefordert ist extrem guter Orientierungssinn und die Fähigkeit, intuitiv sein Ziel zu finden.

Das üppige Grün der bewaldeten Gebiete von El Hierro führt den Betrachter schnell in die Irre, den natürlichen Wasserquellen gab es nur sehr wenige auf der Insel. Besonders geschätzt wurden die Fuente de Azofa, sie stillte Durst von Mensch und Tier in der Region von Isora. Auf der heutigen Wüsten-Wanderung sollte man möglichst viel Trinkwasser dabei haben, denn an den sonnenverwöhnten Hängen brennt die Sonne unermüdlich. Eine Wanderung

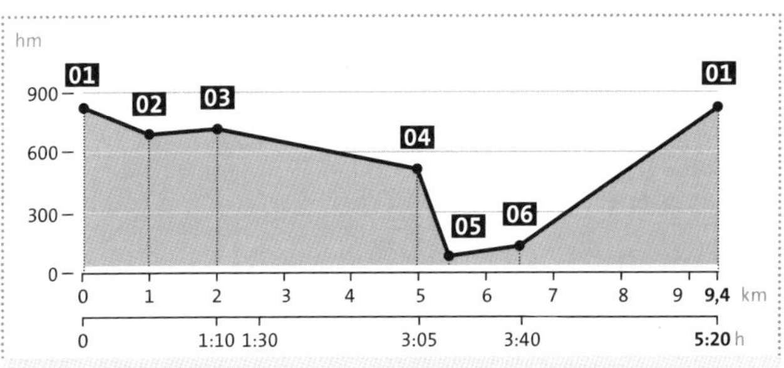

01 Isora 882 m; 02 Fuente de Azofa 720 m; 03 links den Pfad 671 m; 04 endet der Pfad 545 m; 05 Las Playecillas 2 m; 06 Aufstieg 74 m

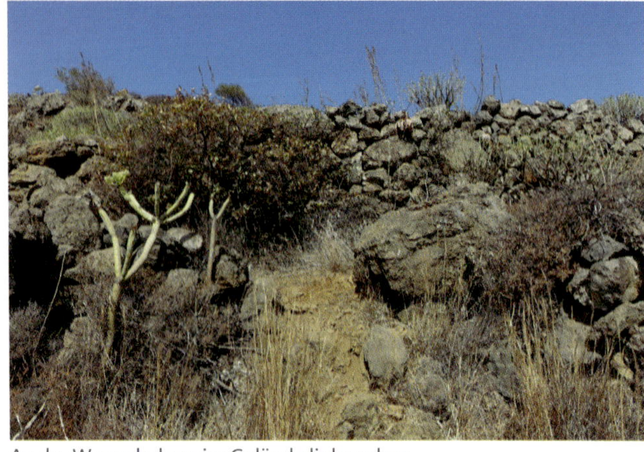

An der Weggabelung im Gelände links gehen

durch die schönsten Regionen der Insel – mit prächtiger Aussicht. Was bleibt, ist die positive Erinnerung an diese Empfindung, wenn der Körper signalisiert, was ihm gut tut. Vorausgesetzt, auch der geübte Bergwanderer hatte genügend trainiert, um die geforderte Kondition mitzubringen.

▶ Von der Hauptstraße in **Isora 01** 882 m) folgen wir der bergabführenden Stichstraße Richtung Fuente. Wir gehen rechts, zweigen nach 125 m halb links ab und folgen den gepflasterten Weg zur **Fuente de Azofa 02** (720 m). Die ursprüngliche Quelle befindet sich nicht unterhalb des großen Platzes, sondern rechts – mit Blick zum Meer – hier führt ein Pfad zu einer halb offenen Höhle. Selbst nach einer langen Trockenphase versiegte die Quelle nicht. Wir steigen zunächst wieder 150 m auf dem gepflasterten Pfad auf, wo wir nach **links den Pfad verlassen 03** (671 m). Genau an dieser Stelle ist auch die linke dem Pfad begrenzende Steinmauer unterbrochen. Hier überqueren wir das schmale Trockenflussbett. Nach weglosen 50 m in Richtung eines Steinmanns ist ein Pfad auszumachen. Wenige Steinmännchen markieren den Weg, bis wir an einen Ziegenzaun gelangen. Im Folgenden mündet der Weg an zwei Ziegenzäune, wir gehen an dem rechten Ziegenzaun entlang. Schwer ist ein Pfad zu erkennen, nur noch die verbliebene Steinmauer hilft bei der Orientierung. Wir überqueren die platt geschliffenen Felsen eines Trockenbachbetts und bei einer Weggabelung gehen wir geradeaus weiter, hier liegt ein größerer Felsen. Wir queren zwei längere Hangabschnitte, bis wir bei einer Anhöhe auf ein weiteres Steinmännchen treffen. Hier nehmen wir den linken Abzweiger den Hang hinunter und gehen nicht geradeaus weiter. Der Pfad wird zunehmend schlechter, die linke Begrenzungsmauer des Caminos ist bereits nicht mehr vorhanden. Teilweise ist der Pfad auch stark zugewachsen, oft muss man über

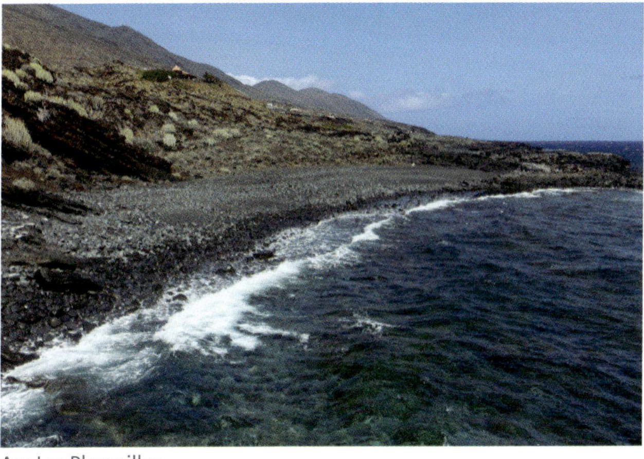

Am Las Playecillas

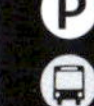
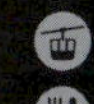
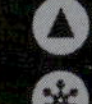

die begrenzenden Steinmauern des Caminos steigern, um weiter voranzukommen. Schlussendlich **endet der Pfad 04** (545 m). Auf dem nachfolgenden felsigen und steilen Bergrücken steigen wir ab. Als Orientierungspunkt dient ein zwei Meter hoher und markanter Felsen, der sich in ca. 50 m Entfernung befindet. Hat der Autor aufgrund von fehlenden markanten Landschaftsmerkmalen Probleme einen Abschnitt der Wanderung detailliert genug zu beschreiben,

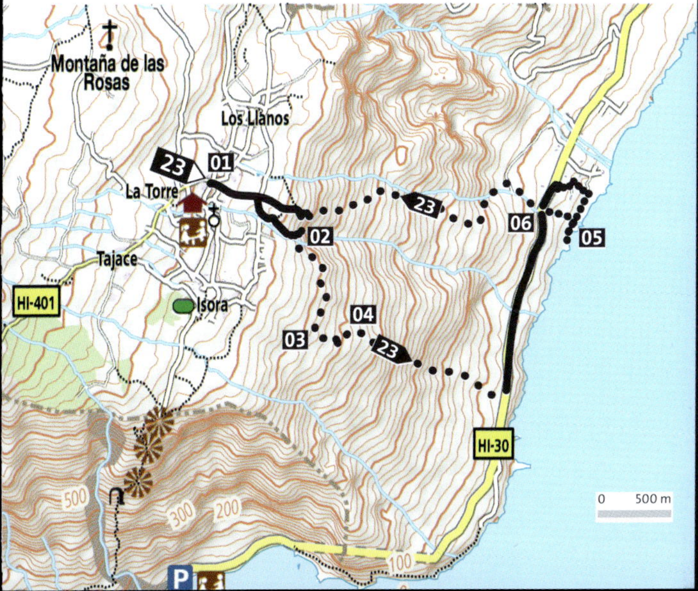

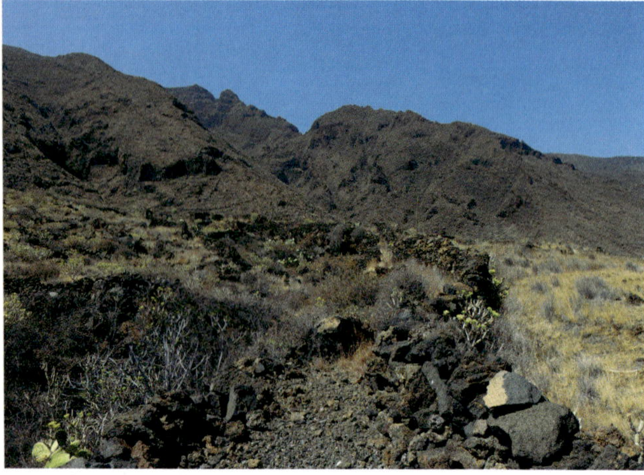

Hier geht's zum Aufstieg

so redet er meistens von intuitiven Wandern. Das trifft auf den nächsten Wegabschnitt bis zur unterhalb liegenden Straße zu. Nach 1,25 km auf der Straße Richtung Timijiraque, hier befindet sich das Verkehrsschild mit dem Hinweis 50 km/h und Fußgänger, verlassen wir die Straße nach rechts, gehen nicht in das Trockenflussbett, sondern etwas erhöht parallel zu einer Steinmauer. Die hat auf ungefähr halber Strecke zum Strand einen Durchlass, durch diesen erreichen wir den Strand von **Las Playecillas** **05** (2 m). Auf dem Rückweg folgen wir einem Pfad mit parallel zur Küstenlinie aufgestellten Steinmännchen. Dieser mündet in eine Piste und am Ende dieser gehen wir an der Hauptstraße links. 70 m hinter dem 30 km/h. Verkehrsschild befindet sich ein weißer Pfeil auf einem Holzmast und auch auf einem Stein an der Straße als auch in 50 m Entfernung. An dieser Schlüsselstelle beginnt der **Aufstieg** **06** (74 m). Nach weiteren 150 m passieren wir Hütten, bis der Pfad in eine Piste mündet. Nach 50 m rechts auf dieser Piste gehen wir an einer Steinmauer mit einem rostigen Zaun links auf dem weiterführenden Pfad. Zwischen einem Zaun und einem Trockenbachbett steigen wir auf eine schwer auszumachen Pfad auf. An der folgenden Zaunecke gehen wir rechts. Dort wo die Mauer endet, gehen wir halb rechts weiter. Inzwischen markiert ein weißer Pfeil den Pfad durch das Wirrwarr von Mauern. Wir sehen in der Ferne auf ein Haus mit einer grünen Tür, orientieren uns an einem weißen Wegweiser und kommen an einer einzeln stehenden Pinie vorbei. Der Pfad wird zunehmend besser, links auf gleicher Höhe, hinter einer dazwischenliegenden Schlucht, sehen wir die Quelle vom Hinweg. Wir passieren einen Ziegenzaun. Der Weg gabelt ein letztes Mal, wir gehen links bergauf, erreichen die Asphaltstraße und gehen ab der nachfolgenden Kreuzung auf dem bekannten Hinweg zurück.

TIGADAY – CHARCO AZUL – CAMINO DEL CANAL

Zu einem der schönsten Meerwasserschwimmbecken auf El Hierro

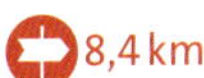

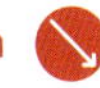

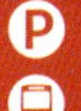
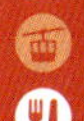

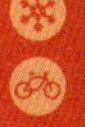
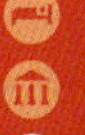

START | Busverbindung: Estacion de Frontera, Buslinie 3. Pkw-Anfahrt: Der Start befindet sich in Frontera im El-Golfo-Tal 18 km entfernt von Valverde. Bereits in Frontera fährt man am Busbahnhof vorbei, biegt in die zweite Straße rechts und fährt die Einbahnstraße bis zum Ende durch, wo man das Auto parkt. Geokoordinaten: [GPS: N27° 45,184020 O-18° 1,101000].
CHARAKTER | Eine einfache Wanderung mit einer kurzen weglosen Passage.

Südlich von Tigaday und Los Llanillos im El Golfo Tal führt diese Wanderung entlang gepflegter Häuser und Villen mit wunderschönen üppigen Blumengärten. Der Höhepunkt der Wanderung ist das Badebecken von Charco Azul, geschützt von natürlichen Felsen vor der mächtigen heranrollenden Brandung. Die Inselregierung ließ diese ausbauen und bietet attraktive Sonnenterrassen, eine Wasser- und Grillstelle - die sich in einer halb offenen Höhle befindet. Das blaue Wasser des Atlantischen Ozeans steht im beeindruckenden Kontrast zur dunklen Vulkanlandschaft. Schwelgen im Gesang der Meer- und Windgeräusche.

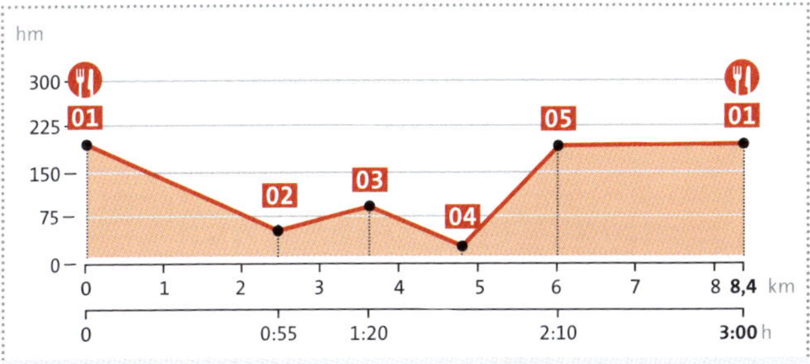

01 Tigaday 268 m; 02 El-Golfo-Bucht 42 m; 03 Plantagen 87 m; 04 Charco Azul 8 m; 05 Los Llanillos 196 m

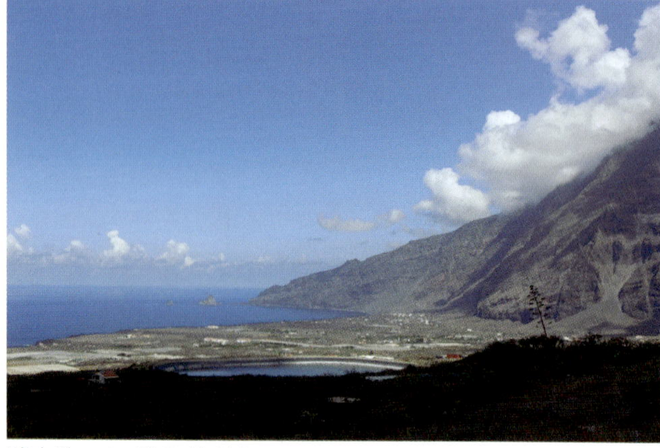

Blick über das El-Golfo-Tal

▶ In **Tigaday** 01 (268 m) gehen wir in die gegenüberliegende Stichstraße vom TTC-Sportgeschäft und auf dieser bergab zur Informationstafel, queren die Hauptstraße und gehen auf der Calle El Roque weiter. An deren Ende nach 315 m gehen wir links und sofort wieder rechts vor dem Wasserreservoir. Nach 1,36 km queren wir die Verbindungsstraße von Las Puntas nach Pozo de La Salud nach halb rechts. Es folgt eine Schotterpiste, die kurz später wieder in eine geteerte Straße übergeht. Wir erreichen die 40-50 m hohe Steilküste im weiten Halbrund der **El-Golfo-Bucht** 02 (42 m). Der noch kurz geteerten Straße folgen wir durch die Linkskehre und kommen im weiteren Verlauf an einer prachtvollen im Vulkangestein integrierte Villa vorbei. In dieser unwirklichen Lavawelt führt der Pfad vorbei an einzeln stehenden Villen – besonders beeindruckend ist die grüne Oase mit Swimmingpool etwas unterhalb. Eine betonierte Straße führt steil bergauf. Nach einer lang gezogenen Linkskehre verläuft rechts im rechten Winkel zur Straße eine hohe Steinmauer. Oberhalb davon befinden sich **Plantagen** 03 (87 m), wir folgen dem Pfad unterhalb der Steinmauer. Bei den Überresten einer Badewanne ist der Pfad verschüttet, so gehen wir 10 m entfernt von der Mauer, bis wir auf einem von Steinen gesäumten Camino stoßen. Nach einigen Metern muss der unpassierbare Pfad umlaufen werden. Der stark beschädigte Camino gabelt sich, während wir halb rechts weitergehen und uns Richtung der untersten Ecke der stoffverkleideten Bananenplantagen und vereinzelt aufgestellten Steinmännchen orientieren. Auf dem nachfolgenden Stück ist kaum noch ein Weg auszumachen. Im großen Abstand aufgestellte Steinmännchen führen uns zu dem in der Entfernung bereits gut zu erkennenden Parkplatz bei den Badebecken. Über einen geländergesicherten Pfad geht es steil hinunter zu den berühmten Badebecken von **Charco Azul** 04 (8 m). Je nach Brandung und Stand der Tiede lädt die natürliche Felswanne zum erfrischenden Bad ein. Wir gehen zunächst auf dem gleichen Weg bis zum Parkplatz zurück, verlassen sofort in der Linkskehre die Straße. Der Camino Los Llanillos ist auch gelb-weiß markiert. Nach 170 m gehen wir auf der Schotterpiste bis zur Verbindungsstraße Las Puntas nach Pozo de La Salud vor. Nach 30 m in Richtung Las Puntas überqueren wir die Straße und setzen den Aufstieg bis zum Ende der Piste fort. Nach einem kurzem Abschnitt im Camino mündet dieser in eine breite Piste. Wir befinden uns jetzt direkt unterhalb des Dorfes **Los Llanillos** 05 (196 m). Der folgende Wegabschnitt führt entlang der Straße, die zur Instandhaltung des Kanals genutzt wurde. Nach 1,9

Erlebnis

Die natürliche Felswanne vom Charco Azul.

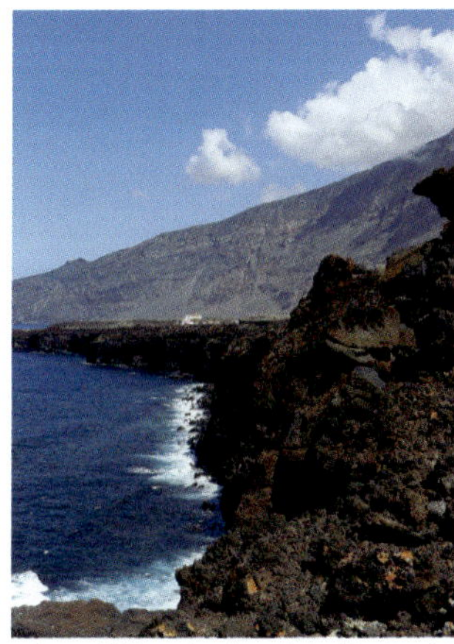

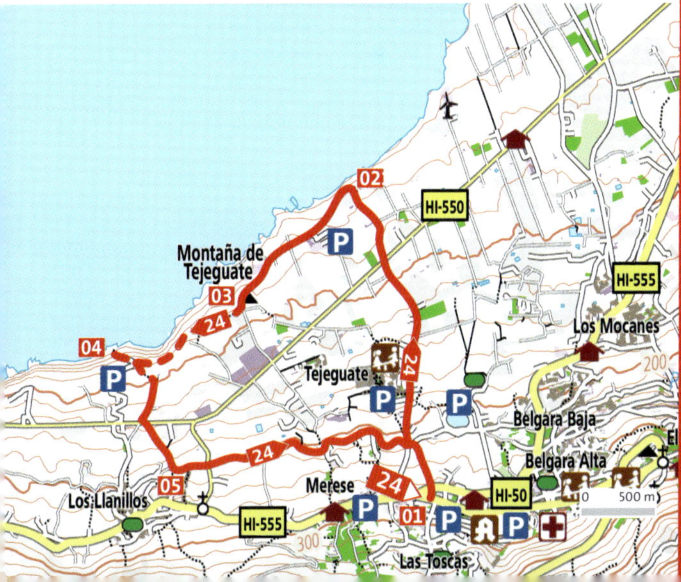

Die Steilküste in der El-Golfo-Bucht

km entlang dieses Kanals, der das Wasser von der Quelle in La Frontera zu den Feldern von Sabinosa beförderte, stoßen wir auf dem Hinweg. Von dort geht esauf derselben Strecke wie auf dem Hinweg zurück.

25

MIRADOR DE LOMO NEGRO I UND II – EL SABINAR

Grandiose Farbspiele und Überlebenskünstler

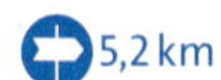

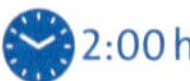

START | Busverbindung: keine. Pkw-Anfahrt: Der Start liegt im äußersten Südwesten der Insel, 32 km entfernt von Valverde. Auf der HI-5 und HI-550 fährt man an Frontera und Sabinosa vorbei, lässt den rechten Abzweiger zum Playa del Verdol links liegen und erreicht nach einer kurzen kurvenreichen Strecke die Parkbucht am Mirador. Geokoordinaten: [GPS: N27° 45,238980 O-18° 8,650980].
CHARAKTER | Einfache Wanderung auf angelegten Pfaden.

Das Landschaftsbild auf der Wanderung durch die atemberaubende Vulkanlandschaft ist geprägt vom tiefen Schwarz des Vulkangesteins, verschiedensten rötlichen Tönen der Felswände und einem großen gelblichen Felsen – alle Ursache unterschiedlichster vulkanischer Ausbruchsarten. Dazwischen befinden sich die grünen Tupfer von Wolfsmilchgewächsen und den bis auf den Boden windgeformten und knöchrigen Zedernwacholderbäumen. Die schönsten Aussichtspunkte liefert oftmals die Natur selbst.

▶ Der Vulkan Lomo Negro, an dem wir uns jetzt befinden, liegt am Ende des Westkammes der vulkanischen Aktivitäten auf El Hierro auf einem Gebiet, das vor etwa 1800 Jahren entstanden ist. Vom Aussichtspunkt kann man sehr schön die Flussrichtung der Lavaströme nachverfolgen: Nach

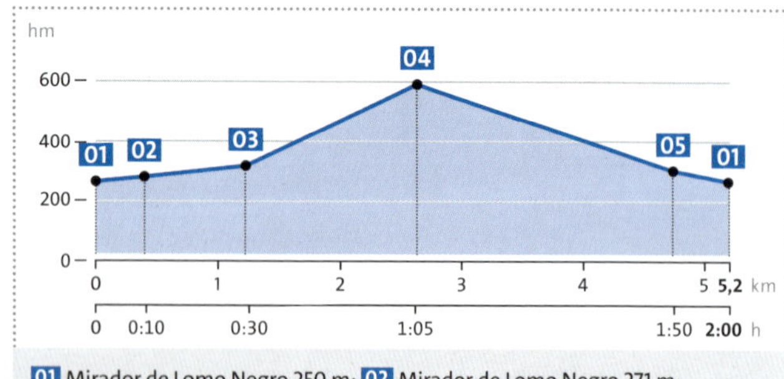

01 Mirador de Lomo Negro 250 m; 02 Mirador de Lomo Negro 271 m; 03 Mauerdurchbruch 333 m; 04 El Sabinar 594 m; 05 HI-500 283 m

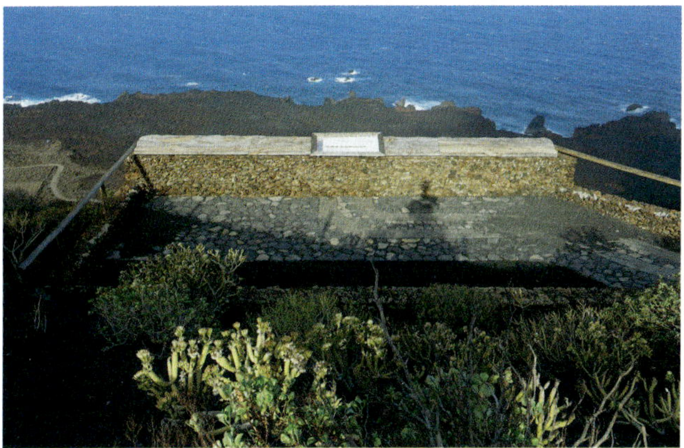

Der Mirador de Lomo Negro

rechts Richtung Arco de la Tosca, gerade hinunter zum Roque de la Sal und nach links zum Punta del Verdol. Direkt hinter dem **Mirador de Lomo Negro** 01 (250 m) und der Straße beginnt der angelegte Pfad durch die Vulkanlandschaft zum nächsten Aussichtspunkt. Vom **Mirador de Lomo Negro** 02 (271 m) sieht man rechts in einem steil abfallenden Felshang einen auffallend gelblich gefärbten Felsen. Er zeugt von einer sogenannten phreatomagmatischen Explosion, bei der das Wasser des Meeres oder des Untergrundes mit dem Magma in Berührung kam. Der intensive gelbliche Farbton entsteht durch die rasche Abkühlung des Magmas. Wir setzen die Wanderung in die eingeschlagene Richtung fort, bis wir an einer Trockensteinmauer entlang gehen. Wir

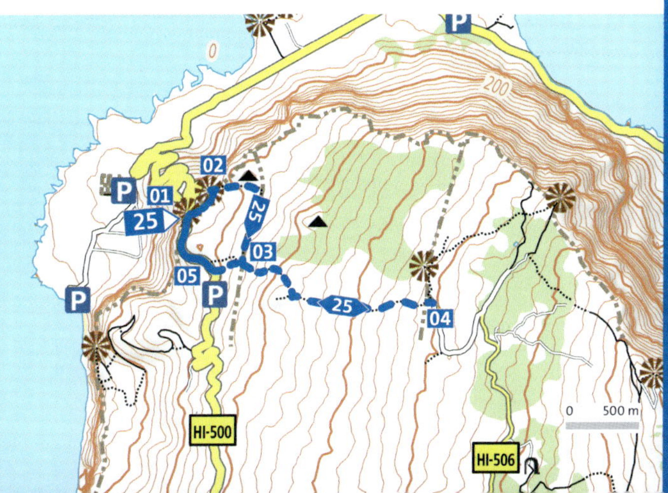

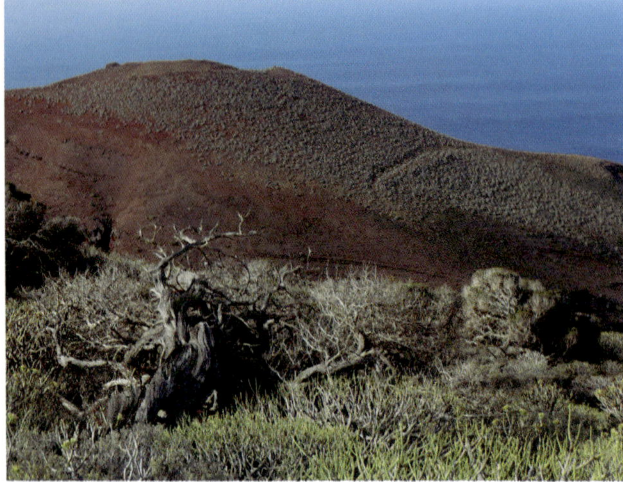

Blick vom Mirador de Lomo II ins Landesinnere

passieren ein Gatter in einem **Mauerdurchbruch** 03 (333 m). Unterhalb des Vulkans Escobar laufen wir durch einen waldähnlichen Abschnitt mit prachtvollen Zedernwacholderbäumen – Fotomotive am Fließband. Durch die sanften Hügelketten der farbenfrohen Vulkanlandschaft führt ein mit Steinen gesäumter Pfad kontinuierlich bergauf. Wir erreichen den König aller Bäume, **El Sabinar** 04 (594 m) – man schätzt sein Alter bis zu 1000 Jahre. Ab 9.30 Uhr ist die Sonne über die Berggipfel gestiegen und man hat sie im Rücken, um den König im vollen Glanz abzulichten. Wir nehmen dieselbe Strecke wie auf dem Hinweg bis zum **Mauerdurchbruch** 03 (333 m). Hier gehen wir nicht an der Steinmauer rechts entlang, sondern steigen halb links über Äste, die den Weg versperren sollen, und folgen dem Pfad, der nach einem kurzen Stück endet. Auf dem folgenden weglosen Stück gehen wir durch ein Trockenbachbett bis zur **Straße HI-500** 05 (283 m) hinunter und folgen dieser rechts bis zum Ausgangspunkt.

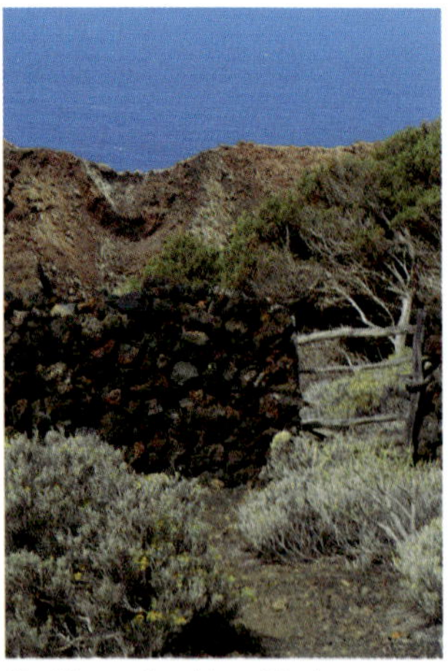

Ein Mauerdurchlass für den Wanderweg

FRONTERA – CAMINO JINAMA – MIRADOR DE JINAMA – SAN ANDRÉS

Botanische Vielfalt auf einem der reizvollsten Caminos der kleinen Kanareninsel

4:05 h

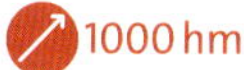

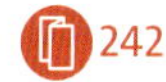

START | Busverbindung: Linie 03 um 8 und 10.30 von Valverde nach Frontera. Linie 02: San Andrés nach Valverde um 14.40, 17.10 und 19.40. Pkw-Anfahrt: Gegenüber dem Busbahnhof in Valverde gibt es auf einem freien Platz Parkplätze.
Geokoordinaten: [GPS: N27° 45,256020 O-18° 0,658020].
CHARAKTER | Mittelschwere Wanderung auf markierten Wegen. Vom Ausgangspunkt bis zum Mirador erfolgt ein sehr steiler Aufstieg mit fast 1000 Höhenmetern, der dann folgende Pfad ist nahezu flach und führt über Weideflächen.

Aufgrund eines Erdbebens auf El Hierro rutschten vor 50.00 Jahren instabile Gesteinsschichten eines weitaus größeren Vulkans ins Meer ab - es blieb das heutige halbrund des El-Golfo-Tals. Fast 1000 Höhenmeter führt die heutige Wanderung auf einem streckenweise gepflasterten Camino durch diese riesige entstandene Felswand hoch zum Mirador Jinama. Ein besonderer botanischer Leckerbissen sind endemische Mocanbäume, im Frühling säumen wohlriechende Jasminsträucher den Weg. Über

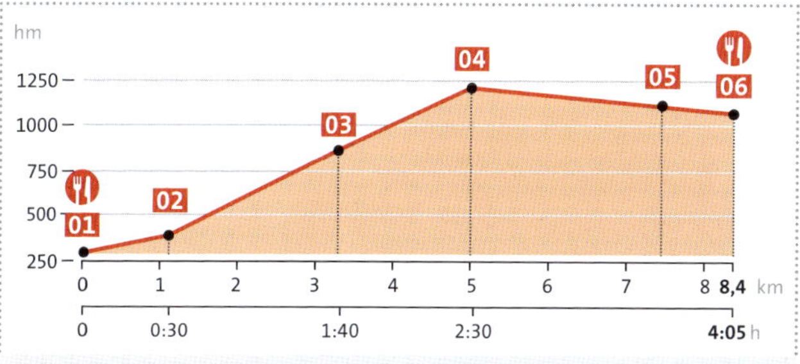

01 Frontera 250 m; 02 Ermita de la Canderlaria 352 m; 03 Mocanbäume 852 m; 04 Mirador de Jinama 1241 m; 05 kurz vor San Andrés 1050 m; 06 San Andrés 1043 m

grüne Weideflächen, die man eher in Irlandland erwarten würde, gelangen wir zu dem höchstgelegenen Bergdorf. Glücksmomente in luftiger Höhe.

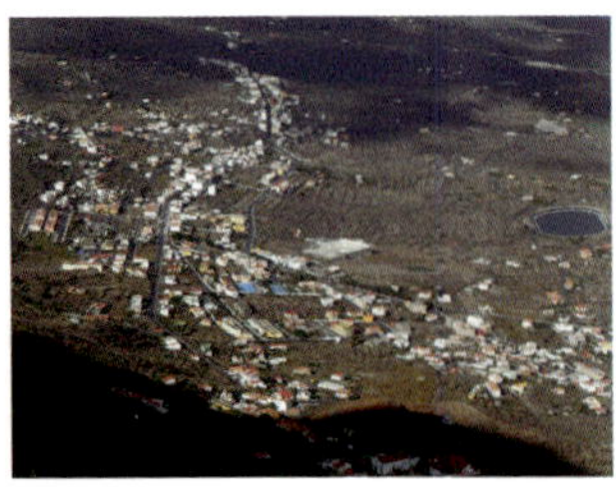

Blick auf Frontera

▶ Vom Busbahnhof in **Frontera** 01 (250 m) gehen wir an der gegenüberliegenden Schule – dem gelben Gebäude – vorbei. Nun auf der Calle el Rumbaso gehen wir bis zum Stoppschild, um dort rechts die Calle las Toscas bis zum Ende durchzugehen. Dort halten wir uns links und laufen auf der Einbahnstraße durch die Rechtskehre am Hotel Ida Ines vorbei bis zur Hauptstraße vor. Wir queren die Kreuzung und gehen rechts an Policia Local vorbei bis zum Dorfplatz und dem Portal der **Ermita de la Canderlaria** 02 (352 m). Direkt neben dem Restaurant Joapira biegen wir in die bergaufführende Straße. Bei der sofort darauffolgenden Gabelung halten wir uns halb links entlang von Weinanbaugebieten. In einer scharfen Rechtskurve der Straße beginnt der ausgeschilderte und streckenweise gepflasterte Camino Jinama – in der Vergangenheit die Hauptverbindungsader für Reisende und Bauern über das Hochland zu den Inseldörfern. Eine Besonderheit sind die **Mocanbäume** 03 (852 m), die am Wegesrand wachsen, leicht zu erken-

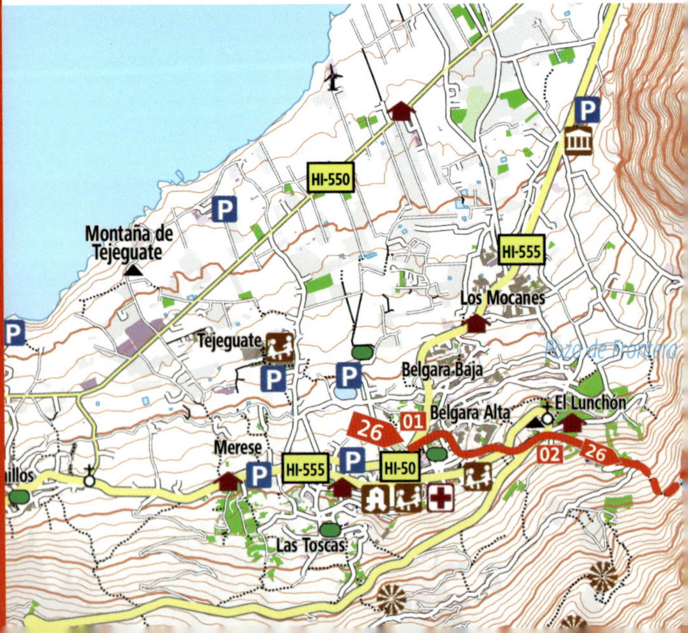

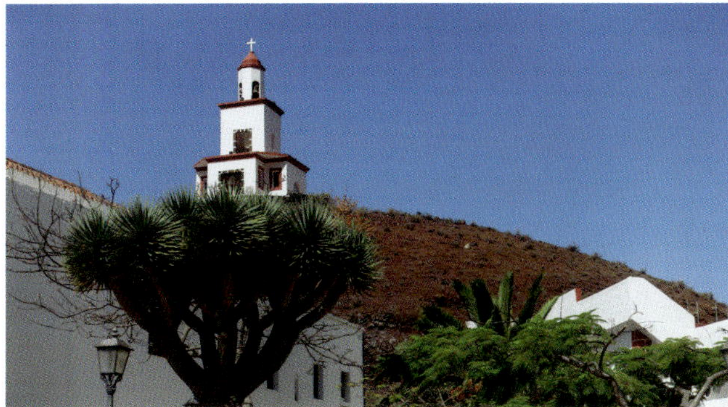

Die Ermita de la Canderlaria

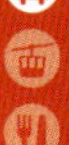

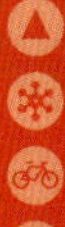

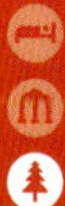

nen an den sägezahnförmigen Blättern. Weitere Erkennungsmerkmale: Im Frühjahr trägt er weiße glockenförmige Blüten, im Herbst schwarzrote und essbare Beeren. An diesen geschützten und windstillen Hängen am Camino Jinama wird der immergrüne Baum sagenhafte 12–15 m hoch. Bei den drei mächtigsten Exemplaren befindet sich ein Holzschild mit der Aufschrift Mocan de Los Cochinos. Nach weiteren 100 m steht der größte und mächtigste Mocanbaum auf El Hierro. Auf den letzten

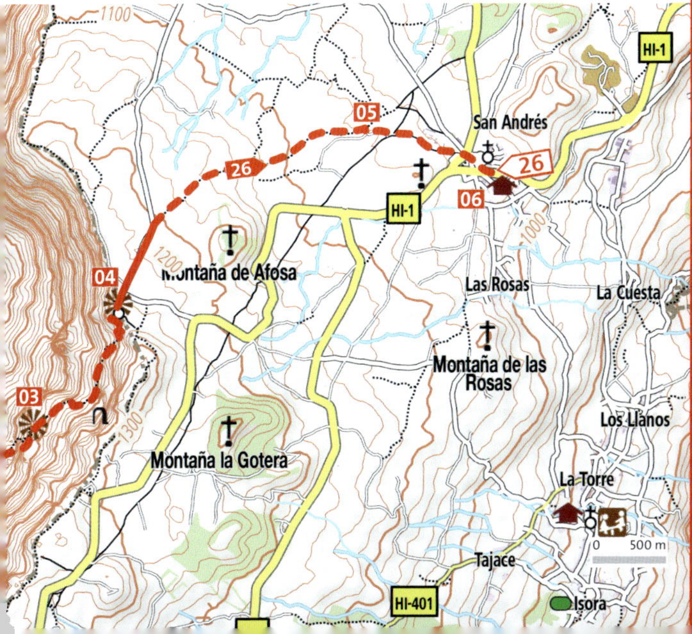

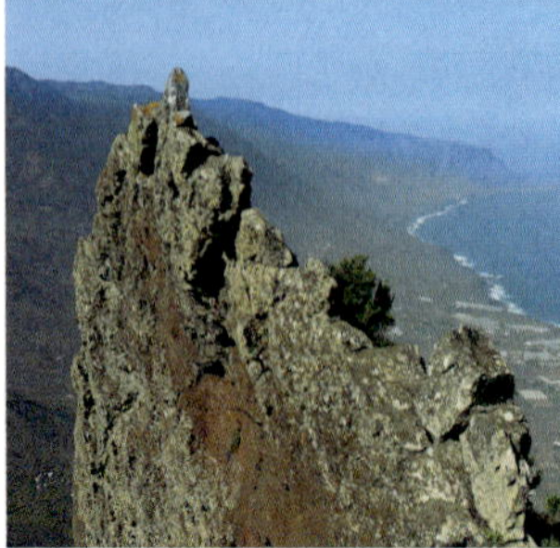
Eine Lavamauer

Metern des Aufstiegs führt der in den Fels geschlagene Camino durch eine Steilwand. Eine geologische Sehenswürdigkeit ist die darauffolgende Lavamauer, auch Dike genannt. Er entsteht, wenn Magma in einer Vulkanspalte aufsteigt. Häufig erodiert das umliegende Material schneller als die Füllung, der Dike erhebt aus der umliegenden Ebene – so hier am Wegesrand geschehen. An der gelben und meist verschlossenen Ermita de La Caridad vorbei erreichen wir den **Mirador de Jinama** 04 (1241 m). Über das das gesamte El-Golfo-Tal blicken wir bis zum azurblauen Atlantischen Ozean. Auf der Anfahrtsstraße zum Mirador gehen wir bereits nach 80 m geradeaus Richtung Guarazoca und nicht rechts zur Hauptstraße. Nach weiteren 475 m, bei rostigen Rohren, die zu Gatterpfosten umfunktioniert worden sind, halten wir uns halb rechts auf dem Camino Richtung San Andrés. Im Herzen der Nisdafe-Hochebene geht es über irisch anmutende Weideflächen gemächlich bergab. Bei einer Weggabelung, 150 m entfernt steht ein einzelner großer Baum, halten wir uns halb rechts, zunächst leicht bergauf. Wir befinden uns nun **kurz vor San Andrés** 05. Diese Piste endet, wir gehen links und sofort wieder rechts und kommen vorbei an einer Ziegenhaltung. Bei der großen freien Fläche geht es halb links in die Stichstraße, an der Kirche vorbei bis zur Hauptstraße vor **San Andrés** 06. Die Bushaltestelle befindet nach 85 m gegenüber dem Casino.

Hinweis

Aufgrund der Höhenstufung ist warme Kleidung und Regenschutz sinnvoll.

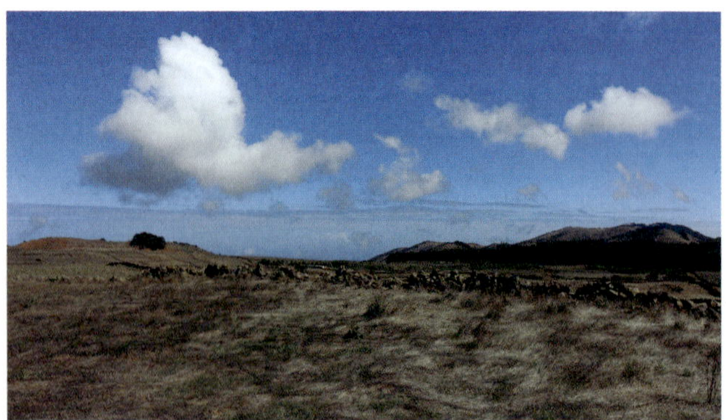
Im Herzen der Nisdafe-Hochebene

ERMITA DE LA CANDELARIA – HOYA LA CASTAÑA

Die kulinarischen Schätze von El Hierro

 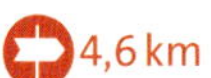 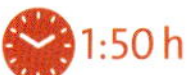 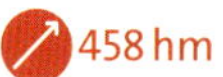  

4,6 km | 1:50 h | 458 hm | 479 hm | 242

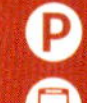
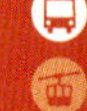
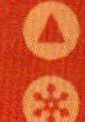
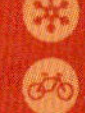
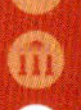

START | Busverbindung: Line 04 Circunvalacion Frontera. Pkw-Anfahrt: Der Start befindet sich zentral auf der Insel etwas oberhalb von Frontera, 19 km entfernt von Valverde. Die Anfahrt erfolgt über die HI-5, bereits in Frontera biegt man links in die HI-1 und erreicht den Dorfplatz Plaza Candelaria vor der Kirche, wo es viele Parkmöglichkeiten gibt.
Geokoordinaten: [GPS: N27,755200 O-18,001383].
CHARAKTER | Kurze aber knackige Tour. Wuchernde Brombeersträucher zwingen einem, je nach Zustand des Pfads, die Wegführung zu ändern.

Das Weinmuseum von El Hierro berichtet, dass im Jahre 1526 ein Engländer Namens John Hill die ersten Rebstöcke pflanzte – heutzutage köstliche und edle Tropfen. Auf unserer Wanderung verlassen wir die Weinanbaugebiete auf ca. 600 m und laufen fortan durch den üppig grünen Lorbeerwald. Immer wieder gibt der Wald den faszinierenden Blick über das El-Golfo-Tal frei, bis wir in einen Wald aus Maronenbäumen treten – wer hätte das auf einer kanarischen Insel erwartet. Im Herbst kann die Edelkastanie geerntet werden, zubereitet ergibt sie ein besonderes Mahl. Die Natur erzählt die schönsten Geschichten.

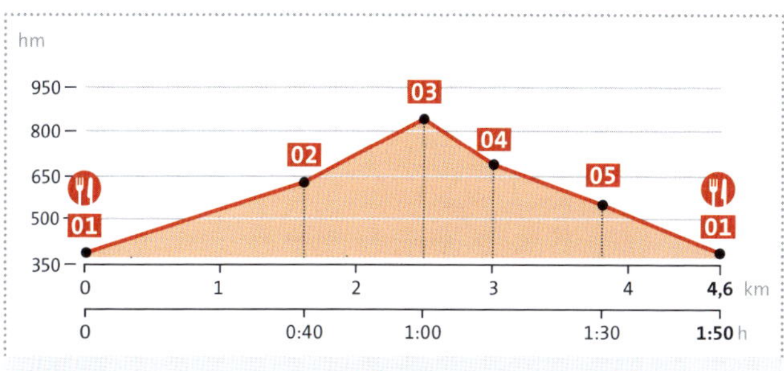

01 Ermita de la Candelaria 355 m; 02 Schlüsselstelle 641 m; 03 Hoya La Castaña 820 m; 04 Straße 663 m; 05 Camino Los Corchos 538 m

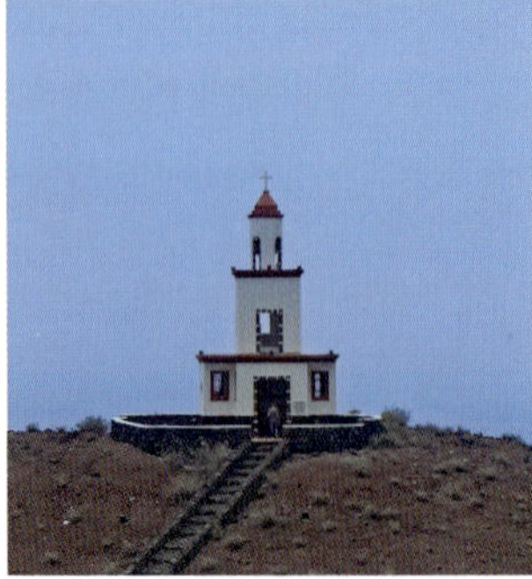

Die Ermita de la Candelaria kurz vor Sonnenaufgang

▶ Den Rücken der **Ermita de la Candelaria** 01 (355 m) zugewandt verlassen wir den kleinen Dorfplatz über die Stichstraße links neben dem Restaurant. Sofort bei der nachfolgenden Verzweigung gehen wir links bergauf und hinter den letzten Häusern bereits durch die Weinanbaugebiete von Frontera. Nach 500 m in der Rechtskehre der Straße gehen wir geradeaus auf dem Camino weiter, überqueren die Straße ein erstes Mal, um dann beim zweiten Mal, wo der Pfad in die Straße mündet, nicht geradeaus weiter auf dem Camino Jinama aufzusteigen, sondern rechts auf der Straße weiterzuwandern. Nach weiteren 600 m, kurz hinter einem Felsdurchbruch durch die die Straße führt, biegen wir links auf die bergaufführende Straße. Bei einer Ruine folgen wir dem Straßenverlauf durch die scharfe Rechtskehre. Nach weiteren 115 m, links am Wegesrand endet eine Steinmauer, zweigt an dieser **Schlüsselstelle** 02 (641 m) links ein schmaler und unscheinbarer Pfad ab. Abrupt verlassen wir die Weinanbaugebiete und tauchen tief ein in den immergrünen Nebelwald. Gelegentlich gibt der Wald den Blick frei auf das El-Golfo-Tal. Geröllige Wegstücke sind mit Holzbalken befestigt. Wuchernde Brombeersträucher versperren den Pfad, dieser muss etwas unterhalb umlaufen werden, um bei einem Steinmännchen auf einem großen Stein wieder auf den ursprünglichen Pfad zu gelangen. In dem darauffolgenden Waldstück führt ein mit Steinen gesäumter Pfad halb links bergauf, wir gehen aber halb rechts und folgen längs gelegten Holzbalken am Wegesrand. Nach dem Aufstieg über kleine Stufen ist der Pfad wieder gut auszumachen. Hinter einem Baum, dessen Wurzel künstlerisch an einer kleinen Felswand hinuntergewachsen ist, folgt ein steiler Abstieg. Abermals erreichen wir ein Wegstück, auf dem die stacheligen Zweige der Brombeersträucher den Pfad größtenteils eingenommen haben. Teilweise muss man sich den Pfad mit Hilfe der Wanderstöcke freischlagen. Nachdem wir eine kleine Schlucht durchquert haben, treten wir auf eine Hochebene mit beeindruckend vielen Maronenbäumen, die **Hoya La Castaña** 03 (820 m). Durch das hohe Gras der Hochfläche gehen wir zu den tiefer liegenden Maronenbäumen und entlang der Überreste einer Steinmauer talauswärts, bis wir auf einen Pfad treffen. Dieser führt rechts bergab, im weiteren Verlauf kommen wir an einem großen Picknicktisch vorbei. Hinter dem Nebelwald mündet der Pfad in eine **Straße** 04 (663 m) an der wir scharf links gehen. Dort wo die Straße endet, folgen wir den Pfad durch die Weinstücke bis zur querenden Straße. Links gehen wir auf dieser 325 m, um dort bei einem Wollmispelbaum und Weinstöcken dann rechts auf

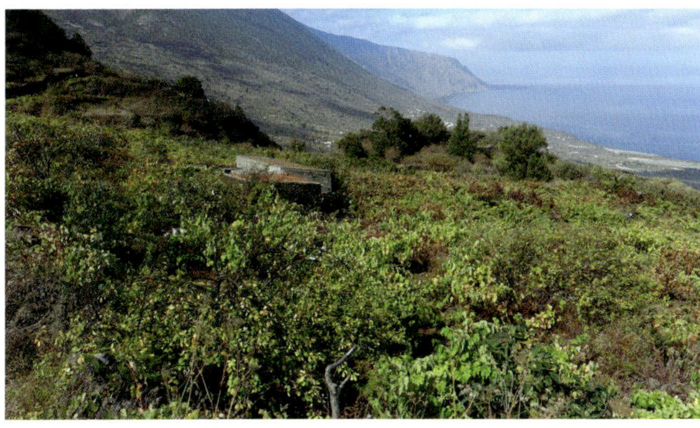

Weinreben in El-Golfo-Tal

den **Camino Los Corchos** 05 (538 m) weiter absteigen. Auf Höhe des Friedhofes mündet dieser in eine Asphaltstraße und im weiteren Verlauf erreichen wir den Ausgangspunkt.

Hinweis

Möchte man diese Wanderung bei Sonne unternehmen, empfiehlt es sich, den Startzeitpunkt auf den Vormittag zu legen, denn erst dann steigt die Sonne über die hohen Gipfel des zentralen Bergmassivs. Sehenswert – die Ermita de la Candelaria.

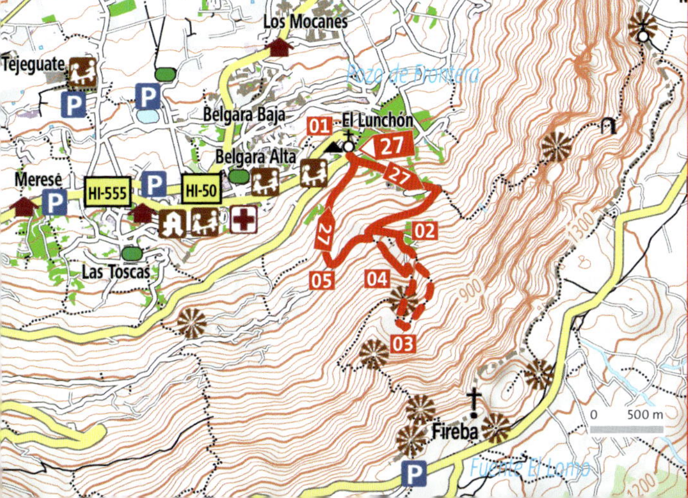

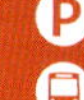
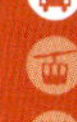
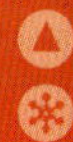
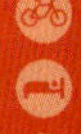

PLAYA BLANCAS – ARCO DE LA TOSCA

Lavalandschaften, weißsandige Strände und das größte Brandungstor der Insel

  5,9 km  2:40 h 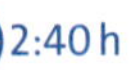 16 hm 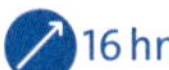 0 hm 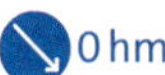 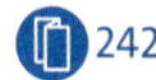 242

START | Busverbindung: Line 12 bis nach Pozo de la Salud und dann 2 km über die HI-551 zum Start vorgehen. Pkw-Anfahrt: Der Ausgangspunkt liegt im äußersten Südwesten der Insel 27 km entfernt von Valverde. Man fährt über die HI-5, HI-551 und vorbei an dem Ort Pozo de La Salud. Dann weiter auf der HI-500, entlang des Stein-schlagzauns, um in einer Parknische hinter dem Warnschild Steinschlaggefahr zu parken.
Geokoordinaten: [GPS: N27° 45,835980 O-18° 7,315980].
CHARAKTER | Einfache Wanderung auf einem angelegten Pfad. Der Rückweg erfolgt über die wenig befahrene Straße.

Die Wanderung über die Punta de La Dehesa gehört zu den schönsten Kurzwanderungen auf El Hierro. Das Landschaftsbild ist geprägt von AA Lava, wenigen Lavabomben, Erosionsmaterial, einer Vulkanblase, mächtigen Basaltblöcken und Brandungstoren – ein Erlebnispfad wilde Vulkanlandschaft.

▶ Vom **Start und Ziel** 01 (17 m) gehen wir auf der Anfahrtsstraße bis zur Straßensperre vor und gehen dort links auf dem beginnenden Pfad durch die Vulkanlandschaft. Viele Pfade verlaufen parallel zur Küste, alle queren die nachfolgende Piste und alle führen zum weißsandigen **Playa Blancas** 02 (3 m). Bei so viel schwarzem Lavagestein stellt man sich unweigerlich die Frage: Wo kommt der

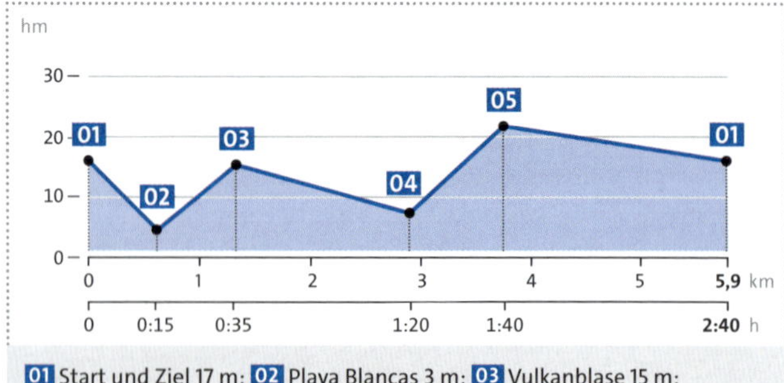

01 Start und Ziel 17 m; 02 Playa Blancas 3 m; 03 Vulkanblase 15 m; 04 Arco 8 m; 05 Arco de La Tosca 21 m

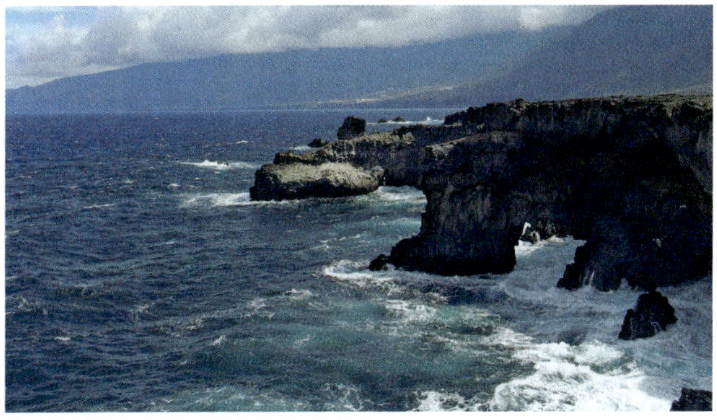
Blick entlang der Westküste von El Hierro

weiße Sand her? Es sind Körner organischen Ursprungs, wie von Muschelresten oder Restmaterialien kalkhaltiger Algen. Im Zusammenspiel mit dem Nordwestpassat werden diese angespült und bilden den weißen Sandstrand – kontrastreich inszeniert zwischen dem schwarzen Vulkanfelsen. Wir queren den Strandbereich zu einer Informationstafel und gehen auf dem weiterführenden angelegten Pfad. Er führt nun direkt entlang der Küstenlinie, wo sich einst der Lavastrom ins Meer ergoss. Der Küste vorgelagert befinden sich Roques, nur an der Luft erstarrte Lava bildet die typischen Basaltblöcke, wie sie hier zu sehen sind. Kurz hinter einem sehr ebenen Stück kann man den mit Steinen gesäumten Pfad nach rechts verlassen und nähert sich vorsichtig den Überresten einer **Vulkanblase** 03 (15 m). Dort kann man auf einem sehr rutschigen Abstieg direkt in die mit dem Meer verbundene Höhle hineinschauen. Auf dem folgenden Wegstück gibt es viele Abzweiger, an denen

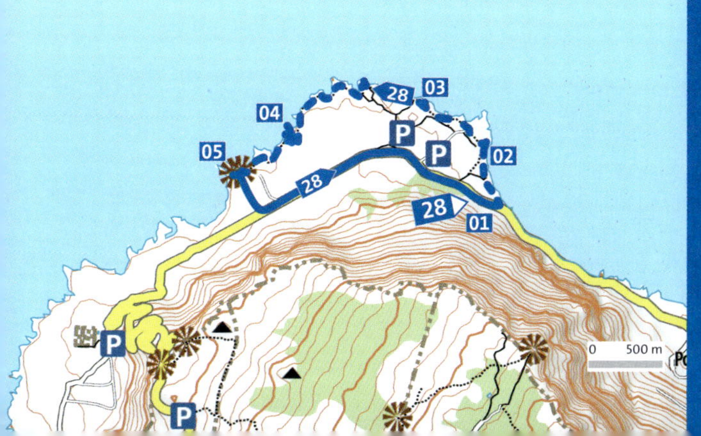

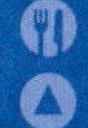
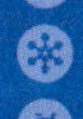
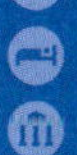

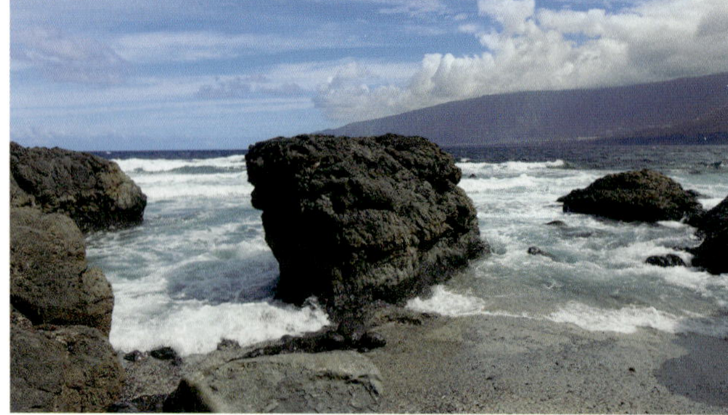

Der Strand Playa Blancas

man über die Klippen schauen kann und immer wieder Neues entdeckt. Nur vereinzelt sieht man salztolerante Küstenvegetation wie Pioniersträucher oder die schön gelbblühende Schizogyne. Hinter einer weiteren Parkbucht für Fahrzeuge umlaufen wir eine breite Bucht. Danach ändert sich abrupt das Landschaftsbild, wir laufen nun über sogenannte AA Lava. Exkursionen rechts und links des Weges bedeuten eine erhöhte Verletzungsgefahr. Beim Durchlaufen einer Senke gibt es die Möglichkeit, auf eine kleine Landzunge vorzugehen. Blickt man vom weiteren Weg zurück, so sieht man, dass sich dort auch ein Brandungstor, **Arco** 04 (8 m), befindet. Vom Aussichtspunkt am Ende der Stichstraße kann man einige Meter im Gelände bergab gehen, dort befindet sich das größte Brandungstor von El Hierro, der **Arco de La Tosca** 05 (21 m), die Überreste eines größtenteils eingestürzten Lavatunnels, der durch die Erosion der Brandung kontinuierlich abgetragen wird. Wir gehen auf der Stichstraße bis zur Hauptstraße vor und auf der Straße links zurück zum Ausgangspunkt.

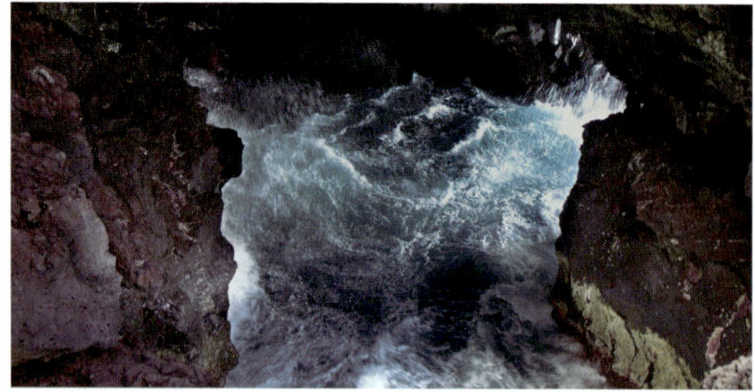

Die Vulkanblase ist mit dem Meer verbunden

SAN ANDRÉS – MIRADOR ISORA – FUENTE AZOLA

Auf alten Verbindungswegen über die Nisdafe Hochebene

 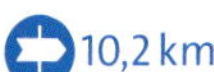 10,2 km  3:40 h 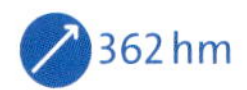 362 hm 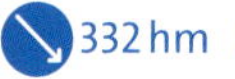 332 hm 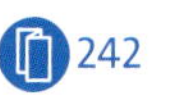 242

START | Busverbindung: Linie 2. Pkw-Anfahrt: Der Start befindet sich nördlich der Nisdafe-Hochebene, gerade mal 9 km entfernt von Valverde. Über die HI-2 ist San Andrés einfach zu erreichen, am besten parkt man an der Hauptstraße am Casino. Geokoordinaten: [GPS: N27° 46,225980 O-17° 57,283980].
CHARAKTER | Einfache Wanderung auf Pfaden ohne große Steigungen oder Gefälle.

Ein Casino – nicht eine Spielbank, wie wir sie kennen – war auf El Hierro der gesellschaftliche Mittelpunkt für Versammlungen, Hochzeiten, Wahlveranstaltungen und Bälle. Um die Casinos in San Andrés und Isora zu erreichen, gab es ein Wegenetz aus Caminos – das auch genutzt wurde, um die zahlreichen Felder und Weideflächen zu erreichen. Auf der heutigen Wanderung geht es auf diesen traditionellen Caminos vorbei an Obst- und Gemüsegärten zu einem atemberaubenden Aussichtspunkt und wieder zurück. Wege der Langsamkeit.

▶ Vom **Start und Ziel** 01 (1043 m) gehen wir auf der weiterführenden Hauptstraße, um direkt hinter der Bar Goyo links in die Stichstraße einzubiegen. Am Ortsende gehen wir bei der Weggabelung gerade-

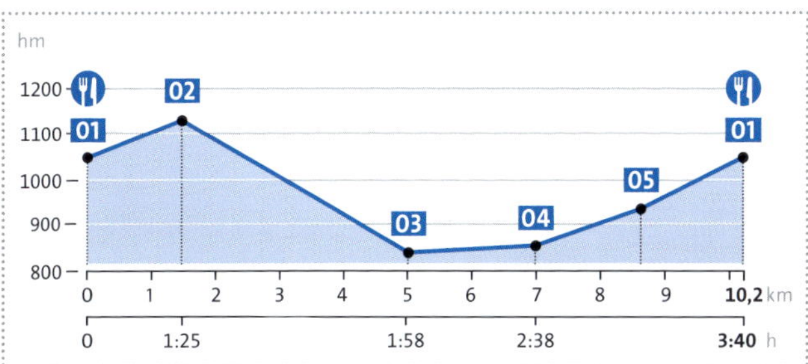

01 Start und Ziel 1043 m; 02 Montaña de Las Rosas 1115 m; 03 Mirador de Isora 813 m; 04 Abzweiger zur Fuente Azola 835 m; 05 La Cuesta 916 m

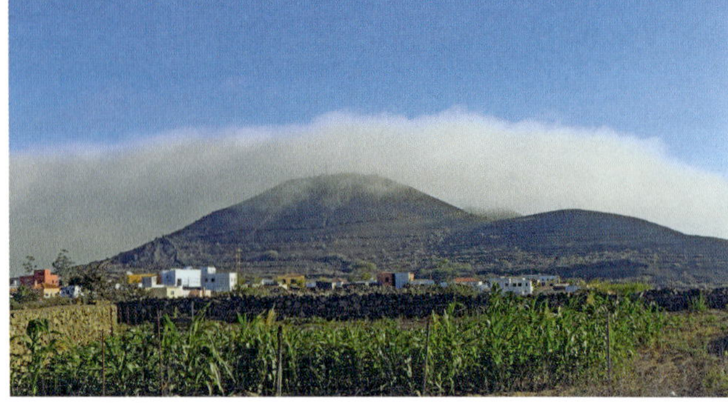

Das Bergdorf San Andrés

aus weiter. An der nachfolgenden Kreuzung gehen wir gerade aus weiter und nach 120 m ignorieren wir den rechten Abzweiger. Bei der nachfolgenden Linkskehre der Straße gehen wir geradeaus weiter, nun auf einem schönen Camino, von hohen Steinmauern gesäumt. Bereits nach 80 m gabelt sich der Pfad, wir gehen halb links auf dem Pfad weiter und nicht halb rechts in das Trockenbachbett. Nach 185 m gibt es die Möglichkeit, auf den Vulkankegel der **Montaña de las Rosas** 02 (1115 m) nach links weglos aufzusteigen. Nirgendwo auf El Hierro ist das Landschaftsbild so geprägt von Feldern, die durch Trockensteinmauern begrenzt sind. Vom Gipfel hat man einen hervorragenden Blick über die Felder auf der Hochebene. Wieder zurück auf dem Hauptweg mündet dieser bei einem Wasserverteilerhaus in eine Asphaltstraße, auf der wir geradeaus weitergehen. Bei einem Betonhaus und einer Palme biegen wir nicht rechts auf die Asphaltstraße, sondern gehen geradeaus weiter. Hinter der nachfolgenden Anhöhe sieht man bereits unterhalb das Dorf Isora. Im Spätsommer stillen

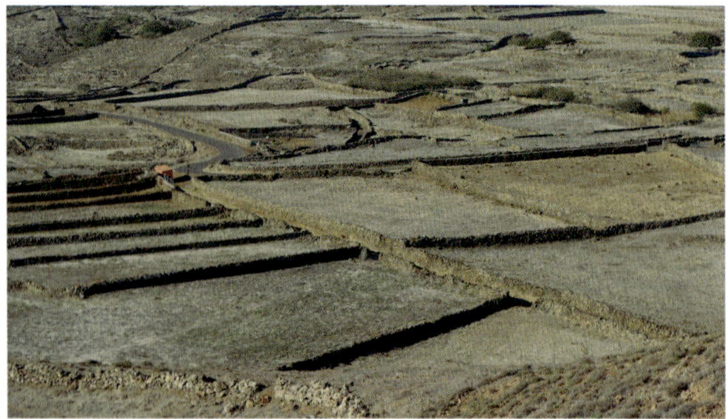

Die La-Dehesa-Hochebene im Sommer

köstlich schmeckende Feigen der am Wegesrand stehenden Feigenbäume unseren kleinen Hunger. Dort wo die Straße endet, gehen wir rechts über das Trockenbachbett, dann sofort geradeaus weiter und ignorieren den linken Abzweiger Richtung Mirador Isora. Nach 450 m, bei einem rot-braunen Eckhaus, ignorieren wir den linken Abzweiger, um nach 25 m auf der weiterführenden Straße links in die betonierte Piste zu biegen – an einem gelben Haus vorbei. Die nachfolgenden Abzweiger ignorieren wir, bis die Straße eine Rechtskehre macht, wir aber geradaus weiter auf dem ausgeschilderten Camino La Atalaya bergab wandern bis zum atemberaubenden Aussichtspunkt, dem **Mirador de Isora** **03** (813 m). Gegenüber der Toiletten verlässt ein Pfad über Treppen die Asphaltstraße nach halb rechts. Dem hinter dem Geländer folgenden rechten und linken Ab

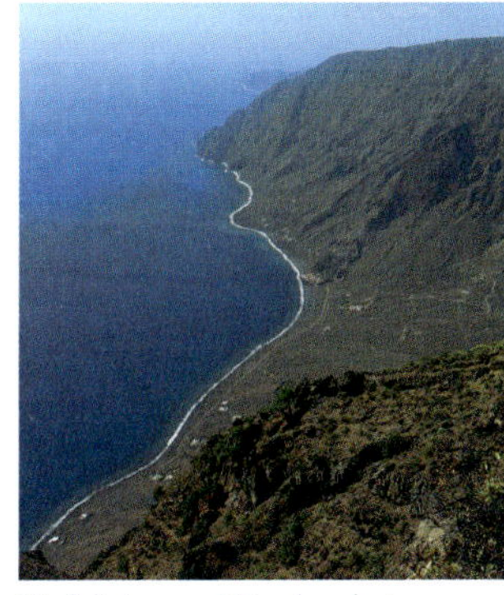

Tiefblick vom Mirador de Isora

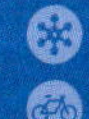

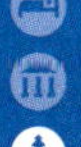

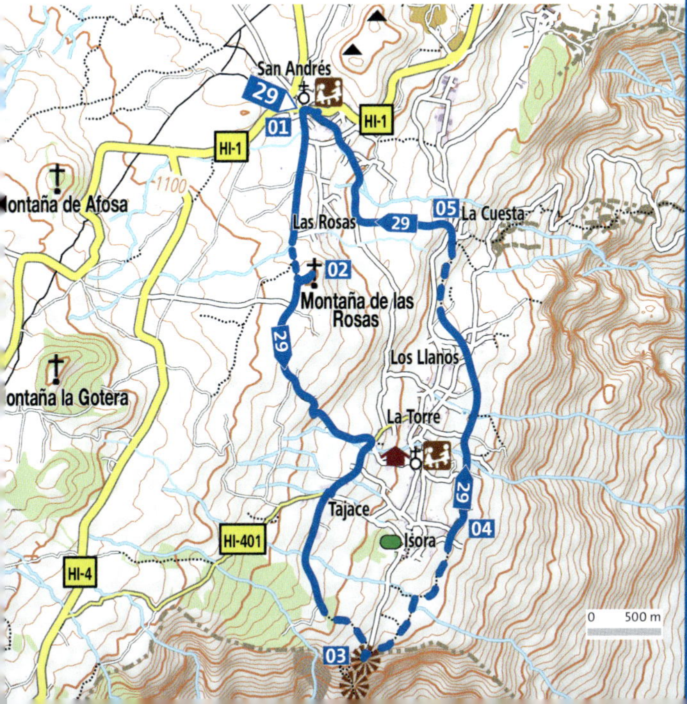

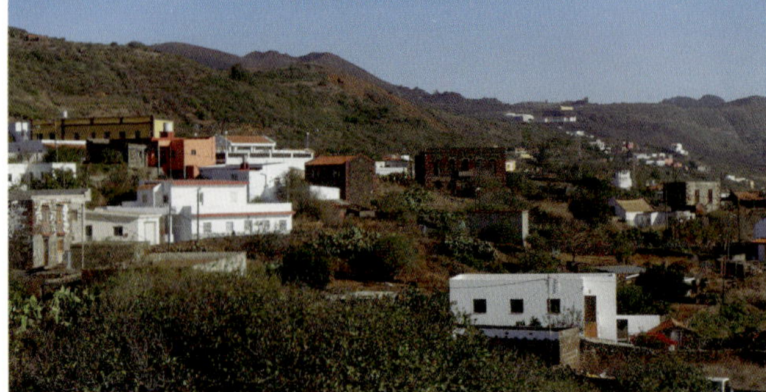

Das Dorf Isora

zweiger ignorieren wir. Direkt vor einer Steinmauer gehen wir bei der Weggabelung halb rechts. Unterhalb der Ortschaft Isora mündet der Camino in die Linkskehre der Straße, wir gehen geradeaus weiter und bei der folgenden Dreiwegegabelung gehen wir so lange geradeaus weiter, bis wir hinter einem Trockenbachbett auf den rechten **Abzweiger zur Fuenta Azola** 04 (835 m) treffen. Ein lohnenswerter Abstecher. Wir ignorieren Abzweiger und folgen kurzfristig der Ausschilderung Richtung Puerto de La Estaca, bis die Straße endet. Wir queren die Straße und folgen den halb links abzweigenden Camino, der nur kurz später in eine Straße mündet. Wir queren eine betonierte Kreuzung und setzen unseren Weg halb rechts fort, auf dem sandigen Untergrund des Caminos. Dieser führt bis zu dem Dorf **La Cuesta** 05 (916 m), wo wir die Verbindungsstraße queren und direkt hinter einem gelbgrauen Haus, mit dunkelbraunen Fensterläden, biegen wir links auf den mit Steinen gepflasterten Camino. Dort wo der Camino in eine Straße mündet, gehen wir rechts und folgen im weiteren der Ausschilderung Richtung San Andrés.

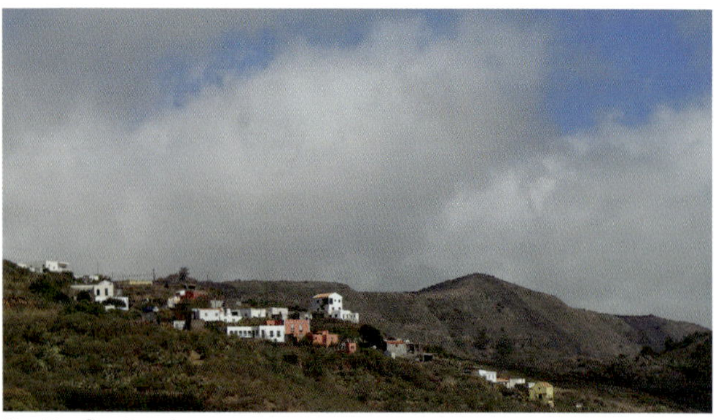

Das Dorf La Cuesta

SAN ANDRÉS – VULKAN CHAMUSCADA • 1137 m – LA ALBARRADA

Tanz auf dem Vulkan

  5 km 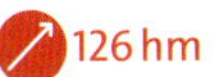 2:00 h 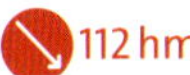 126 hm  112 hm 242

START | Busverbindung: die Linie 2 von Valverde nach San Andrés. Pkw-Anfahrt: Der Start befindet sich auf der zentralen Hochebene im Norden der Insel 9 km entfernt von Valverde. Auf der HI-1 erreicht man das Bergdorf und parkt am besten beim Casino gegenüber der Bushaltestelle.
Geokoordinaten: [GPS: N27° 46,243980 O-17° 57,280980].
CHARAKTER | Prinzipiell eine einfache Wanderung, wäre da nicht der steile Abstieg vom Vulkan. Die vorgeschlagene Variante umläuft den steilen Abstieg.

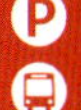
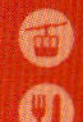
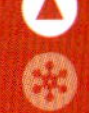
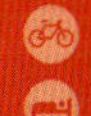
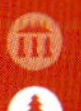

Eine ganz besondere Wanderung: Mit einer spannenden Gratwanderung auf dem letzten erloschenen Vulkan von El Hierro, atemberaubende Fernblicke auf die Nachbarinseln, mystische Stimmung an einem der ältesten, aber verlassenen Dörfer von El Hierro und die Suche nach einer geologischen Sehenswürdigkeit, sogenannte Vulkanbäume, ein Erlebnis für alle Sinne.

▶ Vom **Start und Ziel** 01 (1044 m) an der Bushaltestelle und dem Casino gehen wir auf der von Platanen gesäumten Hauptstraße Richtung El Pinar. Direkt hinter dem gelben Briefkasten biegen wir rechts in die Stichstraße und

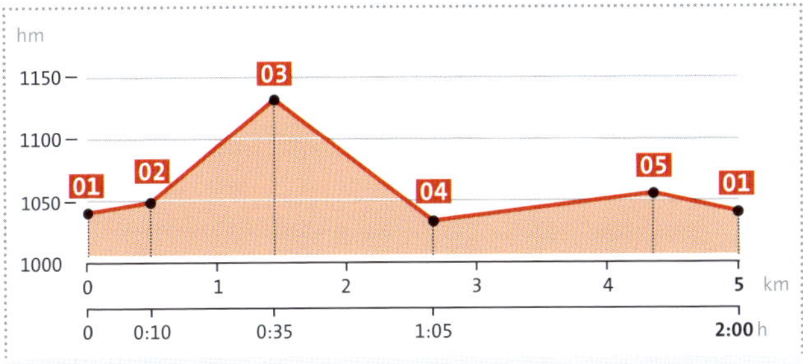

01 Start und Ziel 1044 m; 02 verlassen wir die Straße 1049 m; 03 Montaña Chamuscada 1133 m; 04 La Albarrada 1033 m; 05 Vulkanbäume 1051 m

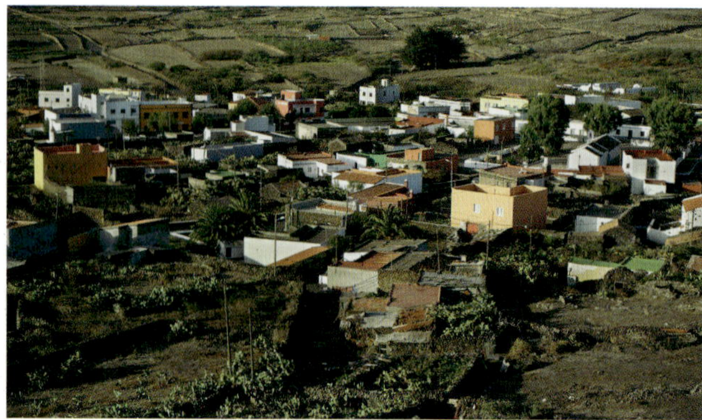

Das Bergdorf San Andrés

kommen im weiteren Verlauf an der kleinen Dorfkirche vorbei. Am Ende der großen freien Fläche gehen wir am grünen Gebäude auf der Straße rechts, um dann bei der nächsten Möglichkeit halb rechts, der Ausschilderung zum Árbol Garoé zu folgen. Nach 90 m, direkt hinter mächtigen Eukalyptusbäumen **verlassen wir die Straße** 02 (1049 m) nach rechts. Dazu passieren wir die Überreste einer Steinmauer und gehen auf einer gedachten Linie weglos auf die oberhalb liegenden Sendemasten zu. Nach bereits 75 m folgen wir der Schotterpiste bergauf. Über Lapilli steigen wir auf, bei guter Sicht sieht man in der Ferne erst La Gomera und dahinter Teneriffa. Nach einer scharfen Linkskehre kommt man vorbei an den Sendemasten und erreicht bei einer Messsäule den höchsten Punkt, den **Montaña Chamuscada** 03 (1133 m). Hier scheint vor ca. 2500 Jahren der letzte Vulkanausbruch auf El Hierro stattgefunden

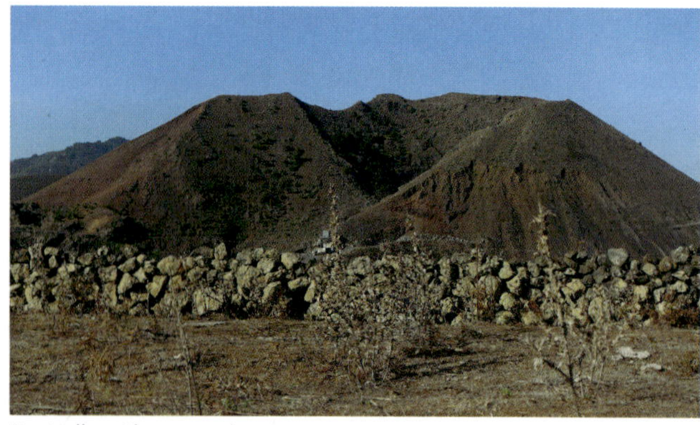

Der Vulkan Chamuscada

zu haben. Zu Füßen liegt uns das idyllisch gelegene Bergdorf San Andrés und die dahinterliegende Nisdafe-Hochebene, auch die Kanareninsel La Palma kann man in der Ferne ausmachen. Parallel zum Hinweg gehen wir nun auf dem Kraterrand bergab, bis wir an die Rechtskehre vom Aufstieg gelangen, hier gehen wir nun auf einem weiteren Kraterrand geradeaus, direkt auf einen mächtigen Zedernwacholderbaum zu, der in der Caldera eines Vulkans steht. Nachdem wir gut 180° auf dem Kraterrand gelaufen sind steigen wir bei einer Einbruchstelle des Kraterrands zur tiefer liegenden Piste ab. Es ist kein einfaches Unterfangen, denn auf dem sehr steilen Hang findet man kaum Halt, um abzusteigen. Variante:

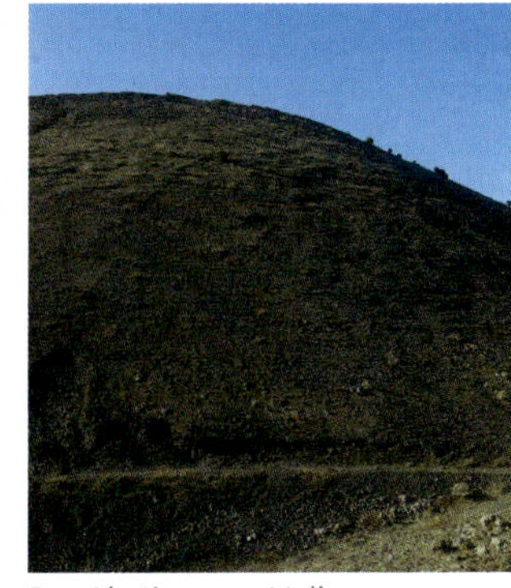

Der Abstieg vom Vulkan Chamuscada

Zweigt man beim Wegpunkt 02 nicht rechts ab und geht weitere 430 m auf der Piste und zweigt dort rechts ab, so mündet die Piste

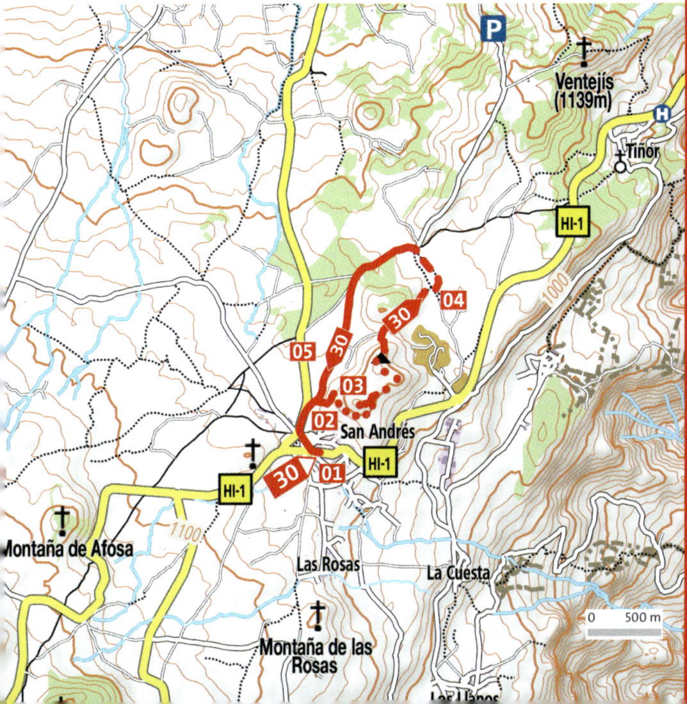

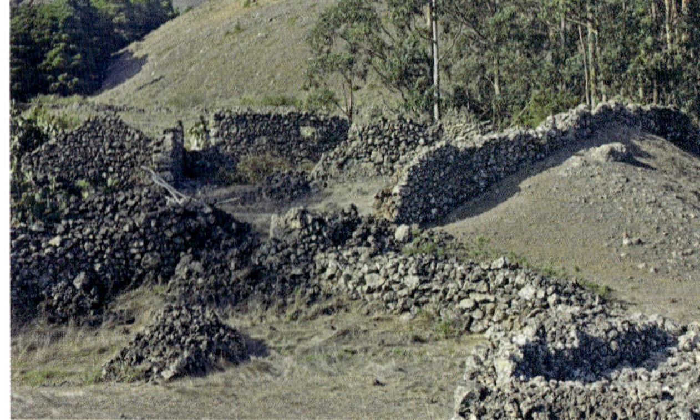

Das verlassene Dorf La Albarrada

wieder in die beschriebene Route. In der Einsattelung zwischen den Vulkankegeln gehen wir bei der Weggabelung halb links an einem kleinen Waldstück vorbei und erreichen eine der ältesten, aber verlassenen Siedlungen auf El Hierro, **La Albarrada** 04 (1033 m). Hohe Trockensteinmauern säumen den Weg, wir gehen bei einer Weggabelung rechts und sofort wieder links und erreichen eine Informationstafel. Nach 150 m gehen wir an der Piste links, durch ein Waldstück und bei der folgenden Dreiweggabelung halb links Richtung San Andrés. Nach weiteren 470 m treffen wir auf den Abzweiger, wie in der Variante beschrieben.

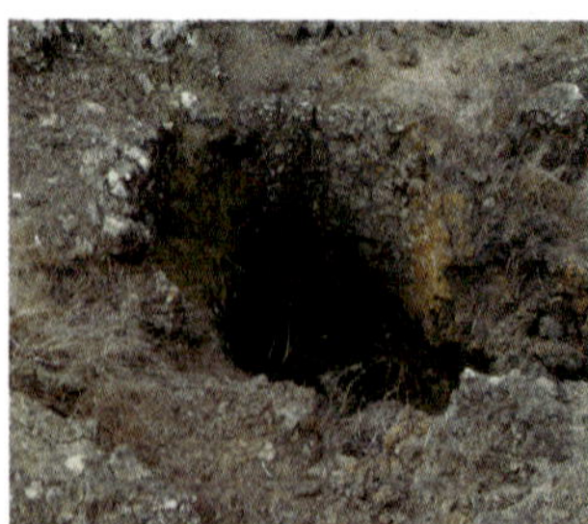

Das Loch eines Vulkanbaums

Ereignis

Einzigartige Vulkanbäume und eines der ältesten Dörfer auf El Hierro. Variante: Zweigt man beim Wegpunkt 03 nicht nach rechts ab und geht weitere 430 m auf der Piste und zweigt dort rechts ab, so trifft wieder auf die beschriebene Route.

Die nach weiteren 300 m folgende geologische Sehenswürdigkeit ist nicht einfach zu finden. Vor 2500 Jahren floss Lava um einen Baum, diese erstarrte aber noch, bevor der Baum vollständig verbrannte. Den Baum gibt es schon lange nicht mehr, was blieb, ist ein 80 bis 100 cm kreisrundes Loch, beim genaueren Betrachten ist sogar noch den Abdruck der Rinde zu erkennen. Diese sogenannten **Vulkanbäume** 05 (1051 m) liegen 3–4 m und 10–15 m neben der Piste. Wir gehen auf der weiterführenden Piste und nehmen von dort an dieselbe Strecke wie auf dem Hinweg.

EL-GOLFO-TAL – ERMITA DE SAN SALVADOR – PARADOR

Herausragende Inseldurchquerung von Südost nach Nordwest

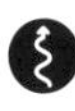 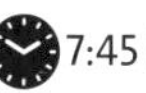 15,5 km  7:45 h  1343 hm  1345 hm 242

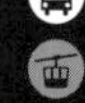
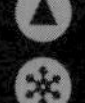

START | In Valverde gibt es Parkmöglichkeiten gegenüber dem Busbahnhof, dann erfolgt die Weiterfahrt mit dem Taxi oder Pkw: Auf der Verbindungsstraße HI-556 von Las Puntas nach Sabinosa fahren wir direkt an der auf der rechten Straßenseite liegenden Cooperativa Insular del Campo de Frontera vorbei. Nach genau weiteren 1,2 km biegen wir rechts in die Schotterpiste, die kurz später in eine geteerte Straße übergeht und an den 40–50 m hohen Steilklippen oberhalb des Playas de Los Corrales endet. Geht man nur 3 m rechts in die Piste, so führt links durch die Steilwand ein steiler Pfad hinunter zum Meer. 100 m weiter rechts auf einer kleinen Landzunge befindet sich der Start. Alternativ kann man mit der Buslinie 3 um 7.50 Uhr nach Valverde fahren und dort wie bei der Wanderung 24 unter Wegpunkt 01 und 02 beschrieben bis zum Start vorgehen. Busverbindung Rückweg: Line 7 um 18 Uhr vom Parador nach Valverde.
Geokoordinaten Start: [GPS: N27° 46,360020 O-18° 1,336020].
CHARAKTER | Extrem schwere Wanderung aufgrund der Höhenmeter. Einfache Orientierung auf teils ausgezeichneten Wegen.

Was sagte der deutsche tschechische Autor Jan Rys 1930 bis 1986: Das Bergsteigen wird durch die Existenz von Bergen sehr erschwert. Das wird die Herausforderung für die heutige Überquerung des zentralen Bergmassivs von El Hierro sein. Der sportlich ambitionierte Bergsteiger durchwandert die Sukkulentenstufe, den Thermophilen Buschwald, den immergrünen Lorbeerwald und das Gebiet der Kiefernwälder – naja einfach alle Vegetationszonen der Insel. Trotzdem gilt: Langsam entkommt man dem Alltag am schnellsten.

▶ Von der Landzunge am Playa de Los Corrales im Halbrund des Start, **im El Golfo 01** (2 m) Tals steigen wir wieder zur Verbindungsstraße von Las Puntas nach Sabinosa auf und queren diese nach halb rechts, um auf der bergaufführenden Straße entlang von gepflegten Grundstücken bis zum Ende der Straße, kurz hinter einem Wasserreservoir, auf-

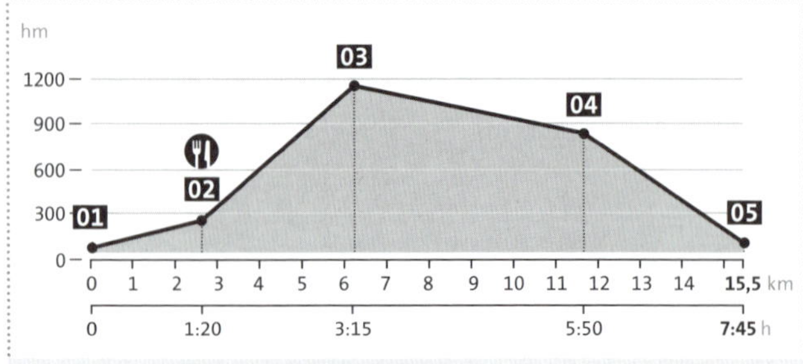

01 Start, El-Golfo-Tal 2 m; **02** Tigaday 286 m; **03** Ermita de San Salvador 1189 m; **04** Las Casas 859 m; **05** Parador 10 m

zusteigen. Dort halten wir uns links und sofort wieder rechts. Nach einem langen Wegstück queren wir die Verbindungsstraße nach Los Llanillos und gehen auf der Einbahnstraße in den Dorfkern von **Tigaday** **02** (286 m). Dort wo die Straße endet, gehen links, sofort wieder rechts in die Einbahnstraße und ignorieren den rechten Abzweiger. Beim roten Eckhaus biegen wir links in die Einbahnstraße, gehen nach 40 m halb rechts in die betonierte steil ansteigende Straße bis zum Ende durch und dort halb links. Auch diese Straße endet und wir gehen halb rechts bis zu einer Garage aus Lavasteinen. An dieser geradeaus vorbei gelangen wir auf einem Camino, der nach 200 m in eine bergaufführende Straße mündet. Lust auf einen Abstecher? Geht man an dieser Stelle 75 m nach rechts, so sieht man auf einen wunderschönen Drachenbaum. Wieder auf dem ursprünglichen Weg beginnt nach 100 m ein Camino. Kurz später queren wir die Verbindungsstraße von Frontera nach San Andrés. Beim Absprungplatz für Paragleiter gehen wir rechts auf der Straße,

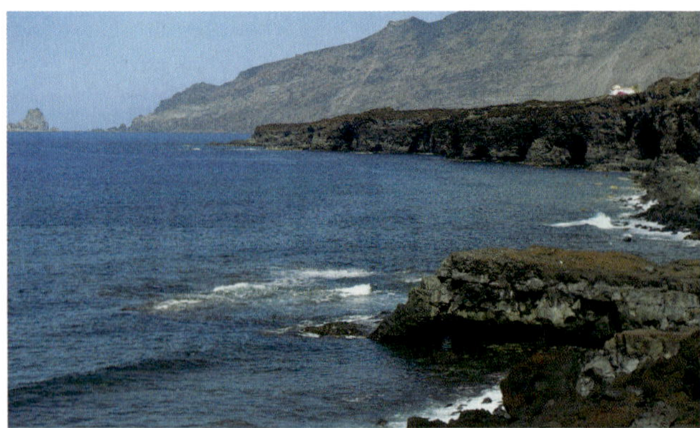

Der Playa de Los Corrales im El-Golfo-Tal

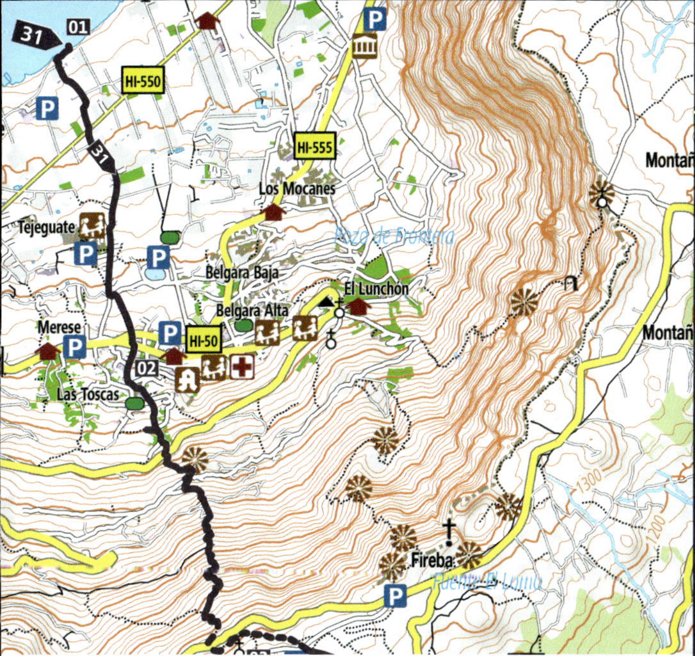

31
01
HI-550
HI-555
Los Mocanes
Montañ
Tejeguate
Pozo de Frontera
Belgara Baja
El Lunchon
Belgara Alta
Merese
HI-50
Montañ
02
Las Toscas
1300
1200
Fireba
Fuente El Lomo
Fireba 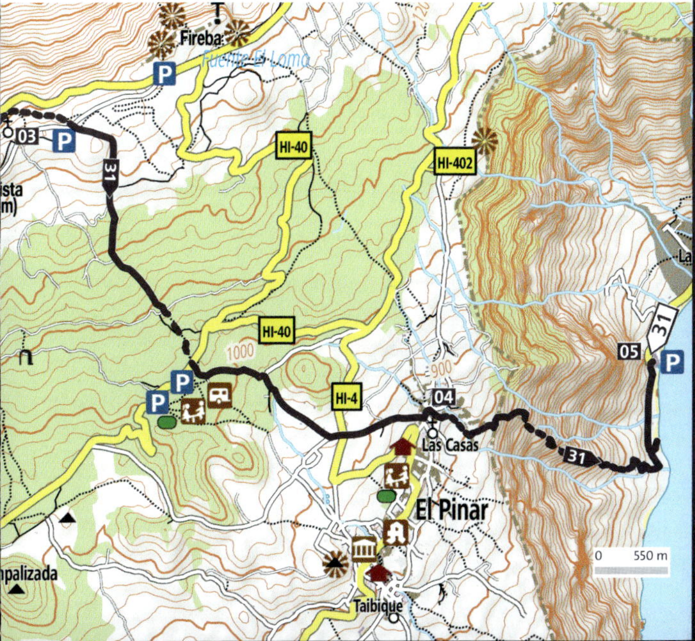
Fuente El Lomo
03
HI-40
HI-402
ista
m)
La
HI-40
1000
05
900
HI-4
04
Las Casas
31
El Pinar
0 550 m
npalizada
Taibique

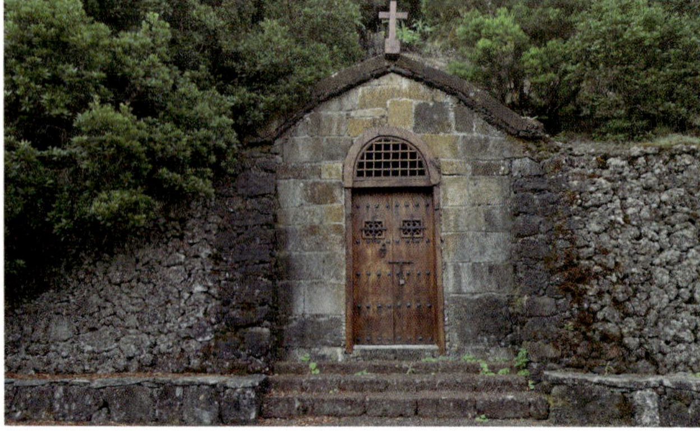

Die Ermita de San Salvador

um dann nach 100 m scharf links zu gehen und nach 50 m rechts bergauf weiter. Bis zur **Ermita de San Salvador** **03** (1189 m) ist der Aufstieg eindeutig und größtenteils markiert. Über Lapilli steigen wir weiter auf, überschreiten den höchsten Punkt, überqueren die Straße nach halb links und folgen der Ausschilderung Richtung El Pinar. Der folgende Abschnitt führt noch ein kurzes Stück durch den Lorbeerwald, aber schon bald durch Pinien. Abzweiger nach rechts und links ignorieren wir zunächst und bei der folgenden Weggabelung halten wir uns halb links. Die Forstpiste endet, wir gehen kurz links auf der querenden Piste, um dann sofort rechts den Abstieg fortzusetzen. Kurz vor dem Campingplatz queren wir die Straße nach El Julán, gehen halb links auf der Schotterpiste vom Campingplatz, bis diese sich gabelt, wir gehen links, auch ausgeschildert Richtung Las Casas. Die nachfolgende Asphaltstraße begehen wir talauswärts und vor dem rechten Abzweiger zur Aula Naturaleza gehen wir links weiter. Die Straße endet und wir gehen halb links 100 m bis zur Verbindungsstraße von San Andrés nach El Pinar, überqueren diese und erreichen **Las Casas** **04** (859 m). Bei einem Verkehrsspiegel endet die Straße, wir halten uns links und wählen beim Dorfplatz die rechte der beiden bergabführenden Straßen. Nach 135 m an einer gemauerten Bank halten wir uns links und folgen dem Camino. Bei der Weggabelung im Barranco gehen wir halb rechts und fortan führt der Abstieg ohne Ablass steil bergab. Bereits auf Asphaltstraße kommen wir am wunderschönen Playa los de Cardones Nore vorbei, ist noch Zeit, bis der Bus im 650 m entfernten **Hotel Parador** **05** (10 m) fährt, sollte man definitiv ein Erfrischungsbad nehmen.

Tigaday im El-Golfo-Tal

MUSEO GUINEA – PUNTA GRANDE

Spaziergang zu den schönsten Sehenswürdigkeiten im nördlichen El-Golfo-Tal

 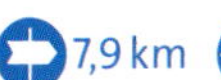 7,9 km 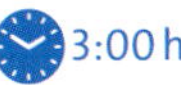 3:00 h 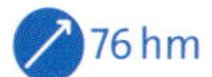  76 hm 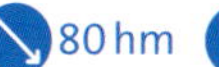 80 hm 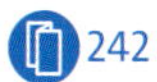 242

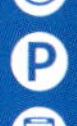
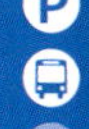

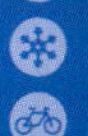
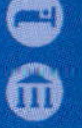

START | Busverbindung: Linie 4 Haltestelle Lagartario.
Pkw-Anfahrt: Der Start befindet sich zentral im Westen von El Hierro, 14 km entfernt von Valverde. Dazu fährt man auf der HI-5 Richtung Frontera, bis man auf der linken Straßenseite den Parkplatz vom Museum sieht.
Geokoordinaten: [GPS: N27° 46,461000 O-17° 59,959020].
CHARAKTER | Bei stets eindeutiger Wegführung kommt dieser einfache Küstenspaziergang fast ohne Höhenmeter aus.

Bis vor 35 Jahren war das El Golfo Tal dünn besiedelt, Malpais prägte das Landschaftsbild. Heute, nach der Urmachung, findet man an dieser Stelle die fruchtbarste Region der Insel vor, ja sogar das landwirtschaftliche Zentrum von El Hierro. Am Fuße der 1200 m hohen, extrem steil aufragenden Felswände des zentralen Bergmassivs, ist dieser Spaziergang nur so mit Sehenswürdigkeiten gespickt. Los geht's, auf eigene Faust genießen wir Natur und Kultur dieser besonderen Region.

▶ Das Museumsdorf **Museo Guinea** 01 (79 m) berichtet über das Leben der Einwohner auf El Hierro. Auch befindet sich auf dem Gelände die Aufzuchtstation für Rieseneidechsen, eine Lavablase und ein Lavatunnel, die man nur mit Führung besichtigen kann.

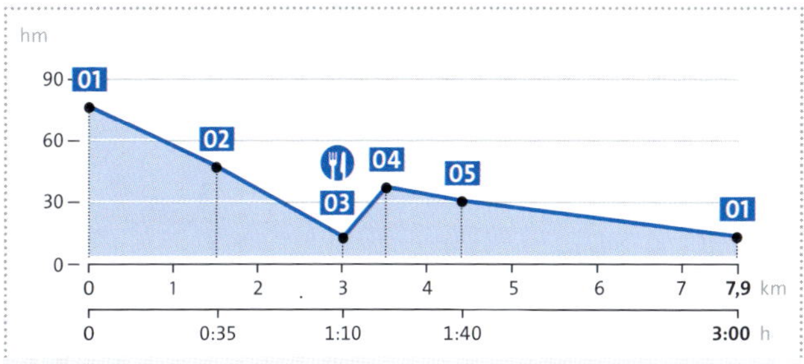

01 Museo Guinea 79 m; 02 Pozo de Los Padrones 53 m; 03 Punta Grande 6 m; 04 Mirador Playa del Rio 33 m; 05 Mirador Punta Izquierdo 30 m

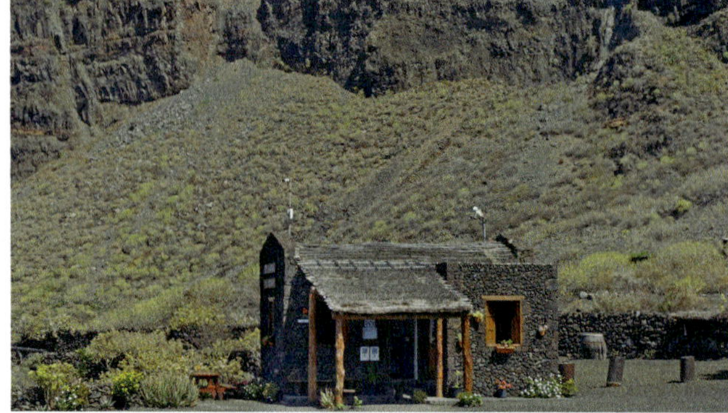
Das Museo Guinea

Öffnungszeiten – Dienstag bis Samstag 10-30–14 und 17–18, am Sonntag von 11–14 Uhr. Im Winter schließt das Museum wochentags eine Stunde früher. Die letzte Führung beginnt um 15 Uhr. Zur weiteren Wanderung: An der Straße Richtung Valverde, auf Höhe der Toiletten vom Museum, steigen wir über die Absperrkette. Dort gehen wir auf der Piste auf die mächtige Felswand zu und lassen die Häuser rechts liegen. Im Weiteren queren wir die Hauptstraße, auf einer Nebenstraße laufen wir, bis diese wieder in die Hauptstraße mündet. Wir gehen 115 m auf dem Seitenstreifen, bis zwei Loren am Wegesrand stehen – die sogenannten **Pozo de Los Padrones** 02 (53 m). Das ewige Drama der Trinkwasserversorgung auf El Hierro wurde durch den Bau des 8 l/s fördernden Brunnen beendet. Jeder Einwohner, natürlich auch Besucher und Urlauber, kann dort köstliches Quellwasser zapfen. Die nachfolgenden 500 m, rechts entlang der Hauptstraße, ließen sich leider nicht bei Planung vermeiden. Beim Supermarkt queren wir dann die Straße und gehen

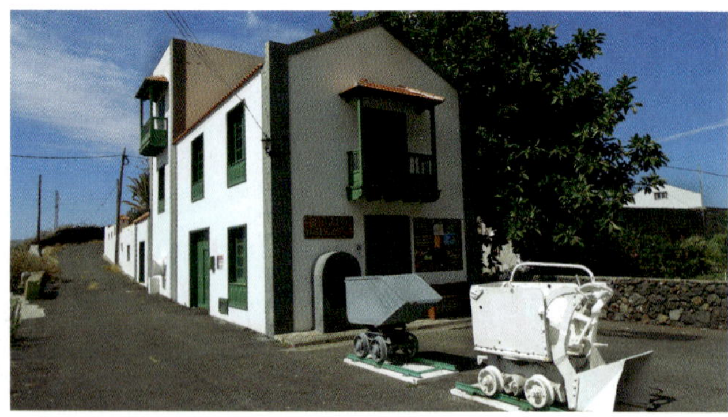
Pozo de Los Padrones

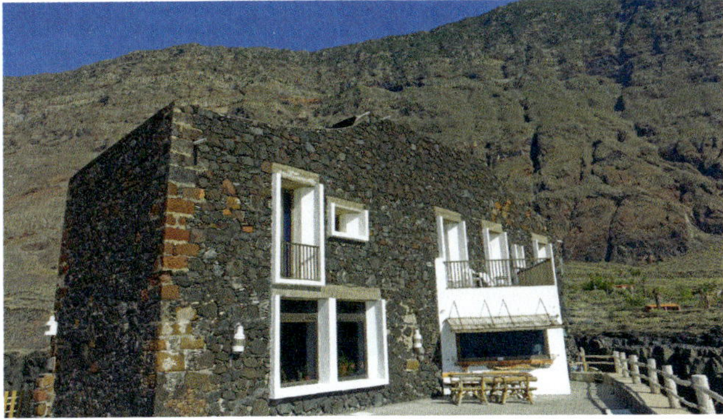
Punta Grande

nun auf dem linken Seitenstreifen Richtung Punta Grande. Wir biegen aber bereits vor der Bushaltestelle links ab, orientieren uns an der Straßengabelung links und kommen vorbei an dem geschlossenen Freizeitpark Cascades del Mare. Wir gehen das letzte Stück bis zum ehemaligen Anlegeplatz an der **Punta Grande** 03 (6 m). Auf ihm thront zwischen heranrollenden Riesenwellen das einst im Guinnessbuch der Rekorde aufgeführte kleinste Hotel der

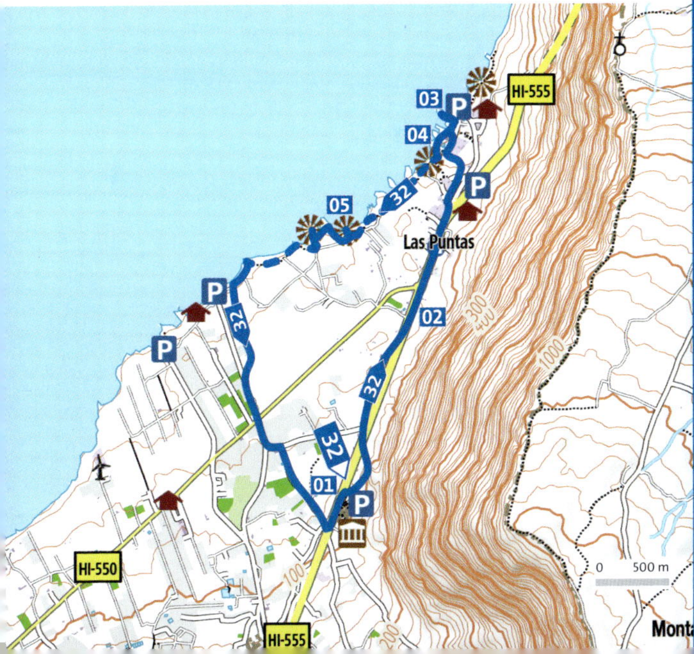

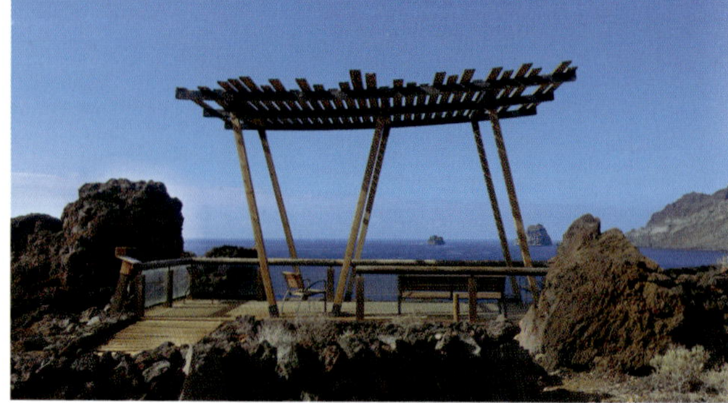

Mirador Playa del Rio

Welt. Ganze Busladungen mit Besuchern werden hier ausgeladen. Wir gehen ein Stück auf dem Hinweg zurück, rechts an der rostigen Pforte vom geschlossenen Freizeitpark vorbei. Rechts in den Klippen befindet sich ein beeindruckendes Brandungstor. Es folgt die Flaniermeile von El Hierro. Auf Holzplanken und einer Trockensteinmauer, die den Weg säumt, geht es entlang der zerklüfteten Küste. Aufwendig wurden Sitzgelegenheiten und das dazugehörige Sonnendach konstruiert, so zum Beispiel beim **Mirador Playa del Rio** 04 (33 m). Schaut man vom **Mirador Punta Izquierdo** 05 (30 m) in nördliche Richtung, so sieht man an der Steilküste typische Basaltblöcke, wie sie entstehen, wenn Lava an der Luft erstarrt. Am Horizont, wo das Halbrund des El-Golfo-Tal endet, befinden sich die Roques Salmor. Zur weiteren Wanderung: Kurz vor dem Meeresschwimmbecken La Maceta und einer Tapasbar verlassen wir den Küstenpfad und gehen auf einer Piste ins Landesinnere. Hinter Plantagen mündet die Piste in die Straße. Nach 270 m queren wir die Verbindungsstraße von Las Puntas nach Sabinosa und bei der darauffolgenden Weggabelung, am Ende der Palmenallee, gehen wir links und sofort wieder rechts. An der Hauptstraße gehen wir links bis zum Ausgangspunkt zurück.

Erlebnis

Das Museo Guinea, die Pozo de Los Padrones, das einst kleinste Hotel der Welt und eine Flaniermeile.

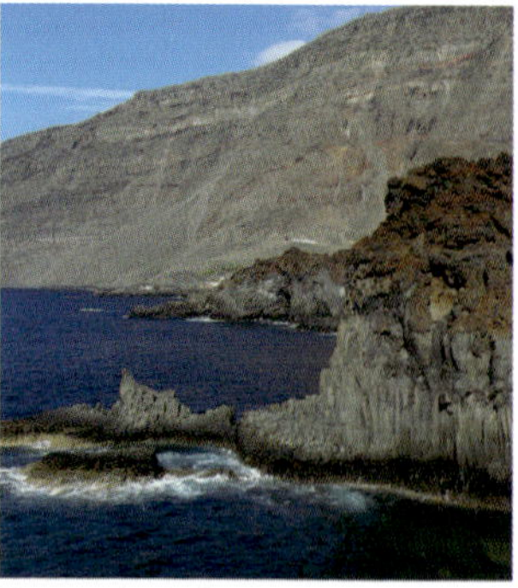

Nur an der Luft erstarrt Lava zu typischen Basaltblöcken

SAN ANDRÉS – ÁRBOL GAROÉ – LAS MONTAÑETAS

Der wasserspendende Baum

 9,1 km 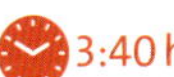 3:40 h  345 hm  292 hm  242

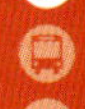
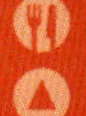
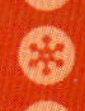
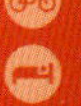

START | Busverbindung: keine. Pkw-Anfahrt: Der Start befindet sich 10,4 km entfernt von Valverde. Man fährt auf der HI-1 über die Ortschaften Tino und San Andrés. Hinter dem Ortsausgang von San Andrés biegt man rechts Richtung Árbol Garoé ab und erreicht nach 800 m einen Picknickplatz mit Parkgelegenheit. Geokoordinaten: [GPS: N27° 46,660020 O-17° 57,370020].
CHARAKTER | Mittelschwere Wanderung mit erhöhten Navigationsaufwand aufgrund der vielen Wegverzweigungen.

Seit Menschengedenken litten die Bewohner von El Hierro an Wasserknappheit. Der sogenannte Heilige Baum Arbol Garoe, ein Stinklorbeer, entreißt mit seinen Blättern den vorbeiziehenden Passatwolken Feuchtigkeit, die dann zu Boden tropft und in Wasserreservoirs aufgefangen wird. So spielte dieser kraftvolle Ort eine gewichtige Rolle in der Trinkwasserversorgung. Die Wanderung führt durch eine unwirkliche Region mit rotbraunem Gestein, das von grünen Tupfern: Kiefernwäldern, Eukalyptusbäumen, Apfelbäumen und Agaven durchsetzt ist. Klare Bergluft erfrischt den Geist und belebt die Sinne.

▶ Vom **Start und Ziel** 01 (1030 m) verlassen wir nach halb rechts die von San Andrés kommende Straße. Auf der Kiefernallee errei-

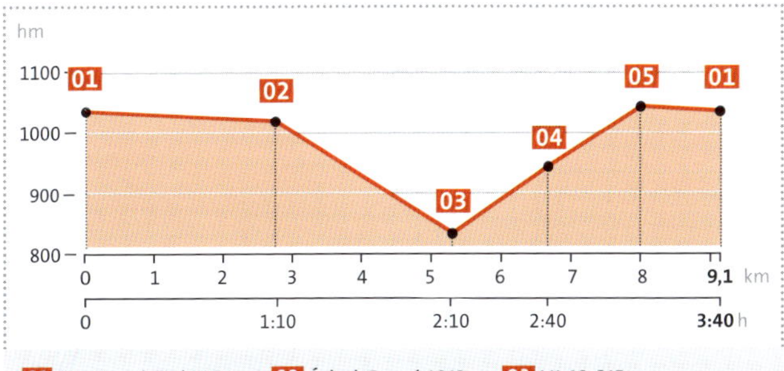

01 Start und Ziel 1030 m; 02 Árbol Garoé 1012 m; 03 HI-10 815 m; 04 Weggabelung 942 m; 05 HI-121 1038 m

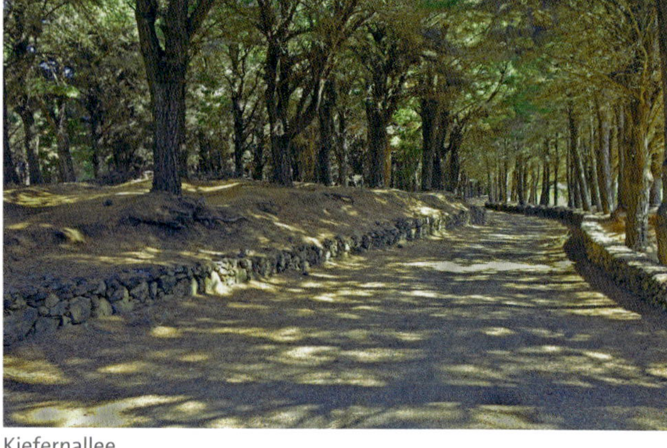

Kiefernallee

chen wir eine Dreiwegegabelung, an der wir geradeaus weiterwandern durch einen kleinen Wald, bis dann auf Höhe des rechts von uns liegenden verlassenen Bergdorfes La Albarrada, der weitere Weg halb links steil bergauf führt. Nachdem die Asphaltstraße in eine Piste übergegangen ist erreicht man eine Anhöhe, bei guter Sicht erheben sich die Nachbarinseln La Gomera und Teneriffa aus dem Dunst. Bei der darauffolgenden Weggabelung halten wir uns halb links und erreichen nach kurzem Abstieg das Interpretationszentrum **Árbol Garoé** 02 (1012 m). Von dort gehen wir auf dem weiterführenden Weg, um nach 350 m scharf links zu gehen – zunächst leicht bergauf. Vorbei kommen wir an Agaven und durchqueren ein kleines Waldstück mit Eukalyptusbäumen. Der Pfad mündet in eine Schotterpiste, wir gehen rechts talauswärts, bis unser Weg in eine Asphaltstraße mündet und bei einer weiteren Asphaltstraße endet. Dort gehen wir 100 m links bis zur Kreuzung vor und dort rechts Richtung El

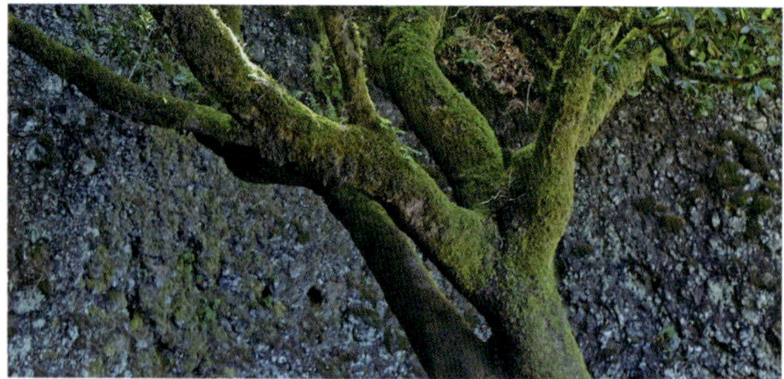

Der heilige Baum Árbol Garoé

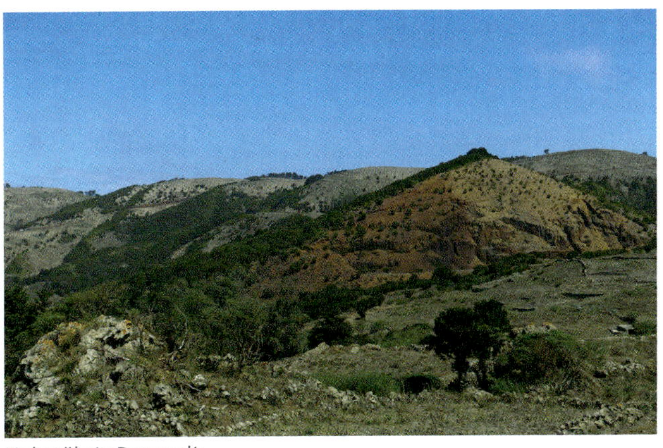

Unberührte Bergwelt

Mocanal. Nach insgesamt 475 m auf dieser Straße, oder 50 m hinter dem Verkehrsschild kurvige Straße, verlassen wir die **Straße HI-10** 03 (815 m) nach links, in die steil ansteigende Asphaltstraße. 100 m vor einem riesigen Eukalyptusbaum – hier steht halb links ein Wacholderbaum – gehen wir links. Hinter einem rechts

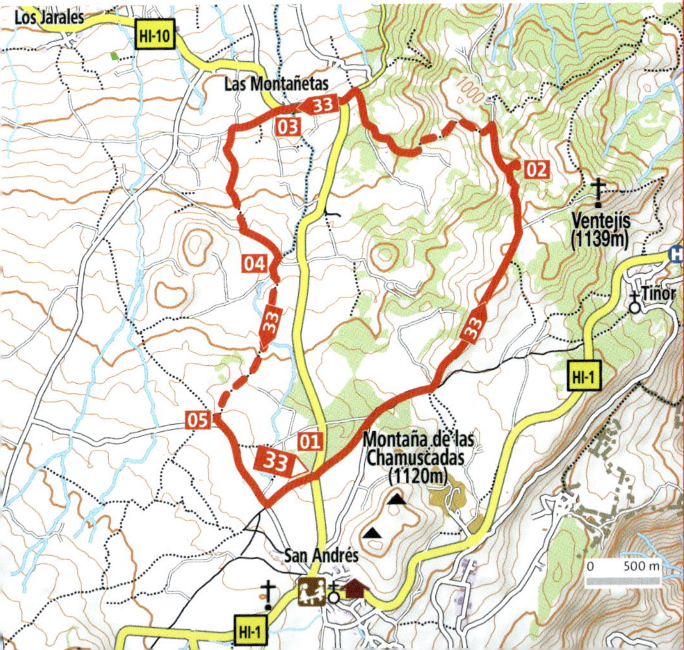

Los Jarales
HI-10
Las Montañetas
33
03
1000
02
Ventejís (1139m)
Tiñor
04
33
33
HI-1
05
01
33
Montaña de las Chamuscadas (1120m)
San Andrés
HI-1
0 500 m

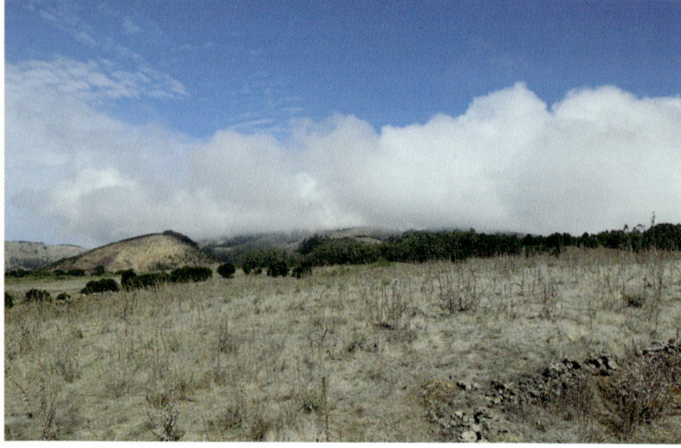

Passatwolken kommen auf

liegenden Ziegengatter wird der Weg zum Pfad – im Frühjahr ist er oft stark verwachsen. Es folgt ein diffuses Wegstück. Wir passieren zwei Ziegenzäune und orientieren uns Richtung der oberhalb liegenden Einsattelung. Bei einem Mauerdurchbruch gehen wir auf einen Trampelpfad, rechts entlang der Mauer. Wir gehen direkt auf eine weitere Mauer zu, um an dieser halb rechts vorbei auf eine etwas erhöht liegende Piste zu gelangen. Dort angekommen gehen wir links und erreichen nach 375 m bei einem grünbewachsenen Wassertank eine **Weggablung** 04 (942 m), an der wir halb rechts die Wanderung fortsetzen. Nach bereits 80 m – Achtung! An dieser Schlüsselstelle kann man leicht vorbeigehen – zweigt nach links ein ca. 3 m breiter, mit Steinen gesäumten Camino ab. Außerhalb der Trockenzeit ist auch dieser Weg streckenweise stark verwachsen. Der Camino mündet in ein Trockenbachbett, indem wir 55 m links leicht bergaufgehen, um dort halb rechts, auf der bergaufführenden Piste weiterzuwandern. Bereits nach 40 m ist der Camino unbegehbar. Hier steigt man links in das Trockenbachbett hinunter und geht nach seiner Durchquerung, nun weglos und parallel zum Trockenbachbett bis auf die nachfolgende Anhöhe. Von dort an ist der mit Steinen gesäumte Camino wieder auszumachen, aber er ist dermaßen zugewachsen, sodass man nur links von ihm laufen kann. Weiter geht man den Camino auf einer Länge von 100 m. In der Ferne sieht man bereits den weiterführenden Camino, der bei einer Schotterpiste endet. Hier gehen wir links und nach 50 m an **Straße HI-121** 05 (1038 m) abermals links. Bei einer 1,50 m hohen Steinmauer, oder nach 650 m vom letzten Wegpunkt, geht es links Richtung des 5,6 km entfernten Valverde.

Hinweis

Am Centro de Interpretracion Árbol Garoé muss man Eintritt zahlen, geöffnet ist täglich von 10–19 Uhr.

LA MACETA – CHARCO DE LOS SARGOS – FRONTERA – IGLESIA DE LA CANDELARIA

Exotische Früchte und beeindruckende Meeresschwimmbecken

 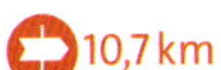 10,7 km  3:35 h 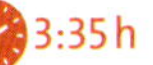  329 hm 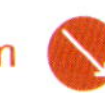 348 hm 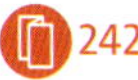 242

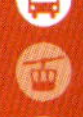
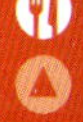
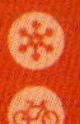
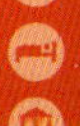

START | Busverbindung: die Linie 03. Pkw-Anfahrt: Der Start liegt im Nordwesten von El Hierro, 15 km entfernt von der Inselhauptstadt Valverde. Man fährt auf der Straße HI-5 Richtung Frontera, nach dem Tunnel Richtung Pozo de La Salud und folgt dann rechts der Ausschilderung Richtung La Maceta vielen Parkmöglichkeiten. Geokoordinaten: [GPS: N27° 47,196000 O-18° 0,490020].
CHARAKTER | Einfache Wanderung bei stets eindeutiger Wegführung.

Erst in den 1960er Jahren wurde das El Golfo Tal urbar gemacht, indem Mutterboden aus der Hochebene antransportiert wurde. Mit gutem Grund, denn das Tal mit seinem warmen subtropischen Klima eignet sich hervorragend zum Anbau von Südfrüchten, die wir auf der heutigen Wanderung auf den Plantagen der Genossenschaft sehen werden. Viele Restaurants am Weg laden zur gemütlichen Einkehr ein, in einem der schönsten Meeresschwimmbecken kann man im Meer baden und vielleicht lohnt sich noch eine verspätete La Siesta - ein echter Hingucker ist der traumhafte Sonnenuntergang.

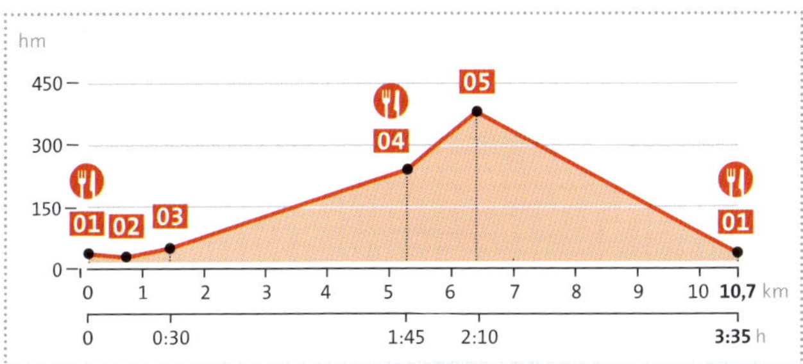

01 La Maceta 17 m; 02 Charco Los Sargos 11 m; 03 SAR Hubschrauber 30 m; 04 Frontera 249 m; 05 Ermita de la Candelaria 375 m

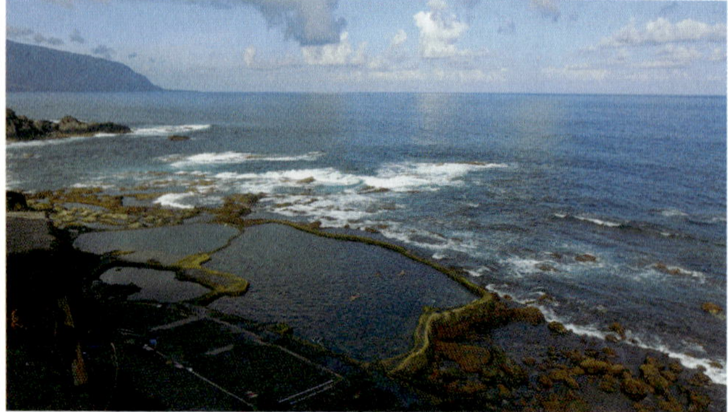
Die Badebecken La Maceta

Die Badebecken von **La Maceta** 01 (17 m) gehören zu den schönsten auf der Insel. Besonders intensiv erlebt man hier den Sonnenuntergang. Links vom Parkplatz befindet sich ein Restaurant, erbaut aus Lavagestein, an dem wir links vorbei gehen, ein Weg führt parallel die Küstenlinie durch die Malpais, bis dieser an einer Asphaltstraße endet. Rechts erreichen wir die **Charco Los Sargos** 02 (11 m), ein mit Geländern gesicherter Weg führt hinunter zu den Badebecken – diese sind nicht so prachtvoll wie die La-Maceta-Badebecken, liegen dafür aber spektakulär zwischen den Felsen. Hier kann man in halb natürlichen und halb gemauerten Meerwasserbecken direkt im Meer baden, schnorcheln und schwimmen. Auch diese Meeresbecken sind öffentlich zugänglich. Weiter gehen wir über den großen Parkplatz und biegen bei der nächsten Möglichkeit rechts ab, um bei dem folgenden Verkehrsspiegel links zu gehen – direkt auf einen großen gelben Hangar

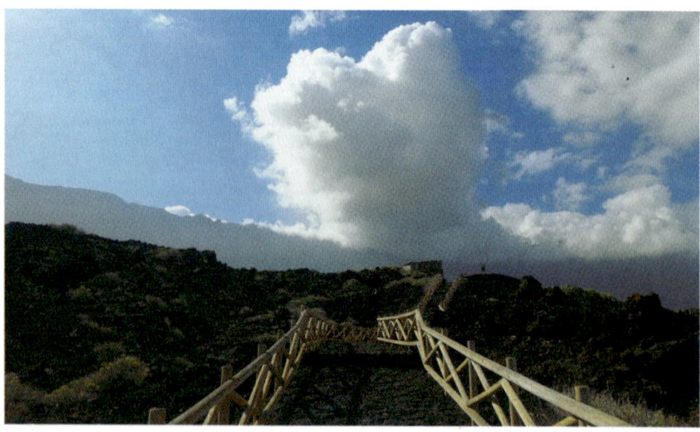
Charco Los Sargos

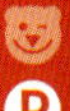
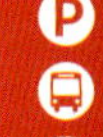

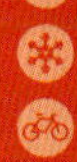
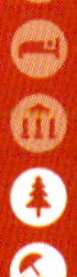

zu. In diesem befindet sich die Bergungs- und Rettungsgruppe (GES), die der Generaldirektion für Sicherheit und Notfall der Regierung der Kanarischen Inseln unterstellt ist. Mit viel Glück sieht man, wie der **SAR-Hubschrauber** 03 (30 m) zum Einsatz aufbricht oder zurückkommt. Geht man rechts in einem großen Bogen um den Hangar herum, so steht der Helikopter oft einsatzbereit vor dem Hangar. Hinter dem Begrenzungszaun gehen wir auf der Piste links und erreichen nach 375 m wieder die Asphaltstraße, an der wir parallel bis zur Verbindungsstraße nach Pozo de La Salud vorgehen. Wir überqueren die HI-550 und folgen der Ausschilderung Richtung Los Mocanes, wo wir nach 1,5 km auf die Verbindungsstraße von Valverde treffen und diese Richtung Frontera folgen. Vor dem zweiten Palmenhain biegen wir links in die Einbahnstraße, diese verläuft 90 m parallel zur Hauptstraße und mündet dann in eine weitere Straße. Dort gehen wir weitere 50 m links, um dann rechts hinter dem Haus auf dem beginnenden Camino abzuzweigen. Den folgenden halbrechten Abzweiger durch das Gatter ignorieren, auf dem teilweise stark verwachsenen Camino erreichen wir eine geteerte Straße, queren diese, bis sie nach 225 m vor einem roten Haus endet. Wir gehen rechts bis zur Hauptstraße

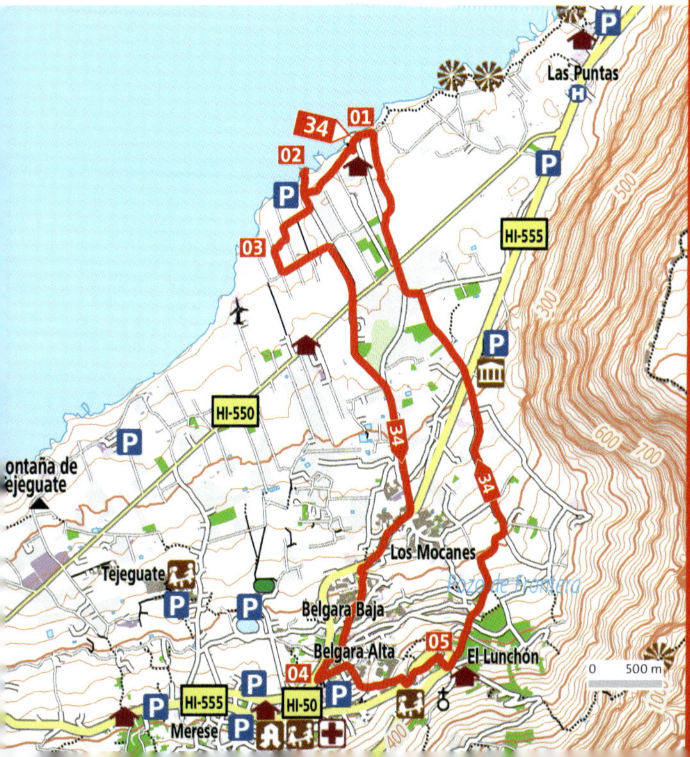

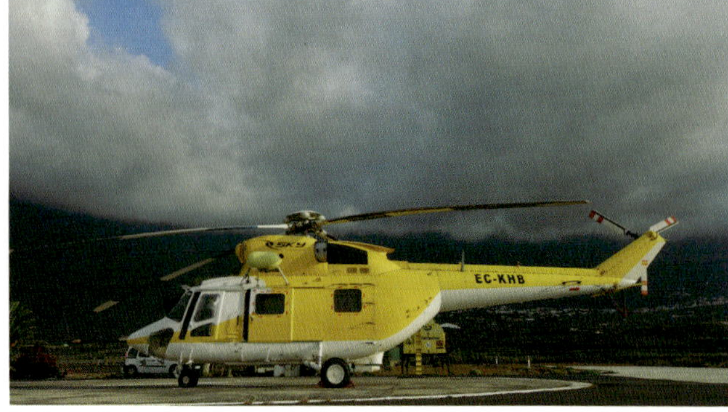

Rettungshubschrauber auf El Hierro

vor, und dann links auf der mit Birkenfeigen gesäumten Straße bis zum zentralen Busbahnhof von **Frontera** 04 (249 m). An der Kreuzung auf Höhe des Busbahnhofs gehen wir scharf links, folgen der Ausschilderung Centro Cultural. Nach 240 m, bei dem Stoppschild, gehen wir rechts, vorbei an den Apartmentos Los Verdoes. Hinter den Palmen gehen wir halb links in die Einbahnstraße, gehen am Hotel Ida Ines vorbei, bis die Straße endet. Gegenüber von der Policia Local gehen wir links, überqueren nach 100 m die Straße, steigen über den halbhohen Zaun, um auf dem vor uns liegenden Bergrücken bis zur **Ermita de la Candelaria** 05 (375 m) aufzusteigen. Nachdem wir die atemberaubende Aussicht über das Halbrund des El-Golfo-Tals genossen haben, gehen wir zum kleinen Dorfplatz hinunter. Ein ausgeschilderter Wanderpfad führt von dort Richtung Lagarto Gigante. Nun wieder bergab, führt der gepflasterte Pfad durch das Dorf Las Lapas, entlang von Obstbäumen, Ananasplantagen und Weinfeldern bis zur Verbindungsstraße von Frontera nach Valverde. Ein lohnenswerter Abstecher: Geht man 200 m rechts auf der Straße Richtung Valverde, so gelangt man zur Auffangstation der Rieseneidechsen. Wir überqueren aber bei dem Stoppschild die Straße und gehen geradeaus weiter, bis die Straße endet. Wir gehen links weiter, um bereits nach 100 m rechts zu gehen, Palmen säumen die Straße. Die nachfolgende Kreuzung überqueren wir und gehen zunächst Richtung La Maceta, biegen aber nach 275 m, vor der hohen Trockensteinmauer, nach halb rechts ab. Die Piste endet direkt an der Steilküste, nach einigen Metern links erreichen wir den Parkplatz beim Ausgangspunkt.

Hinweis

Da viele Wegabschnitte entlang einer Straße führen, sollte man diese Wanderung auf das verkehrsarme Wochenende legen. Variante: Alternativ kann man die Wanderung vom Wegpunkt 04 in Frontera beginnen, dann kann man mit dem Bus anreisen.

TIÑOR – HAFEN – TIMIJIRAQUE – LA CUESTA – TINOR

Auf einem alten Handelspfad zum Fährhafen von El Hierro

 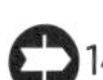14,5 km 6:30 h 911 hm 915 hm 242

START | Busverbindung: Die Buslinie 2 fährt von Valverde nach Tiñor. Pkw-Anfahrt: Der Start der Wanderung liegt 3 km südlich von der Inselhauptstadt Valverde. Man verlässt die Verbindungsstraße HI-1 Richtung San Andrés Richtung Tiñor und parkt direkt auf dem Seitenstreifen bei der Bushaltestelle.
Geokoordinaten: [GPS: N27° 47,434980 O-17° 55.885980].
CHARAKTER | Extrem schwere Wanderung aufgrund der steilen An- und Abstiege, dem Höhenunterschied und der starken Sonneneinstrahlung.

Der historische Pfad von Bergdorf Tinor zum Hafen von La Estaca wurde als Handelsweg genutzt. In den letzten Jahren wuchs dieser bedeutende Pfad zu und wurde unpassierbar, bis 2017 die Inselregierung dem Pfad hat freilegen lassen. Nun ist er wieder begehbar, aber 916 m Direktabstieg sind dem sportlich ambitionierten Wanderer vorbehalten - parallel zu einem der spektakulärsten Schluchtausläufe auf El Hierro, dem Barranco Tinor. Nach einem abkühlenden Bad und Stärkung in einem Fischrestaurant folgt ein 945 mit Höhenmeter andauernder Aufstieg durch eine unberühr-

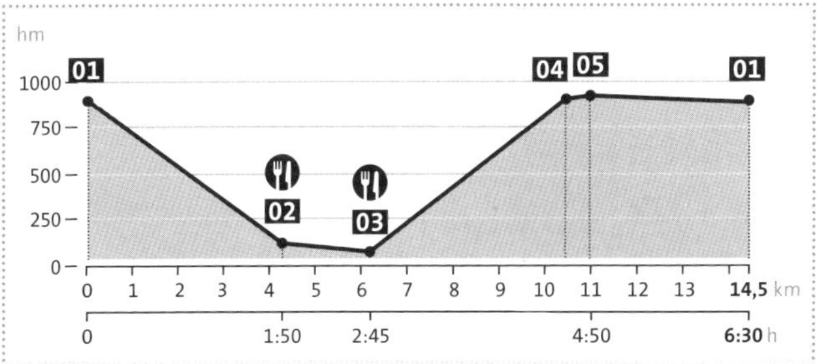

01 Start und Ziel 904 m; **02** Hafen von Estaca 42 m; **03** Timijiraque 8 m; **04** Variante Richtung San Andrés 898 m; **05** Weggabelung 936 m

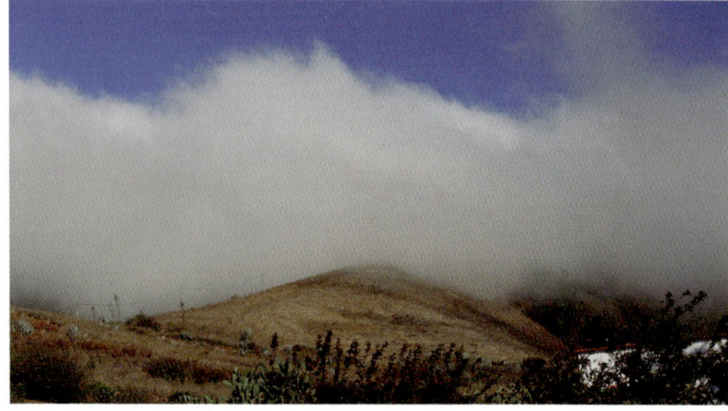

Passatwolken oberhalb von Tiñor

te Naturlandschaft – eines der faszinierendsten Outdoor Abenteuer auf El Hierro.

▶ Von der Bushaltestelle am **Start und Ziel 01** (904 m) gehen wir durch das Bergdorf **Tiñor** und bei der folgenden einzeln stehenden Garage biegen wir halb links Richtung San Andrés ab. Bei der nachfolgenden Weggabelung, kurz vor einer Kapelle, folgen wir der Ausschilderung links Richtung Porto Estaca. Die Straße endet bei einem Stoppschild, wir gehen auf der bergabführenden Piste weiter. Sobald wir den Wald hinter uns gelassen haben, geht es in steilen Kehren auf einem gut hergerichteten Camino bergab. Man sieht bereits das 900 m tiefer liegende Hafengelände. Kurz hinter einem ebenen Wegstück ignorieren wir den rechten Abzweiger Richtung La Cuesta. Auf Höhe der Windräder queren wir ein kurzes Stück den Hang. Vorbei kommen wir an einem alleinstehenden Zedernwacholderbaum und nach 170 m auf eine Asphaltstraße, diese ver-

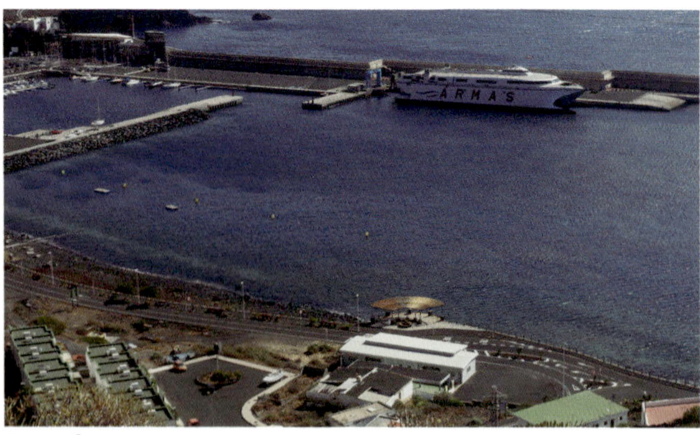

Der Hafen La Estaca

lassen wir in der ersten Linkskehre auf dem geradeaus weiterführenden Camino. Sobald wir links unterhalb eine Ruine mit einem rotbraunen Dach sehen, ignorieren wir auch den linken Abzweiger, Richtung Valverde. Oberhalb des Wasserreservoirs vom Wind-Wasserkraftwerk steigen wir im steilen und gerölligen Gelände bis zum Kreisverkehr am **Hafen von Estaca** **02** (42 m) ab. Auf dem Seitenstreifen laufend folgen wir der Ausschilderung Richtung Timijiraque. Vor dem Tunnel gehen wir auf der alten Straße direkt oberhalb des Meeres entlang, schon bald sehen wir das kleine Dorf Timijiraque mit einem der wenigen Sandstrände auf El Hierro. Die Bushaltstelle von **Timijiraque** **03** (8 m) befindet sich nach 300 m im Ortskern, wir gehen aber 50 m

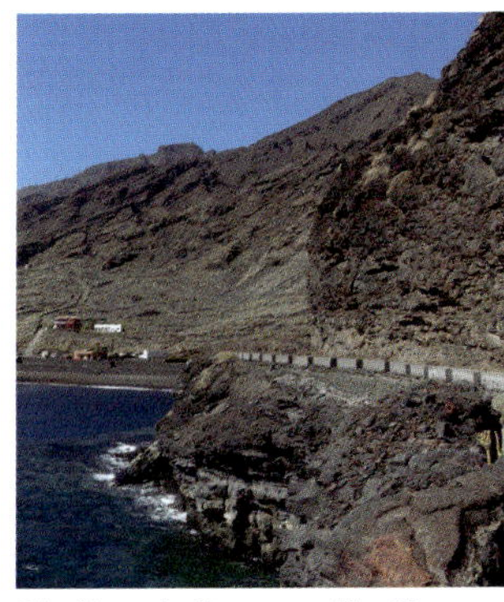

Die Streusiedlung von Timijiraque

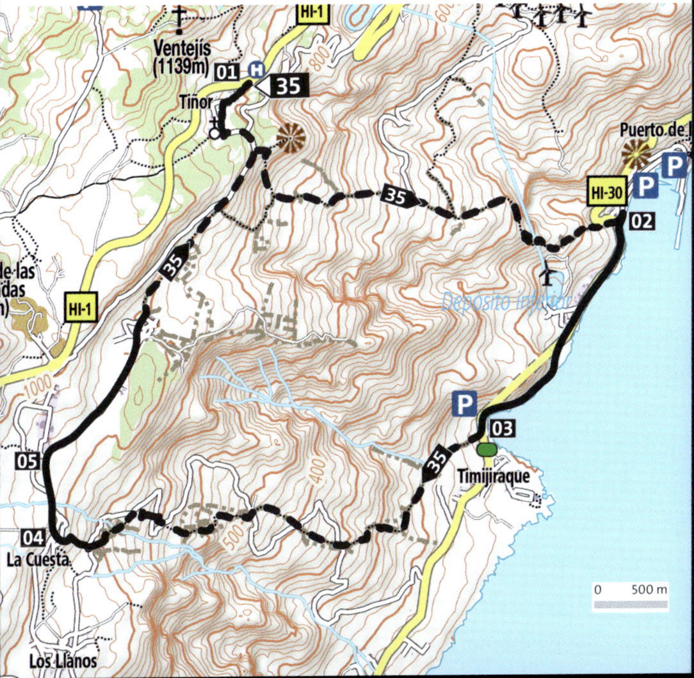

hinter dem Fischrestaurant, bei dem hellbraunen Gebäude, die Straße rechts bergauf – ein kurzes Stück asphaltiert, kurz später auf einem Camino. Wir queren einen riesigen Schluchtauslauf

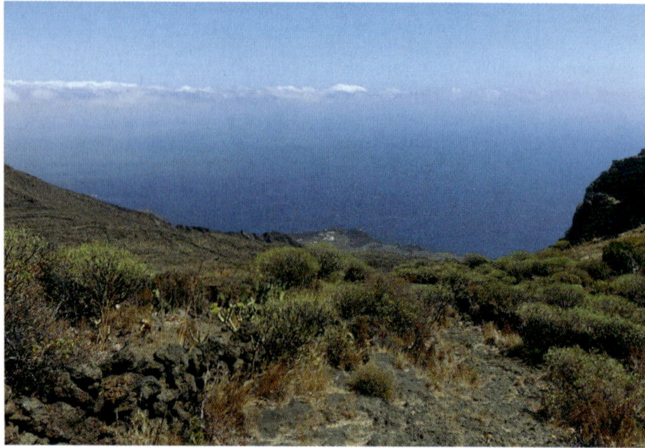

Am Ende des Caminos

und kommen an einem Wassertank vorbei. Es folgt ein gelb-weiß markierter Wanderweg, auf den nachfolgenden 900 Höhenmetern queren wir sechsmal die Asphaltstraße. Da der Aufstieg nicht im Einflussbereich der Passatwinde und Passatwolken liegt, kann es um die Mittagszeit extrem heiß werden, auch gibt es keine Schatten spendenden Bäume auf dem kräftezehrenden Aufstieg. Hinter einem gelben Haus erreichen wir die betonierte Straße und steigen auf dieser bis zur Verbindungsstraße von San Andrés nach Isor auf und überqueren diese. Nach 40 m, hinter einem gelbgrauen Haus mit dunkelbraunen Fensterläden, kann man links abbiegen und gelangt so auf eine **Variante Richtung San Andrés** **04** (898 m). Das Teilstück ist in der Wanderung 29 Wegpunkt **05** beschrieben. Wir gehen geradeaus weiter, auch ausgeschildert Richtung Puerto. Nach einem kurzen Stück auf der Hauptstraße verlassen wir diese bereits nach 60 m beim Abzweiger nach halb rechts. Nach 250 m erreichen wir eine erneute **05** **Weggabelung** (936 m), wir gehen halb rechts, direkt auf einen Autoschrottplatz zu. Vor dem grünen Tor halten wir uns links und lassen das weißgraue Gebäude rechts liegen, bis wir dann auf einen weiterführenden Camino treffen. Kurz vor der oberhalb liegenden Asphaltstraße ignorieren wir den rechten Abzweiger zum Fährhafen, wir gehen geradeaus weiter, und auf der nachfolgenden Asphaltstraße treffen wir auf dem Hinweg. Fortan nehmen wir die gleiche Strecke wie auf dem Hinweg.

Variante

Mit der Buslinie 7 von Valverde bis Timijiraqe fahren, und dann von Tiñor mit der Buslinie 2 zurück nach Valverde. Damit reduziert sich die Wegstrecke auf 8,3 km, keine Abstiegsmeter und 947 m im Anstieg.

TIÑOR – VENTEJIS • 1139 m

Besteigung eines unbekannten Gipfels oberhalb von Tiñor

 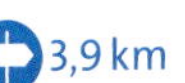 3,9 km 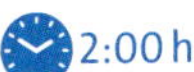 2:00 h 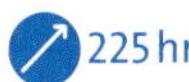 225 hm  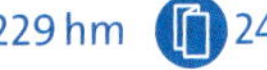 229 hm 242

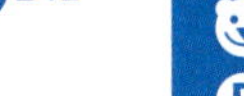

START | Busverbindung: Die Buslinie 2 fährt von Valverde nach Tiñor. Pkw-Anfahrt: Der Start der Wanderung liegt 3 km südlich von der Inselhauptstadt Valverde. Man verlässt die Verbindungsstraße HI-1 Richtung San Andrés Richtung Tiñor und parkt direkt auf dem Seitenstreifen bei der Bushaltestelle.
Geokoordinaten: [GPS: N27° 47,434980 O-17° 55,885980].
CHARAKTER | Einfache Wanderung mit geringem Höhenunterschied. Auf einem kurzen Wegstück ist der Pfad schwerer auszumachen.

Das kleine idyllisch gelegene Bergdorf Tinor befindet sich im Einflussbereich der Passatwolken, so wachsen dort prächtige Feigenbäume, Drachenbäume, vitaminreiche Wollmispelfrüchte, Maronenbäumen, Kakteen und Agaven. Zwischen Hausruinen befinden sich kleine sehr gepflegte Felder. Von dort führt die Wanderung auf einen der aussichtsreichsten Gipfel im Norden der Insel: Bei guter Sicht lassen sich die Nachbarinseln La Palma, La Gomera und Teneriffa ausmachen, über das Bergdorf Tina schaut man herunter bis zum 1139 m tiefer liegenden Fährhafen von El Hierro. Mitten in der Natur kommt der Geist zur Ruhe.

▶ Bei **Tiñor bei der Bushaltestelle** 01 (904 m) gehen wir in den Ort

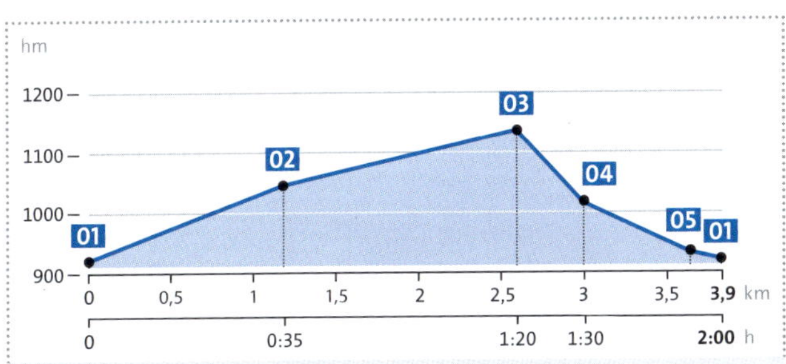

01 Tiñor Bushaltestelle 904 m; 02 Kreuzung 1047 m; 03 Gipfel Ventejis 1139 m; 04 Schlüsselstelle 1009 m; 05 Unterführung 916 m

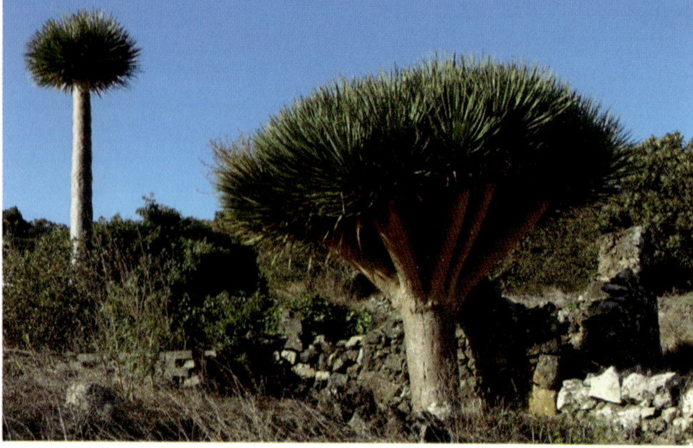

Drachenbäume in Tiñor

hinein und gehen bei der folgenden Weggabelung vor der einzeln stehenden Garage halb rechts auf der Asphaltstraße weiter. Bei der darauffolgenden Weggabelung mit einer weiteren einzeln stehenden Garage gehen wir rechts bergauf, um nach 25 m, hier befinden sich weiß-gelbe Markierungen, die Straße nach halb links auf einen beginnenden Pfad zu verlassen. Durch Kehren gelangen wir zur Hauptstraße, diese queren wir und gehen links auf dem Seitenstreifen, um bereits nach 60 m, oder direkt hinter einem Verkehrsschild – Überholen verboten – scharf rechts, auf dem beginnenden Camino den Weg fortzusetzen. Es folgt ein landschaftlich sehr schönes Wegstück durch einen wohlriechenden Kiefernwald und vorbei an einem künstlich angelegten Wasserreservoir. Der Pfad endet an einer **Kreuzung** 02 (1047 m), wir gehen geradeaus weiter, auf einem Pfad links entlang einer Mulde. Am Ende der Mulde gehen wir bei der Weggabelung halb rechts, vorbei an Zedernwacholderbäumen. Die Piste wird zu einem mit großen Felsen gesäumten Pfad. Vorbei geht es an einer kleinen Staustufe, durch ein Waldstück, bis wir die Piste erreichen. Nachdem wir 215 m auf dieser bergauf gegangen sind, halten wir uns bei der darauffolgenden Weggabelung halb rechts, wir ignorieren den linken Abzweiger zum heiligen Baum Árbol Garoé. Vorbei führt die Piste an einem Wassertank. Bei der Weggabelung gehen wir halb rechts durch das Gatter und erreichen bei den Sendemasten den Gipfel des **Ventejis** 03 (1139 m). Hinter einer kleinen selbst gebauten Schutzhütte steigen wir auf einem kleinen Pfad ab, auf dem vor uns liegenden Bergrücken. Bei Agaven, die längs am Berg hinunter wachsen, ist kaum noch ein Pfad zu erkennen. Wir gehen aber auf dem weiterführenden Bergrücken, durch die Agaven hindurch, über einen kleinen Zaun und in einer Erosionsrinne Richtung einer Baumreihe. An dieser **Schlüsselstelle** 04 (1009 m) gehen wir direkt vor dieser Baumreihe rechts und nach wenigen Metern ist wieder ein Pfad zu erkennen. Dieser ist aber von Erosionsrin-

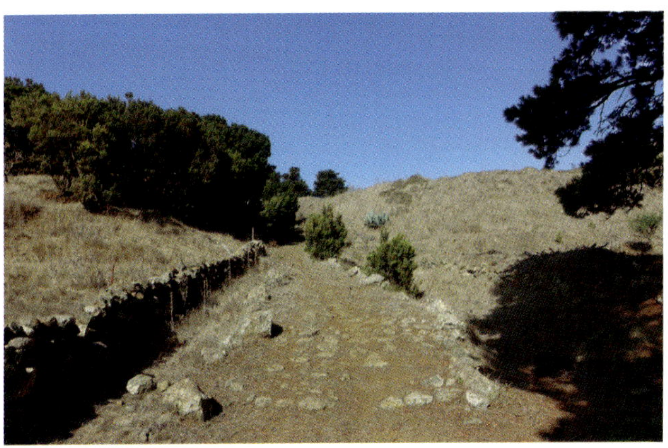

Camino von Tinor nach San Andrés

nen stark beschädigt. Während wir den Hang queren, sieht man bereits in der Ferne den weitaus breiteren weiterführenden Camino. Nach einem kurzen Anstieg wandern wir durch eine kleine Schlucht und erreichen die Unterführung der Verbindungsstraße von Valverde nach San Andrés. Direkt hinter der **Unterführung** **05** (916 m) steigen wir nach rechts aus dem Bachbett, kommen vorbei an einem Haus und gelangen so auf die geteerte Straße. Wir gehen das restliche Stück des Rückwegs auf dem bekannten Hinweg.

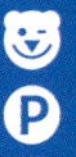

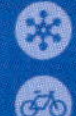

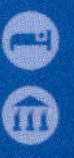

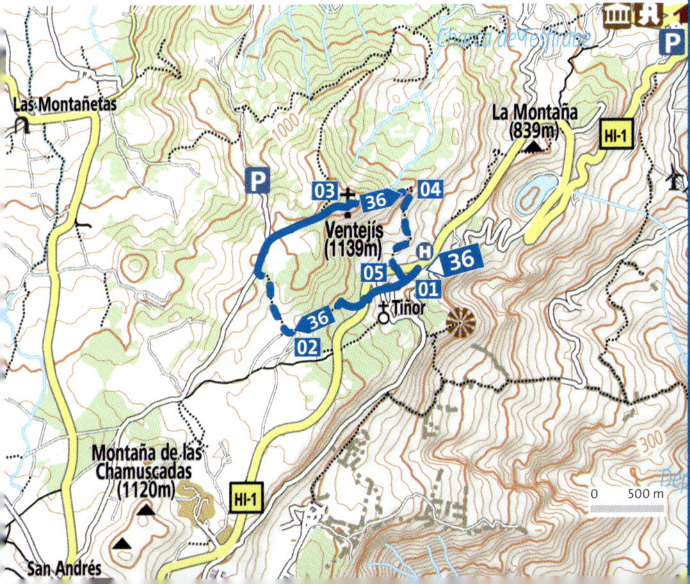

MESATA DE NISDAFE – RISCO DE TIBATAJE

Der Thrill am Abgrund lässt den Atem stocken

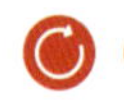 6,5 km  2:25 h 332 hm 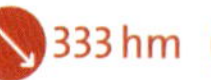 333 hm  242

START | Busverbindung: keine. Pkw-Anfahrt: Der Start befindet sich im Norden der Insel am westlichen Rand der Meseta-de-Nisdafe-Hochebene, 10 km entfernt von Valverde. Man fährt auf der HI-5 zunächst Richtung Frontera, biegt dann halb links auf die HI-10 Richtung Erese, weiter auf der HI-10 Richtung Mirador de Jinama, bis wir bei einem markanten und einzeln stehenden riesigen Tank auf dem Seitenstreifen parken.
Geokoordinaten: [GPS: N27° 47,466000 O-17° 58,333020].
CHARAKTER | Prinzipiell eine einfache Wanderung, da man aber ein langes Teilstück am Abgrund wandert, sind Schwindelfreiheit und absolute Trittsicherheit ein Muss.

Die Meseta de Nisdafe Hochebene ist in ihrem Wechselspiel aus verdorrtem Land in den Sommermonaten und fruchtbaren sattgrünen Weiden im Winter und im Frühjahr, einmalig auf den Kanarischen Inseln. Sie liegt im Einflussbereich der Passatwolken, die zusätzlich in den Wintermonaten der Landschaft etwas Mystisches verleiht. Geht man in diesem wunderbaren Wandergebiet noch am oberen Rand einer 1100 m steil abfallenden Felswand, so sind dies die

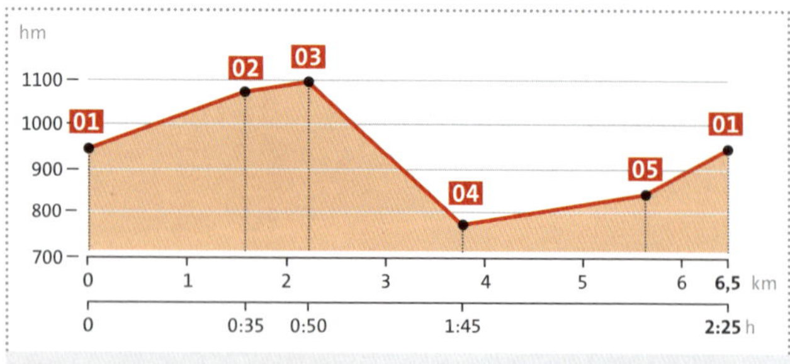

01 Start und Ziel 942 m; 02 rechts und sofort wieder links 1086 m; 03 Gratwanderung 1099 m; 04 Wendeplatz 777 m; 05 Camino Richtung San Andrés 839 m

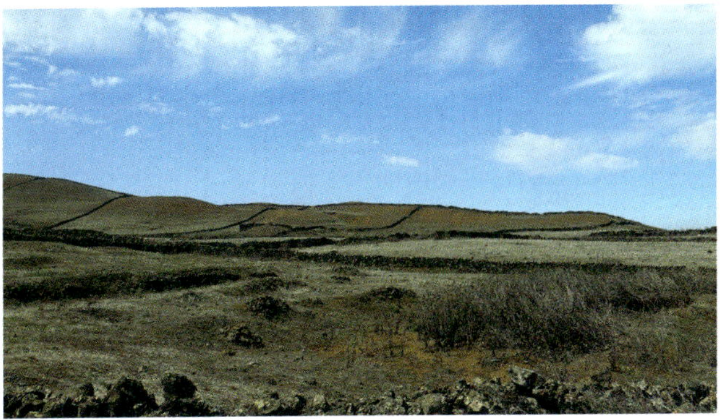

Die Meseta-de Nisdafe-Hochebene

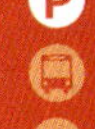
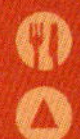
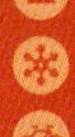
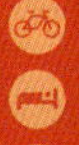

perfekten Zutaten für eine der erlebnisreichsten Wanderungen auf El Hierro. Ein Weg der Langsamkeit – um all die Eindrücke und Gedanken zu ordnen.

▶ Vom **Start und Ziel** **01** (942 m) gehen auf der Anfahrtsstraße weiter, um nach 210 m halb rechts auf der Asphaltstraße weiterzugehen. Es geht direkt über die Hochebene, vorbei an einem Meer aus Feldern und Wiesen, eingefasst von riesigen Trockensteinmauern. Je nach Saison besiedeln Kühe, Pferde, Ziegen, Schafe und Esel die Wiesen. Die geteerte Straße mündet in eine Schotterpiste, an dieser Stel-

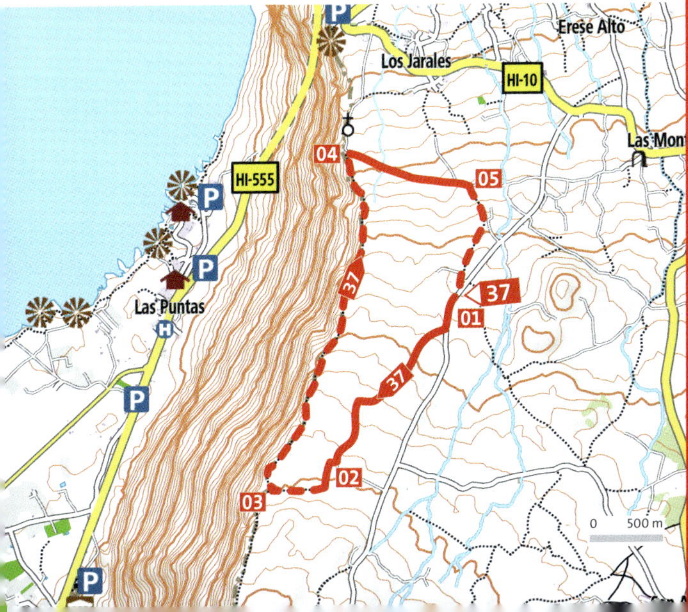

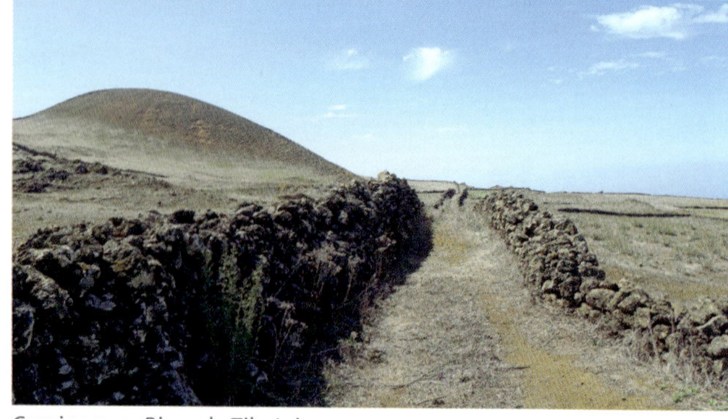

Camino zum Risco de Tibataje

le gehen wir **rechts und sofort wieder links** 02 (1086 m) – nun wieder auf einer Asphaltstraße. Nach weiteren 180 m erreichen wir zwei Gatter – auch endet hier die Asphaltstraße wieder – wir gehen rechts 400 m auf den weithin sichtbaren Camino. Bei einem Felsen angekommen, ergibt sich ein gigantischer Blick in das 1000 Höhenmeter tiefer liegende Halbrund des El-Golfo-Tals. Es folgt der spektakulärste Teil der Wanderung, die **Gratwanderung** 03 (1099 m) oberhalb des **Risco de Tibataje** – definitiv nichts für schwache Nerven, naja Trittsicherheit und Schwindelfreiheit – das muss an dieser Stelle noch einmal gesagt werden – sind essenziell. Gleich auf dem ersten Abschnitt müssen wir den ursprünglichen Pfad umlaufen, dieser ist nach einem Erdrutsch nicht mehr vorhanden. An vielen Stellen ist der Pfad am Abgrund stark verwachsen, so kann man über die Trockensteinmauer steigen und auf den Feldern und Wiesen parallel zum Abgrund gehen. In Verlängerung des eingeschlagenen Weges sieht man in der Ferne bereits die ersten Häuser des Dorfes Guarazoca, wir passieren einen Ziegenzaun, kommen an einen alleinstehenden Eukalyptusbaum vorbei, bis wir dann schlussendlich bei einem **Wendeplatz** 04 (777 m) für Fahrzeuge ankommen. Von dort gehen wir auf der landeinwärts führenden Piste bergauf, bis wir 100 m nach einer links abzweigenden Teerstraße rechts in den **Camino Richtung San Andrés** 05 (839 m) abzweigen. Schon bald ist in der Ferne der hohe Wassertank auszumachen, der Ausgangspunkt unserer Wanderung.

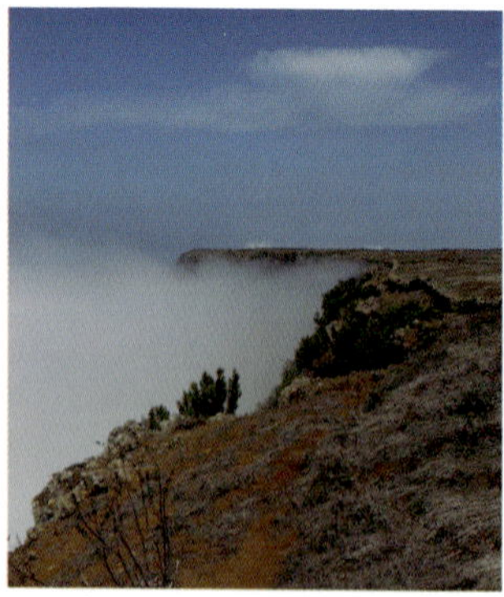

Am Abgrund des Risco de Tibataje

LA CALETA – NEUGIERIGE SKULPTUR – CAMINO ANCHO

Panoramarunde oberhalb der Meerschwimmbecken von La Caleta

  6,8 km  2:40 h  475 hm  481 hm 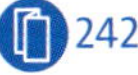 242

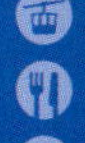
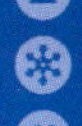
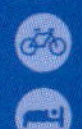

START | Busverbindung: Linie 6. Pkw-Anfahrt: Der Start liegt 10 km östlich von der Inselhauptstadt Valverde und ist auf der HI-2 Richtung Flughafen und HI-3 Richtung La Caleta schnell zu erreichen. Direkt bei dem Badebecken gibt es Parkgelegenheiten. Geokoordinaten: [GPS: N27° 48,066000 O-17° 53,235000].
CHARAKTER | Einfache Wanderung auf Caminos.

Der Aufstieg erfolgt auf einem historischen Camino, den die Einwohner als Verbindungsweg zum Meer nutzten, um dort zu fischen oder Meeresfrüchte zu sammeln. Am höchsten Punkt der Wanderung besichtigen wir die neugierige Skulptur. Eine Interpretation des ortsansässigen Künstlers Rubén Armiche, der seit 1741 stattfindenden Prozession der Gottesmutter Bajada de La Virgen de los Reyes. Zurück geht es über den Camino Ancho, was so viel heißt wie breiter Weg - die am meisten frequentierte Verbindung zwischen der Inselhauptstadt und den Hafen La Estaca - dementsprechend breit wurde der Camino angelegt. Die faszinierende Wanderung verknüpft kulturelle und landschaftliche Höhepunkte.

▶ La Caleta ist ein romantisches kleines Dorf, direkt am Meer gelegen, mit sehr schön gestalteten Meerschwimmbecken und vielen

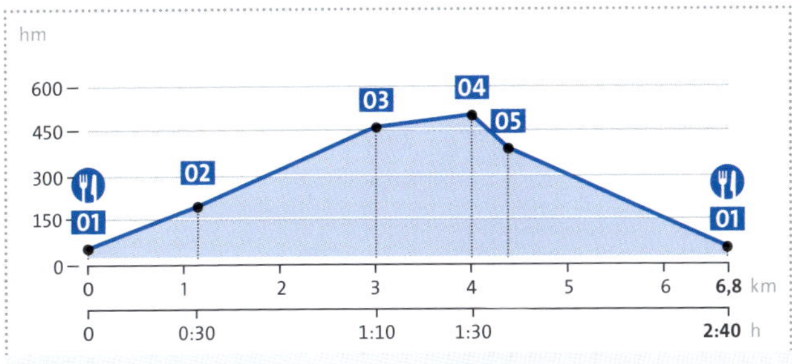

01 Start und Ziel 14 m; 02 Steinbruch 200 m; 03 Neugierige Skulptur 452 m; 04 Piste endet 478 m; 05 Camino Ancho 411 m

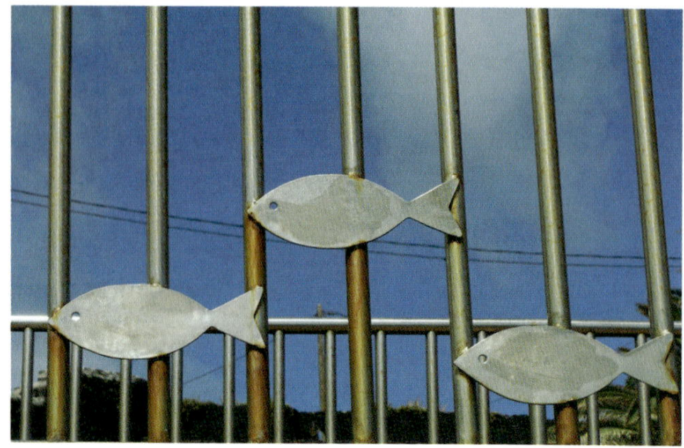

Künstlerisch gestaltetes Geländer an den Badebecken von La Caleta

Liegegelegenheiten, mehreren Badezugängen zum Meer, einer neu angelegten Promenade mit vielen Bänken und einigen neu erbauten Häusern und Villen – einfach nett. Oft hängen die Passatwolken über Valverde, während in La Caleta die Sonne strahlt. Vom **Start und Ziel** 01 (14 m) gehen wir 50 m auf der Anfahrtsstraße zurück, um dann links vor dem hellblauen Haus in die bergauf führende Straße zu biegen und dieser nach steilem Aufstieg bis zum Ende zu folgen. Wir gehen rechts und nach weiteren 100 m endet auch diese, wir gehen links bei dem Sackgassenschild die Asphaltstraße bergauf. Nur kurz später befinden wir uns auf dem ursprünglichen Camino, der im weiteren Verlauf die Straße zum Flughafen quert und an einem **Steinbruch** 02 (200 m) vorbeiführt. Ein weiteres Mal überqueren wir die Straße und nach 70 m halten wir uns einige Meter links, um dann bei dem Überholverbot-Verkehrsschild abermals die Straße zu queren. Achtung! Sobald wir auf eine querende Wasserleitung treffen und oberhalb Valverde ausmachen können, gehen wir geradeaus weiter und nicht links leicht bergauf. Einen rechten Abzweiger ignorieren wir, wir gehen jetzt parallel entlang einer weiteren, aber kleineren Wasserleitung. Sobald wir den großen Wassertank sehen, geht es bei der Weggabelung halb links und im weiteren Verlauf zur Hauptstraße hoch. Nach einigen Metern bergauf erreichen wir die **Neugierige Skulptur** 03 (452 m). Für den Rückweg queren wir die Hauptstraße auf Höhe der Skulptur, und verlassen die Hauptstraße auf der halb rechts bergaufführenden betonierten Piste. Hinter einer Anhöhe gehen wir nun direkt auf die fünf riesigen Windräder zu, bis die **Piste endet** 04 (478 m). Am Ziegengatter gehen wir halb links.

Tipp

Es gibt eine tolle Badegelegenheit direkt im Meer sowie auch in schön angelegten Meerschwimmbecken.

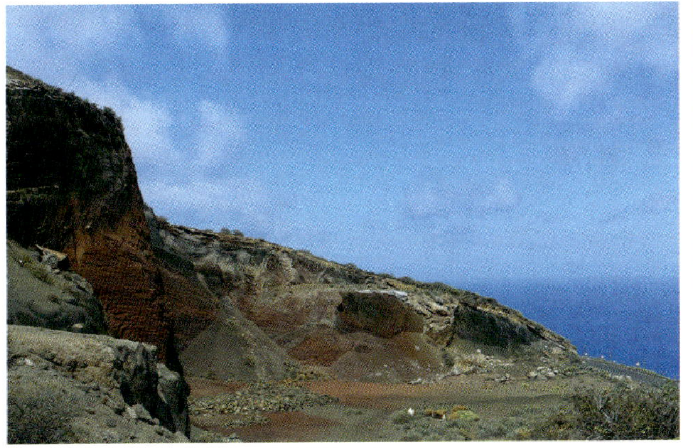

Ein Steinbruch am Camino nach Valverde

Auf dem teilweise stark zugewachsenen Camino geht es durch dichtes Gestrüpp, entlang von eingestürzten Trockensteinmauern und quer liegenden Blütenstängeln von Agaven. Bei einer weiß-rot-gelben Markierung mündet unser Pfad in den **Camino Ancho** 05 (411 m), dem wir 500 m bis zur nächsten Weggabelung folgen, um dort nicht halb rechts zum Hafen, sondern halb links weiter Richtung La Caleta abzusteigen. Noch einmal überqueren wir die Hauptstraße, bis wir die ersten Häuser von La Caleta erreichen. Wir gehen rechts durch die Linkskehre und erreichen den Parkplatz am Ausgangspunkt.

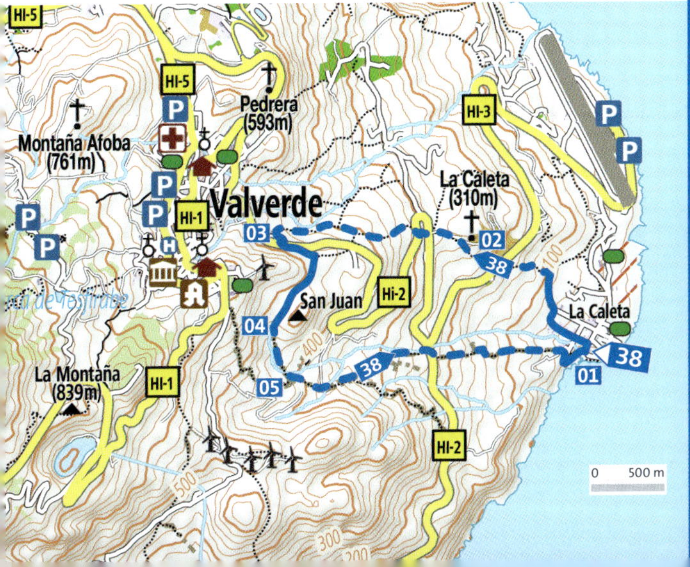

VILLA DE SANTA MARIA DE VALVERDE

Die Hauptstadt Valverde

 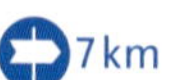 7 km 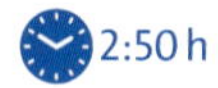 2:50 h 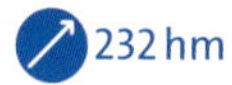 232 hm  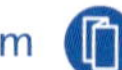 232 hm  242

START | Busverbindung: Linien 1, 2, 3, 6, 7, 8, 9, 10 und 11. Pkw-Anfahrt: Am Ortsausgang von Valverde Richtung San Andrés und La Restinga befindet sich rechts in einer Stichstraße der Busbahnhof, gegenüber befinden sich Parkmöglichkeiten. Geokoordinaten: [GPS: N27° 48,279000 O-17° 54,795000].
CHARAKTER | Einfacher Spaziergang mit nur geringem Höhenunterschied.

Die Hauptstadt von El Hierro wird von den Herrenos, den Einwohnern El Hierros, oft nur La Villa, die Stadt, genannt. Sie liegt auf 600 m, ist oft in Nebelschwaden der Passatwolken gehüllt und hat keinen Zugang zum Meer - dadurch unterscheidet sie sich von den anderen Hauptstädten der Kanarischen Inseln. Der nachfolgend beschriebene Spaziergang führt an allen interessanten Sehenswürdigkeiten der Stadt - The Big Five - vorbei und hat für jedermann etwas zu bieten.

▶ Vom **Start und Ziel** 01 (612 m) lassen wir dem Busbahnhof auf der rechten Seite liegen und gehen auf der weiterführenden Stichstraße, der Callo Molinos, bis sie endet. Hier gehen wir rechts bis zur Hauptstraße vor und nach 200 m links. Bei dem Zebrastreifen und der Palme folgen wir der Ausschilderung zum **Volkskundemuseum** 02 (621 m), auch genannt die Casa de las Quinteras Ethnographic Center. An der sofort darauffolgenden Weggabelung ge-

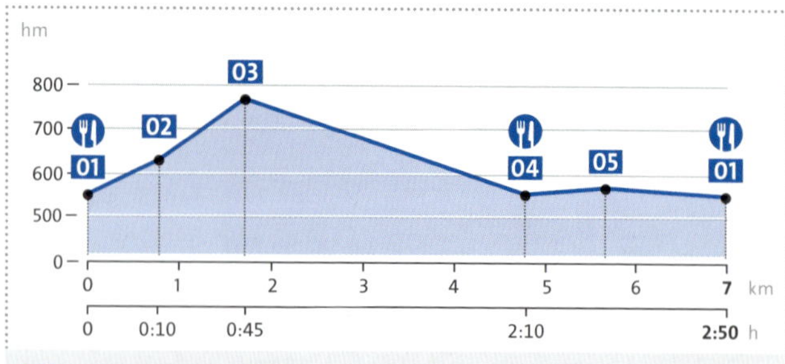

01 Start und Ziel 612 m; 02 Volkskundemuseum 621 m; 03 Las-Cancelitas-Park 767 m; 04 Käsekuchenfabrik 546 m; 05 Iglesia de la Concepción 573 m

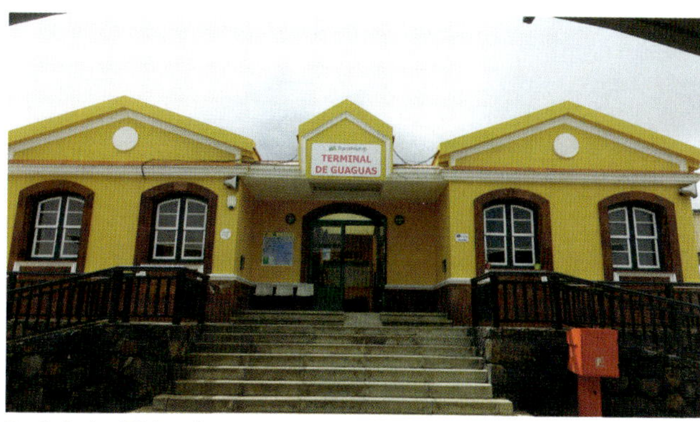

Busbahnhof Valverde

hen wir rechts und nach einigen Metern befindet sich auf der linken Seite der Bau mit dunklen Vulkansteinen aus dem 18. Jahrhundert. Nach dem Besuch des Museums geht es auf der weiterführenden Straße steil bergauf, wir ignorieren einen halblinken Abzweiger, wir gehen halb rechts, bis die Straße endet. Nachdem wir auf der Straße 200 m rechts gegangen sind, sieht man links oberhalb eine Norfolktanne, hier biegen wir in diese Stichstraße und gehen weiter steil bergauf. Nach einer scharfen Rechtskurve der Straße mündet diese in eine querende Straße. Bei dem folgenden Verkehrsschild „Vorfahrt beachten" verlassen wir die Straße nach rechts und gelangen auf einen vorgegebenen Weg zu Drachenbäumen. Wir haben den **Las-Cancelitas-Park** 03 (767 m) erreicht. Ein Themenpark über die Flora und Fauna der Insel sowie über die Geschichte der Landwirtschaft und der Viehtraditionen. In den letzten Jahren wurde die Anlage leider nicht in Stand ge-

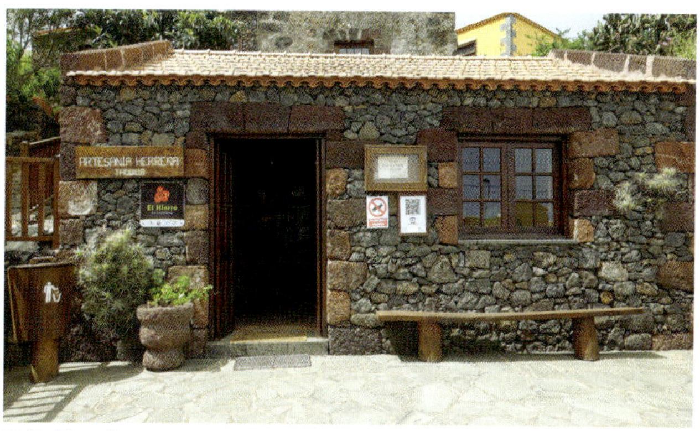

Volkskkundemuseum

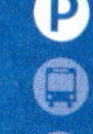

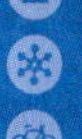

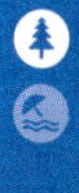

halten, sodass das Gelände etwas hinuntergekommen ist – aber seit Winter 2017/2018 läuft ein Projekt zur Wiederherstellung der Substanz. Wieder auf der Straße erreicht man nach 175 m, direkt hinter einem Barranco, einen linken Abzweiger, ein schöner Interpretationsspaziergang durch die typische Flora von El Hierro. Auf einem Pfad erreicht man einen Aussichtspunkt mit Picknickbänken. Geht man auf dem weiterführenden Weg wieder bergab, so erreicht man das Besucherzentrum mit zwei mächtigen Holzskulpturen der Künstlerin Jessica CarPer. Wieder auf der Straße angelangt gehen wir links über die Anhöhe und halten uns sofort rechts. Auf der bergabführenden Straße geht er es durch einen Barranco, um bei einem mit Lavagestein verkleideten Haus mit grüner Tür – in 20 m Entfernung steht eine Palme – links die Asphaltstraße zu gehen. Nach kurzem Abstieg erreichen wir die obere Durchgangsstraße von Valverde. Wir gehen links, queren die Straße am zweiten Zebrastrei-

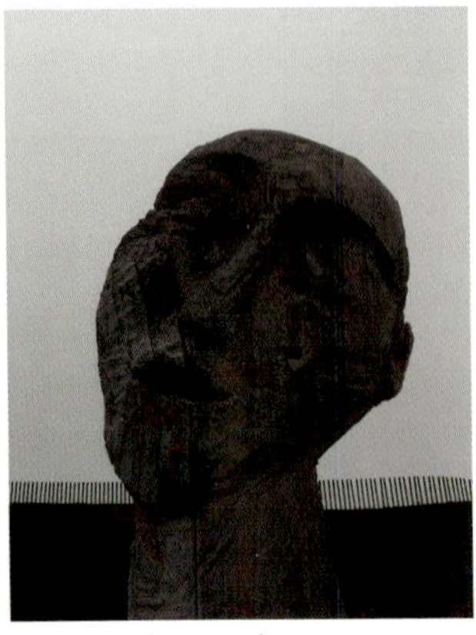

Las-Cancelitas-Park

fen und gehen die Treppen hinunter. In der darauffolgenden Straße gehen wir links und nach 50 m rechts. Nach weiteren 60 m, bei dem grünen Gatter und Geländer gehen wir rechts hinunter zur unteren Durchgangsstraße von Valverde. Hinter dem großen Platz mit dem prächtigen Gebäude der Post führt links ein Treppenweg hinunter, später mündet er in eine Straße

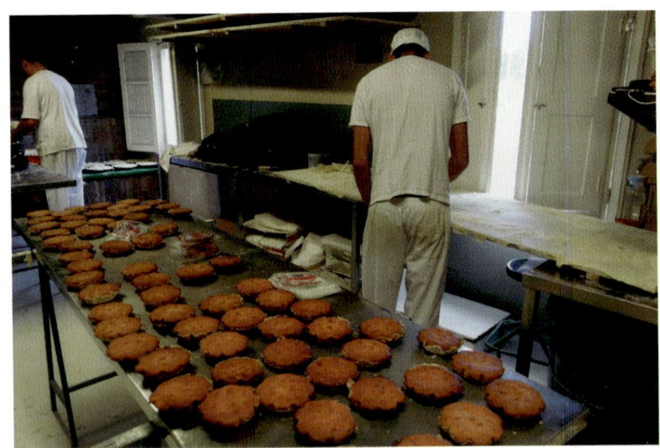

Kuchenfabrik – Quesadillas

und wir erreichen die **Käsekuchenfabrik** 04 (546 m). Hier produziert das Familienunternehmen von Adrian Guterierrez seit 1982 kleine süßlich schmeckende Käsetorten, die sogenannten Quesadillas – eine besondere herrenische Spezialität, die auf jeden Fall probiert werden sollte. Leider kann man die Backstube nicht besichtigen. Wir gehen auf dem Treppenweg wieder hoch bis zur Hauptstraße und schlendern links durch die Fußgängerzone, bis eine Stichstraße links hinunter zur **Iglesia de Santa Maria de la Concepción** 05 (573 m) führt. Sie gehört zu den Top-Sehenswürdigkeiten von El Hierro und wurde im 18. Jahrhundert erbaut, aber ihre Grundmauern gehen sogar auf das 16. Jahrhundert zurück. Auf dem Ruckweg zur Fußgängerzone gehen wir an dem mit Fahnen geschmückten Rathaus vorbei. Sofern es geöffnet ist, kann man im 1. Stock im Salon de Actos ein Deckengemälde des ortsansässigen Künstlers Ruben Armiche betrachten. Es zeigt die Geschichte der Insel El Hierro und die enge Beziehung zwischen Mensch und Natur. Wieder auf der Hauptstraße gehen wir links. Geht man bei dem Gebäude mit der Aufschrift Casino rechts in die Stichstraße und dort in das Restaurant, so befindet sich direkt am Eingang an der Wand ein weiteres Werk des Künstlers, das 1997 in Auftrag gegeben wurde. Wir gehen wieder zur Durchgangsstraße zurück und weiter Richtung La Restinga und erreichen hinter dem Supermarkt die Stichstraße, die uns zum Ausgangspunkt zurück bringt.

Sehenswürdigkeiten

Das Volkskundemuseum, der Las-Cancelitas-Park, die Käsekuchenfabrik und die Iglesia de La Concepción.

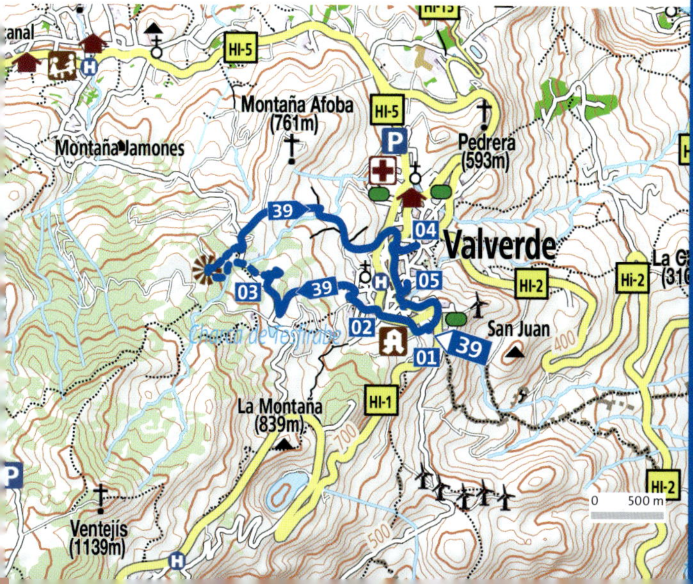

VALVERDE – PUERTO DE LA ESTACA

Traditioneller Camino trifft auf modernste Stromgewinnungstechnologie

  10,1 km  4:00 h  697 hm  694 hm  242

START | Busverbindung: Linien 1, 2, 3, 6, 7, 8, 9, 10 und 11. Pkw-Anfahrt: Am Ortsausgang von Valverde Richtung San Andrés und La Restinga befindet sich rechts in einer Stichstraße der Busbahnhof, gegenüber befinden sich Parkmöglichkeiten. Geokoordinaten: [GPS: N27° 48,289980 O-17° 54,796980].
CHARAKTER | Mittelschwere Wanderung mit vielen Höhenmetern.

Eines der strategischen Ziele von El Hierro ist es die erste energieautarke Insel der Welt zu werden. Mit der Inbetriebnahme des Wind-Wasserkraftwerks im Juni 2014 hat El Hierro einen riesigen Schritt gemacht, um das ehrgeizige hochgesteckte Ziel zu erreichen. Die heutige Wanderung führt vorbei an den 5 Windrädern und dem unteren Wasserreservoir. Interessanterweise auf einem der traditionellsten und wichtigsten Pfade der Insel, die Hauptverbindung von der Inselhauptstadt zum Hafen, auf dem sogenannten Camino Ancho, was so viel heißt wie breiter Weg. Auf dieser Wanderung verbinden wir das Altertum mit der Moderne.

▶ Vom **Busbahnhof** 01 (611 m) in Valverde gehen wir zur Hauptstraße zurück, auf der ortsauswärtsführenden Straße Richtung San Andrés und verlassen diese auch gleich wieder nach links, ausgeschildert Richtung Parque Eolico

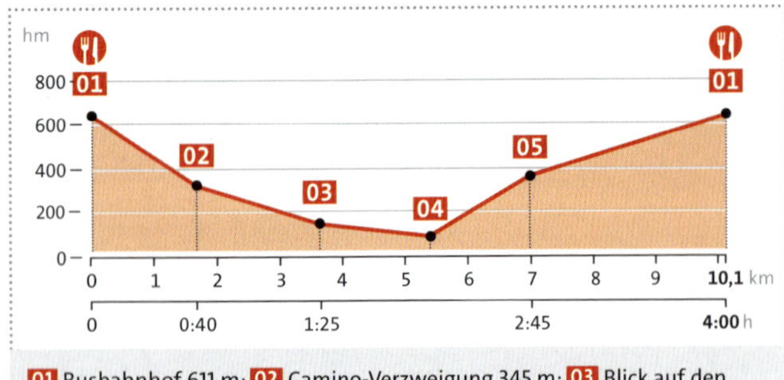

01 Busbahnhof 611 m; 02 Camino-Verzweigung 345 m; 03 Blick auf den Hafen 127 m; 04 Aufstieg 23 m; 05 Camino-Verzweigung 390 m

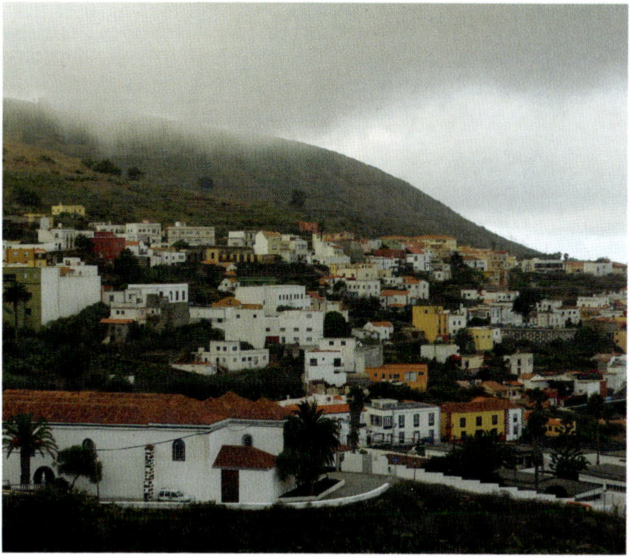

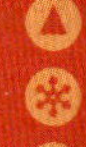
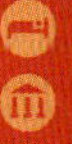

Die Inselhauptstadt Valverde

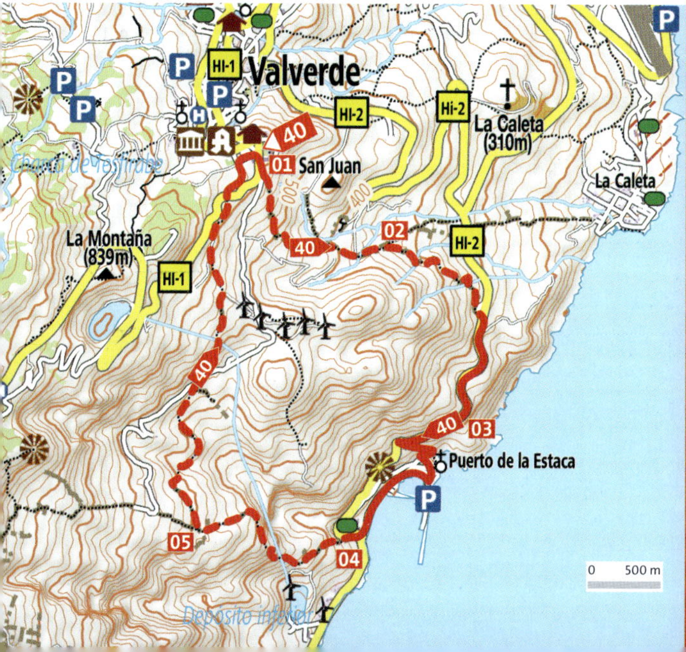

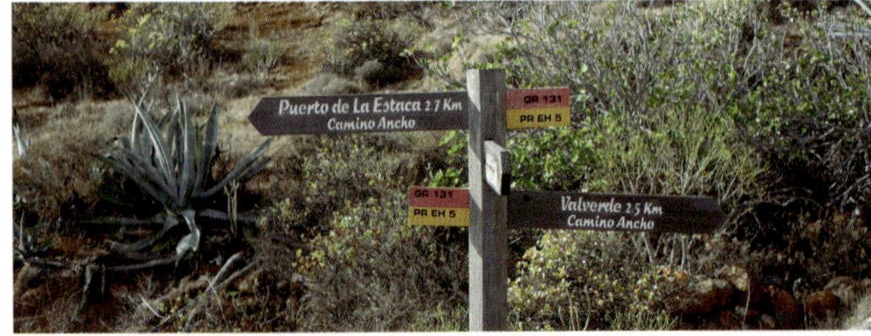

Der Weg gabelt sich Richtung Fährhafen und La Caleta

und einige Meter weiter Richtung Puerto de La Estaca. Der Abstieg erfolgt auf dem sogenannten Camino Ancho. Nachdem wir bereits an den oberhalb stehenden Windrädern vorbei sind, halten wir uns bei der **Camino-Verzweigung** 02 (345 m) halb rechts und folgen weiterhin der Ausschilderung Richtung Puerto. Leider musste der ursprüngliche Camino der Straße weichen, so können wir nur auf dem Seitenstreifen gehen. Die Monotonie der Wanderung auf der Straße wird durch einen Aussichtspunkt unterbrochen. Es ergibt sich ein wunderschöner **Blick auf den Hafen** 03 (127 m). Eine weiße Betonmauer begrenzt die Straße zum steil abfallenden Hang. Sobald diese eine Öffnung hat, gehen wir links hinunter, nun wieder auf dem alten Camino, im Steilabstieg zum Hafengelände – das nur aus seinem Schlaf erwacht, wenn Schiffe ankommen oder abfahren. Entlang der schön angelegten Promenade, vorbei an dem Hafenteil für Kleinboote und dem Playa Del Varadero gelangt man an einem Kreisverkehr. Direkt auf der gegenüberliegenden Seite findet man den Weg zum **Aufstieg** 04 (23 m). Nach einigen Metern haben wir bereits die Häuser hinter uns gelassen, tief blickt man halb rechts in das wild zerklüftete Barranco de Tinor. Auf gerölligem und steilem Untergrund geht es bergauf, schon bald sehen wir links unterhalb das untere Wasserreservoir des Wind-Wasserkraftwerkes. Es folgt ein mühsamer Aufstieg auf feinkörnigen Lapilli. Kurz hinter einem Steinhaus mit rotem Ziegeldach, bei der **Camino Verzweigung** 05 (390 m), gehen wir halb rechts und folgen der Ausschilderung Richtung Valverde. Noch einmal steigen wir in einen mächtigen Schluchtauslauf ab, dann folgt der finale Aufstieg. Wir kreuzen eine Asphaltstraße und unterqueren die Wasserleitung, die das untere und obere Wasserreservoir verbindet. Aber noch einmal aufgepasst: Sobald wir die weißen Betonsockel der Hauptstraße sehen, gehen wir nicht zur Hauptstraße hoch, sondern zweigen halb rechts auf dem weiterführenden Camino ab. Noch einmal queren wir dann nach 300 m die Hauptstraße und erreichen die Zielstraße zum Ausgangspunkt.

Interessantes

Der Pfad führt vorbei am unteren Wasserreservoir und den 5 Windrädern des Wind-Wasserkraftwerks.

VALVERDE – ÁRBOL GAROÉ – TIÑOR

Ruta del Agua – einer der schönsten Waldpfade auf El Hierro

START | Busverbindung: Linien 1, 2, 3, 6, 7, 8, 9, 10 und 11. Pkw-Anfahrt: Am Ortsausgang von Valverde Richtung San Andrés und La Restinga befindet sich rechts in einer Stichstraße der Busbahnhof, gegenüber befinden sich Parkmöglichkeiten. Geokoordinaten: [GPS: N27° 48,331980 O-17° 54,993000].
CHARAKTER | Mittelschwere Wanderung auf angelegten Pfaden.

Wassergewinnung - noch vor 30 Jahren war es die größte Herausforderung auf El Hierro. Der hier in umgekehrter Richtung zum Originalweg beschriebene Weg lässt die Schleife über San Andrés aus und reduziert die Strecke somit auf akzeptable 10 km. Er führt an unzähligen Wasserstellen, Wasserreservoirs und weiteren Wasserauffangmethoden vorbei. Aber auch die überwältigende Schönheit der Baumriesen, mit ihren Bärten aus lang herunterhängenden Moosflechten, die Mystik des Waldes und das beruhigende Zwitschern der Vögel gehören zu den Besonderheiten dieser Wanderung. So schrieb der Romantiker Ludwig Tieck. Erst unterm Blätterhimmel wird der Mensch zum Menschen.

▶ In **Valverde** 01 (612 m) gehen wir auf der weiterführenden Straße Richtung Frontera, vorbei an der wunderschönen Nordmanntanne und dem danebenstehenden ältesten Drachenbaum von Valverde um beim Verkehrsspiegel und dem grünen Haus in der nach links

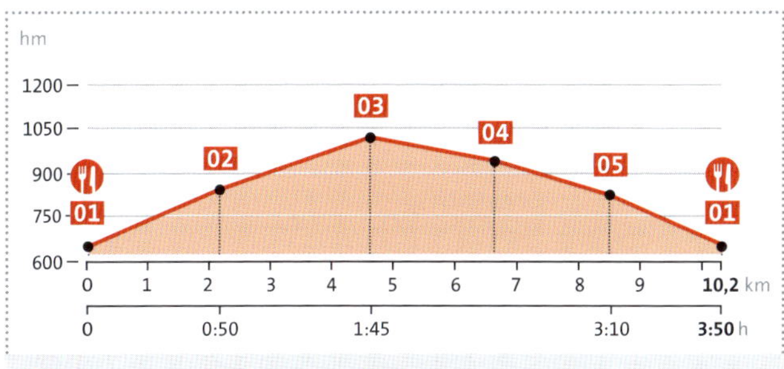

01 Valverde 612 m; 02 Pfad 861 m; 03 Árbol Garoé 1012 m; 04 Tiñor 904 m; 05 La Caldereta de Tiñor 810 m

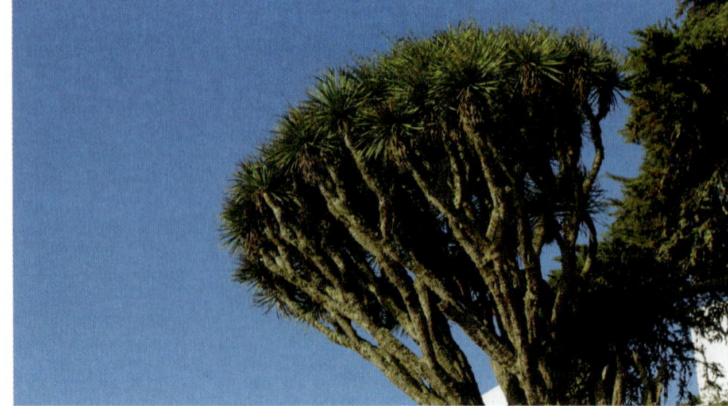

Der ältesten Drachenbaum in Valverde

abzweigenden Einbahnstraße bergaufzugehen. Das Bildnis der Madonnenfigur der Virgen de Los Reyes lassen wir links liegen, gehen geradeaus über die querende Straße und vorbei an der riesigen Norfolktanne. Hinter einer scharfen Rechtskurve der Straße endet diese, hier biegen wir scharf links ab und nach 110 m, bei den 4 Pinien, noch vor dem Wasserreservoir, wandern wir rechts weiter. Hinter einem Anwesen, auf dem Palmen stehen, geht es auf der Schotterpiste weiter. Einen Linksabbieger mit 2 Steinhaufen ignorieren wir. Bei einer Lichtung und Weggabelung, wir sind umgeben von Eukalyptusbäumen, gehen wir links bergauf. Wir erreichen den Einflussbereich der Passatwolken, von nun an gehen wir durch einen dichten Zauberwald. Nach 175 m, 20 m vor einem Gatter, zweigt rechts ein **Pfad** 02 (861 m) ab. Es folgt einer der schönsten Waldwege im Norden von El Hierro. Einen halb links bergaufführenden Pfad ignorieren wir, wir gehen halb rechts, weiter in den Wald hinein. Hinter einer Senke mit Terrassenfeldern ist der Weg kurzfristig mit Steinen gesäumt, aus dem Pfad wird eine Piste und auf einem halb rechts abzweigenden Pfad erreichen wir eine Wasserstelle mit drei angelegten Wasserreservoirs. An der nachfolgenden Piste gehen wir links bergauf, ignorieren die folgenden zwei rechten Abzweiger und erreichen den heiligen Baum **Árbol Garoé** 03 (1012 m). Auf der Anfahrtstraße zur Sehenswürdigkeit gehen wir bergauf, ignorieren den linken Abzweiger auf der Anhöhe, um dann nach 215 m, oder 50 m hinter einem mit Lavasteinen abgestürzten Bachbett, die Piste nach links zu verlassen – auf dem Pfad, der durch das kleine Waldgebiet führt. Vorbei geht es an einer kleinen Wasserstaustufe, riesige Felsen begrenzen den Weg, der schlussendlich endet. Wir gehen links, parallel zu einer Mulde, an deren Ende nach 75 m gehen wir bei der Kreuzung geradeaus weiter und kommen an einem künstlich angelegten Wasserreservoir vorbei. Nach einem schönen Waldstück erreichen wir die Straße, an der wir 60 m nach links gehen, um diese dann zu queren und über einen Pfad in das Bergdorf **Tiñor** 04 (904 m) zu gelangen. Ab hier gehen wir auf dem

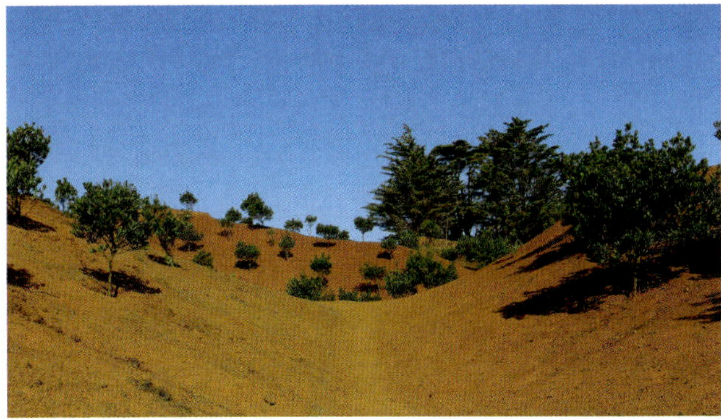
Beeindruckender rotbrauner Untergrund

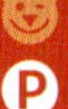

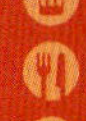
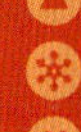
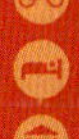

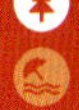

Fernwanderweg, der die Insel ihrer gesamten Länge durchquert. Fortan ist der Pfad markiert und breit ausgebaut, sich zu verlaufen ist relativ unmöglich. Wir queren zweimal die Straße und erreichen die **La Caldereta de Tiñor** 05 (810 m), den Kessel des ältesten Vulkans der Insel. Heutzutage beherbergt die relativ erdbebensichere Caldera das obere Wasserreservoir der Wind-Wasserkraftanlage. Ein letztes Mal queren wir die Hauptstraße und gehen links hinter der Leitplanke auf dem gepflasterten Weg nun direkt nach Valverde hinunter.

Sehenswert

Der Nebelwald und der Heilige Baum Arbol Garoe.

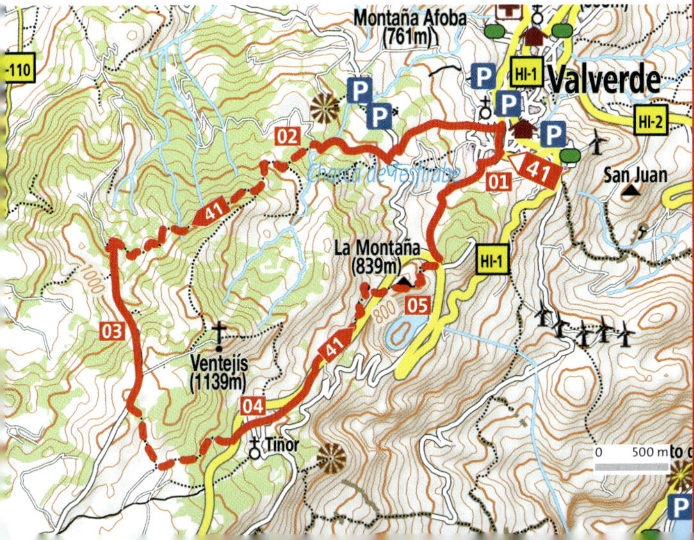

VALVERDE – SAN ANDRÉS – ERMITA VIRGEN DE LOS REYES

Camino de La Virgen – Weg der Schutzheiligen

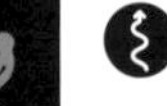
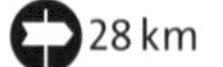

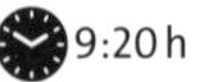

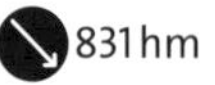

START | Busverbindung: Linien 1, 2, 3, 6, 7, 8, 9, 10 und 11.
Pkw-Anfahrt: Am Ortsausgang von Valverde Richtung San Andrés und La Restinga befindet sich rechts in einer Stichstraße der Busbahnhof, gegenüber befinden sich Parkmöglichkeiten.
Rückfahrt: Mit dem bereits tags zuvor gebuchten Taxi von der Ermita nach Frontera – das ist die kostengünstigste Alternative – und dann mit der Buslinie 3 zurück nach Valverde.
Geokoordinaten: [GPS: N27° 48,279000 O-17° 54,795000].
CHARAKTER | Eine sehr lange und schwere, aber technisch einfache Bergtour.

Der Muttergottesweg ist Teil des Fernwanderweges GR 131 und quert die Insel von Nordosten nach Südwesten. Alle 4 Jahre wird auf dem sogenannten Camino de La Virgen die Heiligenfigur der Jungfrau von Los Reyes feierlich, und das bereits seit 1614, von der Ermita Nuestra de La Reyes auf der Dehesa Hochebene, in das 28,6 km entfernte Valverde gebracht. In diesen Weg münden alle Caminos der Insel. An diesem religiösen Ritual nehmen bis zu 4000 Einwohner teil. Wer sich konditionell auf diese Wanderung vorbereitet

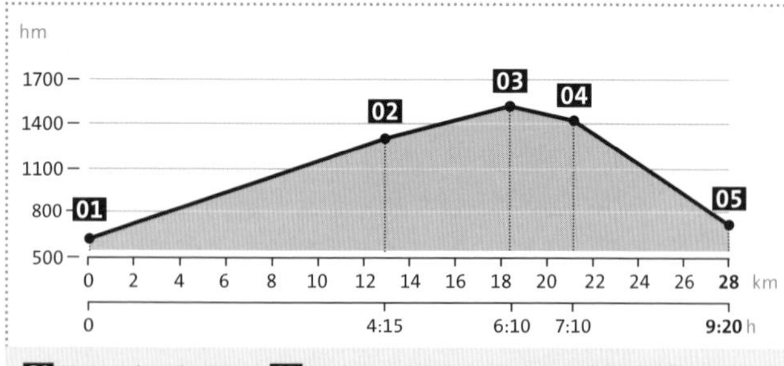

01 Start Valverde 572 m; 02 Kreuzung Straßen HI-1 und HI-40 1334 m; 03 Malpaso 1501 m; 04 Fuente de Binto 1413 m; 05 Ermita Virgen de Los Reyes 703 m

Start der Wanderung im Nebel von Valverde

hat, und jeder tut gut daran, wird die faszinierende Schönheit und die Vielfalt der Insel El Hierro so auf eine ganz besondere Weise erleben. Die hier beschriebene Wanderung führt von Valverde zur Ermita, also in umgekehrter Richtung wie die Prozession. Mit der Sonne im Rücken kann man unvergessliche Fotoimpressionen einfangen, wie man sie vor Ort wahrgenommen hat.

▶ Von der Iglesia de La Concepción am **Start in Valverde** **01** (572 m) gehen wir die Treppen hoch, vorbei am Rathaus und bis zur Straße. An dieser gehen wir links und nach 50 m an dem Haus mit dem braunen Balkon verlassen wir die Straße, nach halb rechts in eine ansteigende Gasse. Wir gehen unter der Brücke der oberen Durchgangsstraße von Valverde hindurch, um bei dem nachfolgenden Verkehrsspiegel sich links zu halten – auch ausgeschildert Richtung Tinor. Am Ende der Straße gehen wir bei der grünen Bank links, hinter einer weiteren Gasse lassen wir die letzten Häuser von Valverde hinter uns, wir erreichen einen gepflasterten Camino. Nach insgesamt 1,45 km überqueren wir nach halb rechts die Straße nach San Andrés. Hinter einem Felsdurchbruch blicken wir tief in die Caldera Tinor, um nach kurzen Abstieg abermals die Straße zu queren. Nach einem längeren Wegabschnitt parallel zur Straße queren wir diese abermals, bis der Camino schlussendlich in die Straße mündet, die direkt in das kleine Bergdorf Tinor führt. Bei einer einzeln stehenden Garage gehen wir halb links auf dem gepflasterten Weg, kommen vorbei an Drachenbäumen und wandern bei der nachfolgenden Weggabelung auf dem weiterführenden Weg an der Kirche vorbei. Wir queren die Verbindungsstraße von Valverde nach San Andrés, weiter geht es auf dem gut markierten und breiten Camino, der schlussendlich wieder in eine Piste übergeht. Wir ignorieren einen rechten Abzweiger nach Valverde und den darauffolgenden linken Abzweiger. Unser Weg mündet in eine Piste, scharf rechts bergauf geht es

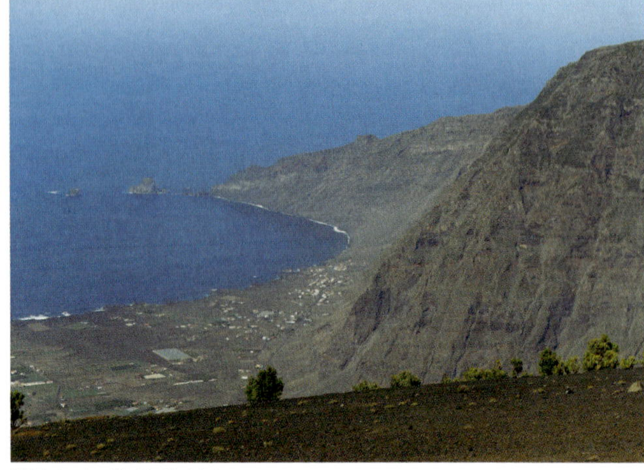

Blick in das El-Golfo-Tal

zum heiligen Baum Árbol Garoé, wir gehen geradeaus weiter. Bei der Dreiwegegabelung gehen wir geradeaus weiter und ignorieren den rechten und halblinken Abzweiger. Nach einer prächtigen Kiefernallee queren wir die Straße nach San Andrés. Bei der darauffolgenden Kreuzung auf der Dehesa-Hochebene gehen wir geradeaus weiter und bei der Weggabelung nach 60 m halb links. Den folgenden Abzweiger, links nach San Andrés, ignorieren wir. Wir ignorieren alle nachfolgenden Abzweiger bis zur Straße nach Frontera, die wir nach 600 m abermals queren. Wir lassen die Felder und Wiesen der Dehesa-Hochebene hinter uns, gehen nicht rechts zur Straße, sondern nun ca. 80 m parallel zu ihr und erreichen nach einem steilen Anstieg eine kleine Einsattelung. Sobald wir die Leitplanke der Straße sehen, gehen wir geradeaus weiter. Hinter einer Senke gehen wir 225 m durch ein Waldstück, um dann die Straße bei dem Kilometerstein 23 nach halb rechts zu queren. Auf der weiterführenden Piste wandern wir links an der Caldera und dem oberhalb liegenden Mirador de La Hoya de Fireba vorbei. Die Unterführung zur Straße ignorieren wir, so langsam tauchen wir ein in den immergrünen Nebelwald. Wir erreichen die **Kreuzung der Straßen HI-1 und HI-40 02** (1334 m), wir gehen geradeaus weiter und ignorieren den linken Abzweiger. Bei der abermals folgenden Kreuzung gehen wir nicht geradeaus weiter nach Frontera, sondern folgen halb links der Ausschilderung Camino de La Virgen. Im weiteren Verlauf gehen wir nicht links nach El Pinar und nicht rechts auf den Camino El Salvador. Bei einem Picknicktisch sowie einer grünen Bank genießt man einen atemberaubenden Panoramablick. Es folgt ein kurzes Stück auf der Straße, bis wir gut 100 m hinter der grünen Bank die Straße auf den Camino de La Virgen verlassen. Zwischen der unterhalb liegenden Straße und den rechts aufragenden Gipfeln laufen wir auf feinen Lapilli, nun direkt auf den höchsten Berg der Insel zu, gut zu erkennen an dem Funkmast. Den Gipfel schon vor Augen steigen wir zu einer Einsattelung hinunter und erreichen kurz später das Cruz de Los Reyes. Nach einem kurzen Abschnitt auf der Sandpiste verlassen wir die nach halb rechts, gehen ein kurzes Stück bergab zu einer Informationstafel, um von dort auf dem bergaufführenden Pfad den **Malpaso** **03** (1501 m) zu erreichen. Auf dem Rücken des zentralen Bergmassivs gehen wir auf dem weiterführenden Pfad. Den nachfolgenden linken Abzweiger zum Cruz de Los Reyes ignorieren wir und gehen geradeaus weiter, auch ausgeschildert Richtung Sabinosa. Den rechten Abzweiger nach Sabinosa ignorieren wir auch. Es folgt ein längeres Stück über schwarzbraunes Lapilli, bis wir die **Fuente de Binto** **04** (1413 m) erreichen. Kurz später folgt ein kurzes Wegstück durch den immergrünen Nebelwald. Nachdem wir ein gutes Stück durch den Lorbeerwald gelaufen sind, kreuzt eine Piste, wir gehen geradeaus weiter – kurz später mündet unser Weg in einen Pfad. Wir gelangen zum Kreuz von Los Humilladeros, der erste Halt der Prozession, nach dem Start bei der Ermita. 200 m hinter dem Kreuz gabelt sich der Weg.... wir nehmen den halblinks bergab führenden Weg auf die La-Dehesa-Hochebene. Kurz hinter einem Gatter mündet der Weg in eine bergabführende Piste. Bei einer weiteren Weggabelung biegen wir auf den linken Abzweiger, der Untergrund ist mit gelbem Granulat versehen. Abermals gabelt sich der Weg, wir gehen auf dem bergabführenden Wegstück. Nachfolgend gibt es viele Abzweiger, aufgrund der guten Ausschilderung kann man sich einfach orientieren. So langsam kommen positive Emotionen auf, in der Ferne kann man bereits die weiße Kapelle zwischen den dunkelbraunen Vulkanhügeln ausmachen. Beim Mirador wandern wir auf der Piste links hinunter, es beginnt der finale Abstieg. Bei der darauffolgenden Kreuzung gehen wir talwärts weiter, ignorieren den rechten Abzweiger zum Mirador de Bascos. An der Straßenkreuzung gehen wir dann nur noch ein kurzes Stück halb links entlang der Piste und erreichen die **Ermita Virgen de Los Reyes** **05** (703 m).

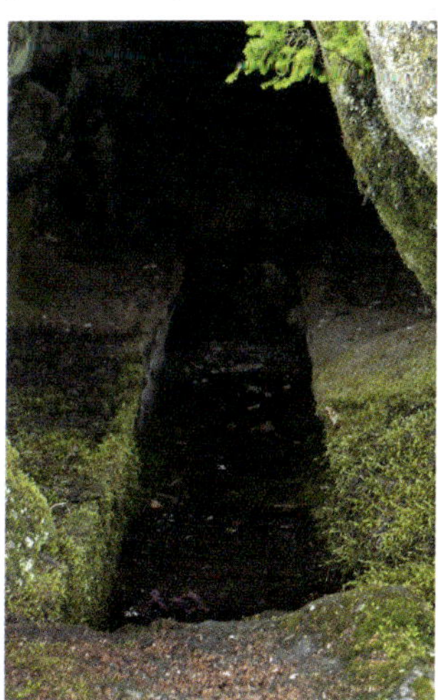

Fuente de Binto

Hinweis

So früh wie möglich die Wanderung beginnen, damit man am Ende nicht in die Dunkelheit gerät.

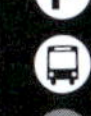
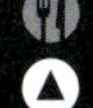

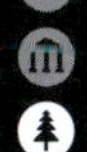

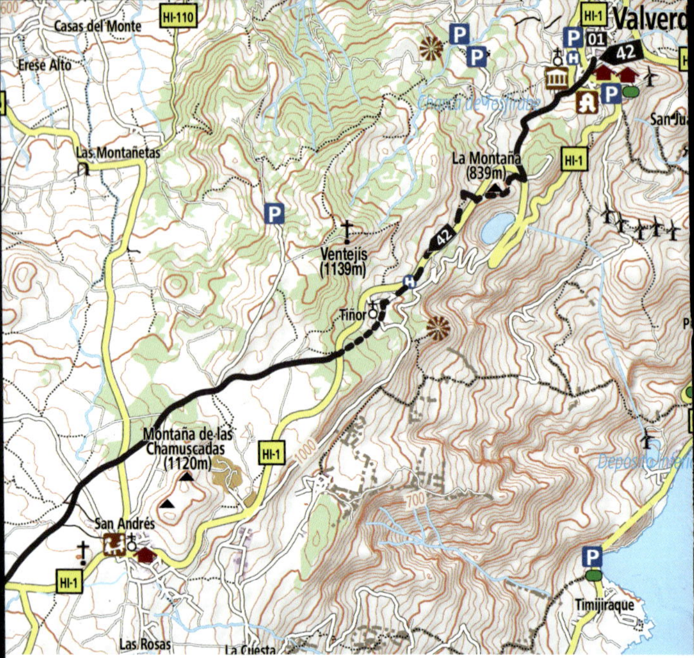

Casas del Monte
HI-110
Erese Alto
Las Montañetas
La Montaña
(839m)
HI-1
01
42
Ventejis
(1139m)
Tiñor
Montaña de las
Chamuscadas
(1120m)
HI-1
San Andrés
HI-1
Timijiraque
Las Rosas
La Cuesta

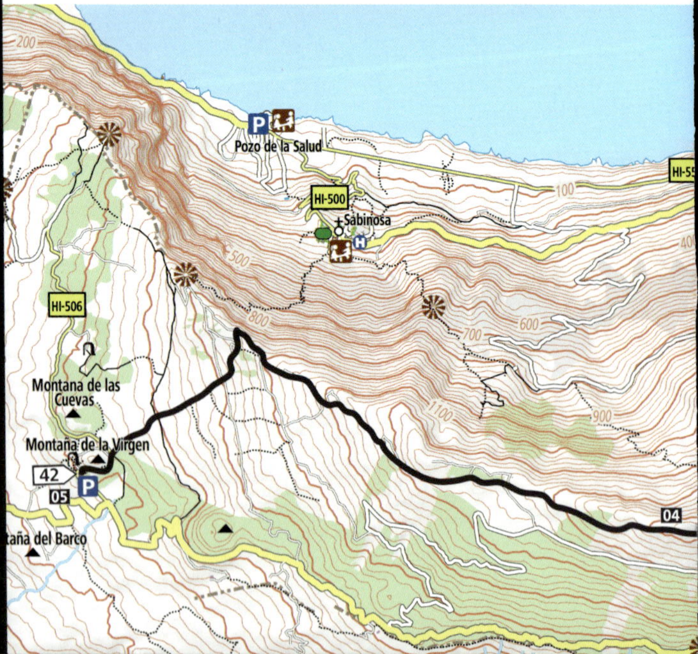

Pozo de la Salud
HI-500
Sabinosa
HI-506
Montana de las
Cuevas
Montaña de la Virgen
42
05
04

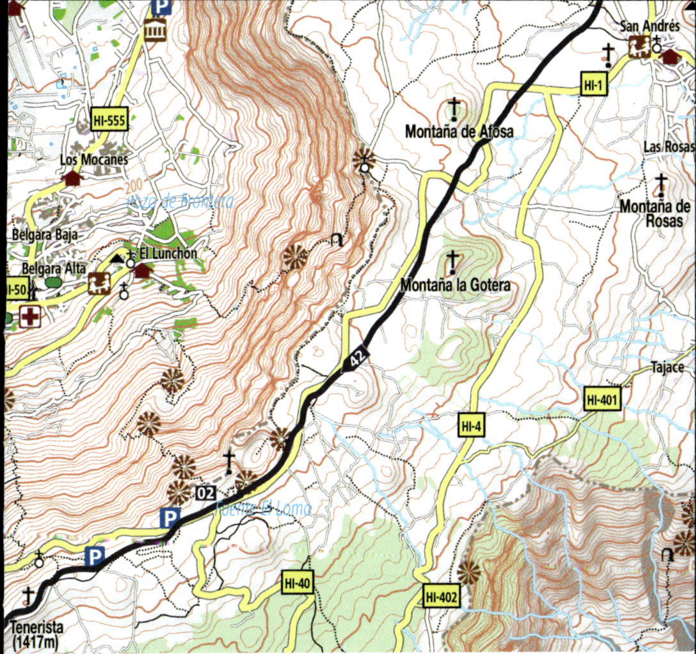

San Andrés
HI-1
Montaña de Afosa
HI-555
Los Mocanes
Las Rosas
Montaña de Rosas
Pozo de Bronzura
Belgara Baja
El Lunchón
Belgara Alta
HI-50
Montaña la Gotera
42
Tajace
HI-401
HI-4
02
Fuente El Lomo
HI-40
HI-402
Tenerista (1417m)

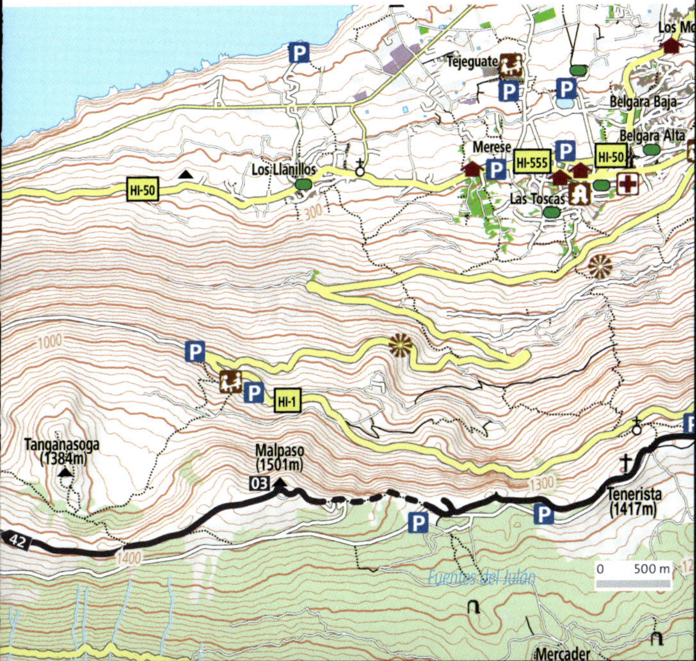

Los Mo
Tejeguate
Belgara Baja
Belgara Alta
Merese
HI-555
HI-50
Los Llanillos
HI-50
Las Toscas
1000
HI-1
Tanganasoga (1384m)
Malpaso (1501m)
03
1300
Tenerista (1417m)
42
1400
Fuentes del Julán
0 500 m
Mercader

43

VALVERDE – LA CALETA – TAMADUSTE

Zu einem der schönsten Meerwasserschwimmbecken auf El Hierro

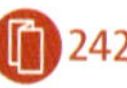

START | Busverbindung: Bushaltestelle Correos der Linie 1. Auch die Buslinien 2, 3, 6, 7, 8, 9, 10 und 11 erreichen den Busterminal, von dort müsste man zu Fuß bis zum Start vorgehen.
Pkw-Anfahrt: Der Start der Wanderung liegt inmitten der Inselhauptstadt Valverde. Auf der unteren Durchgangsstraße kann man auf dem Vorplatz bei der Post parken.
Geokoordinaten: [GPS: N27° 48,574980 O-17° 54,934020].
CHARAKTER | Mittelschwere Wanderung aufgrund der Höhenmeter auf angelegten Pfaden.

Wo kann man schon ohne Geruchs- oder Lärmbelästigung entlang eines Flughafens wandern, auf El Hierro ist es möglich – denn die wenigen ankommenden Flugzeuge wecken eher Interesse. Der Küstenort Tamaduste, indem wohnen übrigens die meisten Angestellten vom Flughafen, überzeugt mit wunderschönen Naturschwimmbecken und weißen Häusern, die im krassen Kontrast zur schwarzen Lava stehen. In den frühen Morgenstunden wird oft der dahinterliegende Vulkan La Cancela mit seinem rotbraunen Gestein künstlerisch von der Sonne in Szene gesetzt. Das werdende Rauschen des Passatwindes unser stetiger Begleiter auf dieser erlebnisreichen Wanderung zwischen Valverde, La Caleta und Tamaduste.

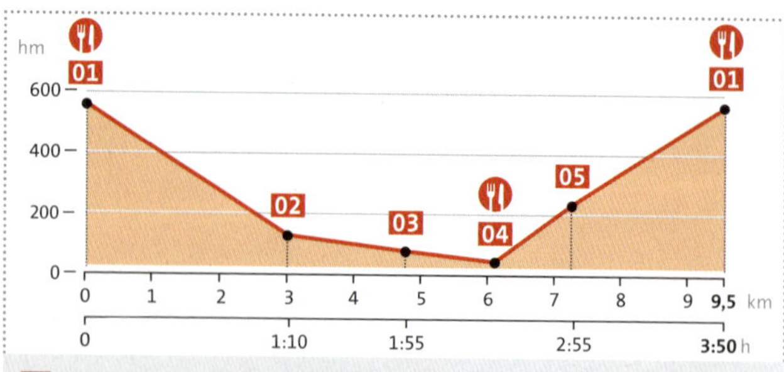

01 Valverde 580 m; 02 La Caleta 107 m; 03 Meerwasserentsalzungsanlage 50 m; 04 Tamaduste 14 m; 05 Echedo 223 m

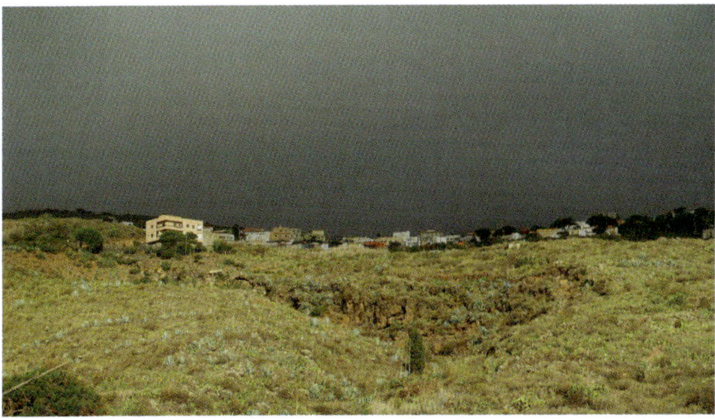

Die Inselhauptstadt Valverde

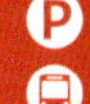
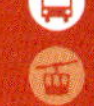

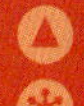
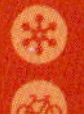
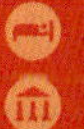

▶ Mit Blick auf das imposante Postgebäude in **Valverde** 01 (580 m) gehen wir nach rechts am Gebäude entlang, um bei dem grü nen Treppengeländer die Stufen bis zur Straße hinunterzugehen. Vorbei kommen wir an der kleinen Käsekuchenbäckerei, queren die nachfolgende Kreuzung und gehen nach 30 m bei der Weggabelung halb rechts – auch ausgeschildert Richtung La Caleta. Auf der Straße zum Flughafen und zum Hafen angekommen gehen wir 100 m rechts, um dort bei dem Zedernwacholderbaum links auf eine Piste zu gelangen. Diese verlassen wir sofort wieder nach links, bevor die Piste wieder zur Straße hochführt. Vorbei geht es an einem Wassertank und entlang einer oberirdisch verlegten Wasserleitung. Wir überqueren eine weitere, etwas dickere Wasserleitung, und gehen hier gerade aus weiter. Im nachfolgenden Streckenverlauf kreuzen wir dreimal die Straße. An der Küste kann man das Dorf **La Caleta** 02 (107 m)

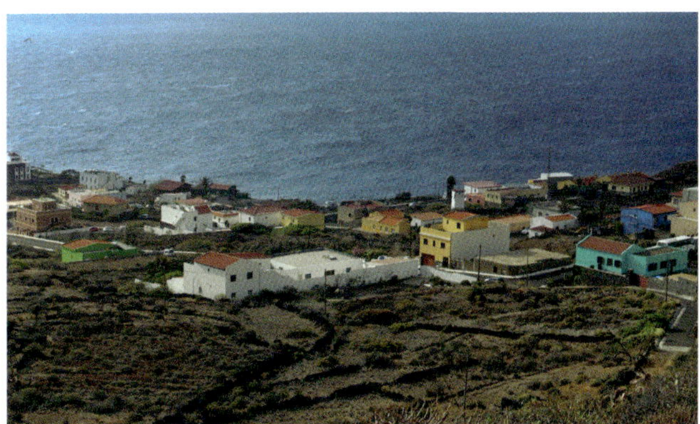

Das Dorf La Caleta

ausmachen. Wir gelangen an eine Schlüsselstelle: Der Pfad führt parallel zu einer Stromleitung, sobald der Weg rechts unter diese Stromleitung führt, gehen wir aber halb links – auch wenn der Weg gelb-weiß markiert ist. Nach weiteren 100 m ist der Camino von Steinen gesäumt. Bei der nachfolgenden Weggabelung gehen wir halb links bergauf. Wir gehen links an dem gelben Gebäude vorbei und queren die betonierte Piste, es geht leicht bergauf und wir lassen das darauffolgende Haus links liegen. In der nachfolgenden Rechtskehre der Piste folgen wir dem halbrechten der beiden abzweigenden Pfade. Auf Höhe des weitaus tiefer liegenden Flughafengebäudes erreichen wir die Zufahrtsstraße, die wir 100 m nach links begehen, um sie dort zu queren und 60 m auf der bergabführenden Asphaltstraße weiterzuwandern. Dort gehen wir nicht rechts Richtung Flughafen, sondern nehmen halb links den Pfad. Nach 180 m auf der Asphaltstraße, auch kurz hinter einem einzeln stehenden Ferienhaus, gehen wir rechts auf der Straße bergab. Nach 100 m biegen wir hinter einem dunkelgelben Stromkasten auf dem Pfad, wir kommen an einer **Meerwasserentsalzungsanlage** 03 (50 m) vorbei, die aussieht wie eine Kirche. Weiter geht's zu einem Wasserspeicher und durch den Wasser spendenden Barranco. Auf einen Küstenpfad kann man bald das Dorf **Tamaduste** 04 (14 m) in der Ferne ausmachen. Nach einem kurzen Stück auf der Straße geht es vorbei am Mirador Tamaduste und nur kurz später zweigen wir rechts auf dem bergab führenden Pfad ab, es sind nur noch einige Meter bis zum Dorfkern und den Meerwasserschwimmbecken. Nach einem erfrischenden Bad geht es zunächst auf dem gleichen Weg bis zur ersten Querung der Anfahrtsstraße zurück. Hier gehen wir über den Zebrastreifen und bei der Palme beginnt der Aufstieg. An der Wasserleitung, die aus dem Erdreich kommt, ignorieren wir den links abzweigenden Pfad. Bei einem Lavasteinhaus befinden sich vie-

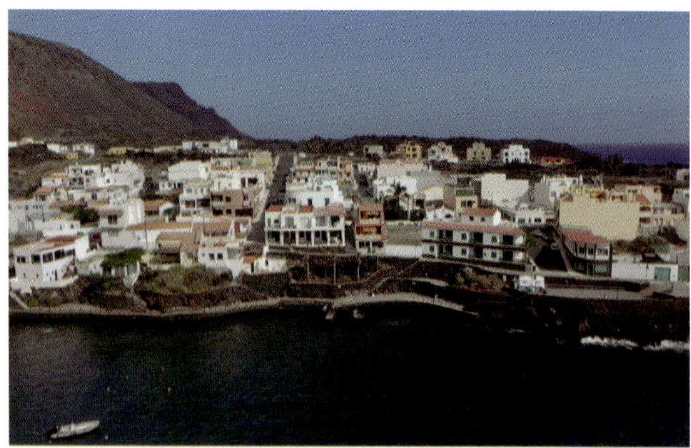

Das Dorf Tamaduste

le Wegweiser, wir ignorieren den Abzweiger Richtung **Echedo** 05 (223 m) und gehen links, Richtung Valverde. Der Pfad auf schwarzem Lapilli mündet in eine geteerte Straße, der wir weiter bergauf folgen, bis sich nach 360 m ein großer Felsen am Wegesrand befindet. Hier gehen wir nur einige Meter rechts in die Hauszufahrt und dann links auf dem sehr steil ansteigenden Pfad. Auf der nachfolgenden Straße erreichen wir hinter einer Anhöhe ein großes Gebäude, überqueren die Straße nach halb rechts und gehen links in die gepflasterte Straße. Nach 75 m überqueren wir den Zebrastreifen und gehen in die Einbahnstraße, bis wir bei einem Stoppschild auf den Hinweg gelangen. Wir gehen das restliche Stück des Rückwegs auf dem bekannten Hinweg.

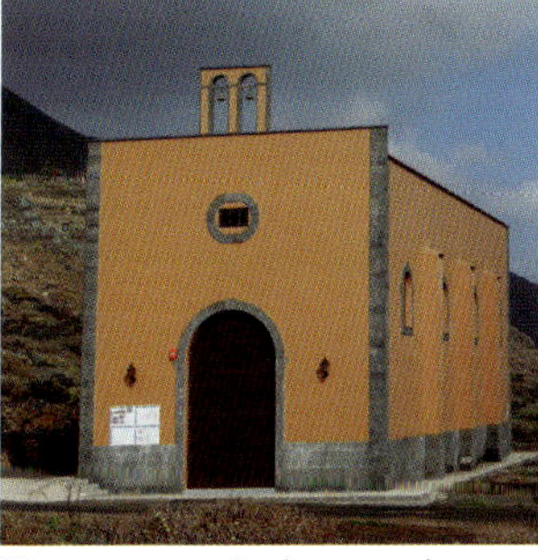

Meerwasserentsalzungsanlage

Hinweis

Auf keinen Fall die Badesachen vergessen.

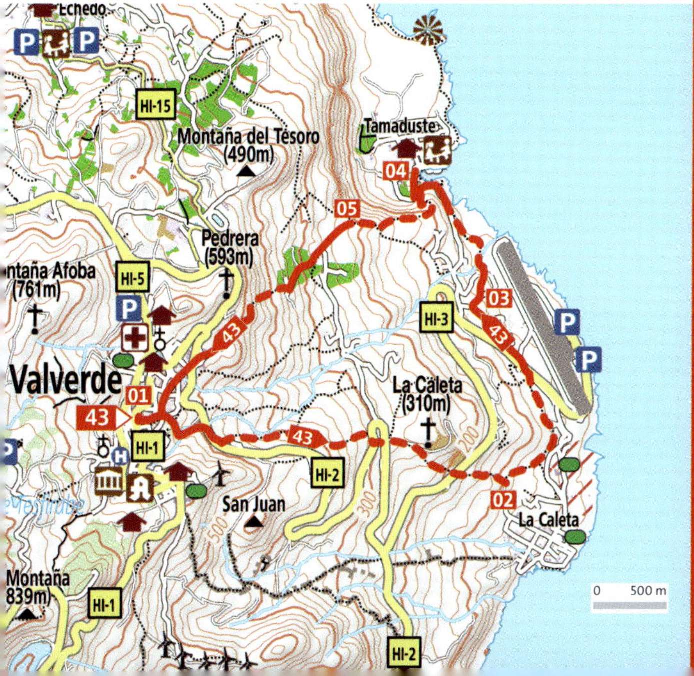

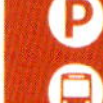
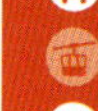
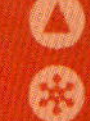
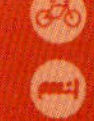

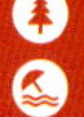

44

HOYO DEL BARRIO – CAMINO DE LOS LOMOS – CAMINO DE JUAN ZERON

Grüne Waldwellen soweit das Auge reicht

 8 km  2:40 h 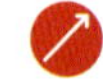 442 hm 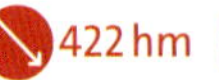 422 hm 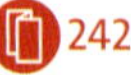 242

START | Busverbindung: keine: Pkw-Anfahrt: Der Start der Wanderung befindet sich 3,9 km westlich von der Inselhauptstadt Valverde, man gerade 3,9 km entfernt. Von Valverde fährt man auf der HI-5 Richtung Frontera und zweigt bei dem Hinweisschild links Richtung Hoya del Barrio ab. Nach steiler Anfahrt endet die Straße, rechts geht es in den Ort, links am Seitenrand kann man bequem parken. Geokoordinaten: [GPS: N27° 48,967020 O-17° 56,236980].
CHARAKTER | Auf der sonst mittelschweren Wanderung ist die größte Herausforderung die Wegfindung. Der Aufstieg durch den Barranco ist gerade im Frühjahr bis in den Sommer stark verwachsen und schwer zu finden. Die Fähigkeit intuitiv sein Ziel zu finden ist sehr hilfreich – ein GPS-Gerät mit dem daraufgeladenen GPS-Track erleichtert das Vorankommen erheblich.

Wenn man eine Wanderung benennen sollte, die sich fernab des Tourismus befindet, dann wäre es diese Wanderung – wobei, kann man bei 1300 Touristenbetten auf El Hierro überhaupt noch von Tourismus reden? Auf vergessenen und versteckten Caminos wandern wir aus dem Übergangsbereich Sukkulentenbusch/Thermophiler

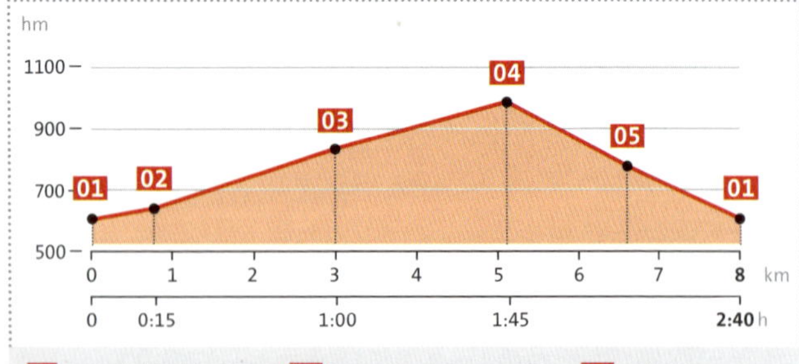

01 Hoya del Barrio 582 m; 02 Barranco de Tagua 672 m; 03 rechts in Eukalyptuswald 836 m; 04 rechts Richtung Moconal 970 m; 05 Camino de Juan Zeron 784 m

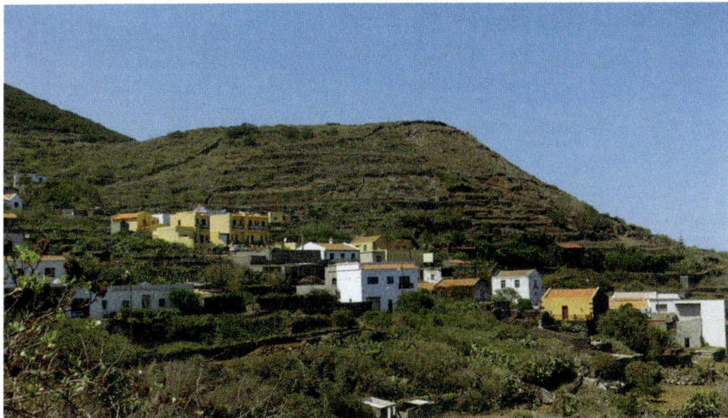

Das kleine Dorf Hoya del Barrio

Buschwald hoch in die Vegetationsstufe des immergrünen Nebelwals. Es geht nicht nur durch die die grüne Lunge von El Hierro, nein die Baumriesen melken ein Maximum an Feuchtigkeit aus den Passatwolken, somit ist diese Region auch gleichzeitig ein riesiger Wasserspeicher. Wir erleben die unberührte Wildnis mit allen Sinnen.

▶ Auf der ortsauswärtsführenden Straße bei **Hoyo del Barrio** 01 (582 m) gehen wir 200 m auf der Straße bergauf, um bei dem weißen Schild am Holzpfahl nach rechts und nach weiteren 150 m halb links auf die Schotterpiste abzuzweigen. Vorbei geht es an einem Einsiedlerhof und weiter, rechts oberhalb des Barrancos, auf einem schwer auszumachenden Pfad. Nach einer kurzen Passage auf felsigen Untergrund queren wir durch eine enge Linkskehre das **Barranco de Tagua** 02 (672 m), erreichen eine Senke, in der Schilfgras wächst, und gehen direkt auf eine Mauer zu. An dieser gehen wir geradeaus, parallel zu einer Baumreihe – an deren Stämmen sich aufgehäufte Steine befinden.

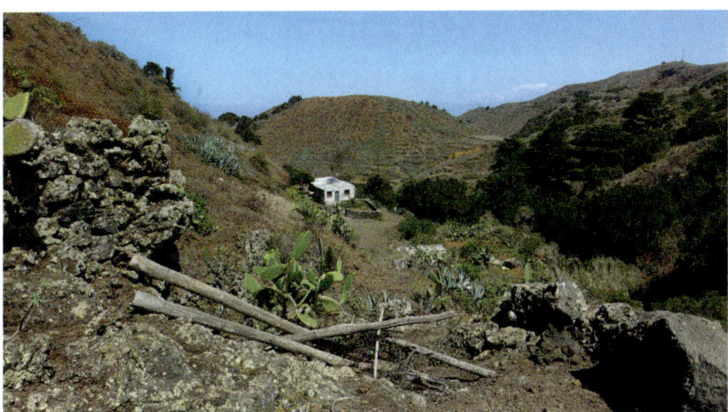

Zugang zum Camino de Los Lomos

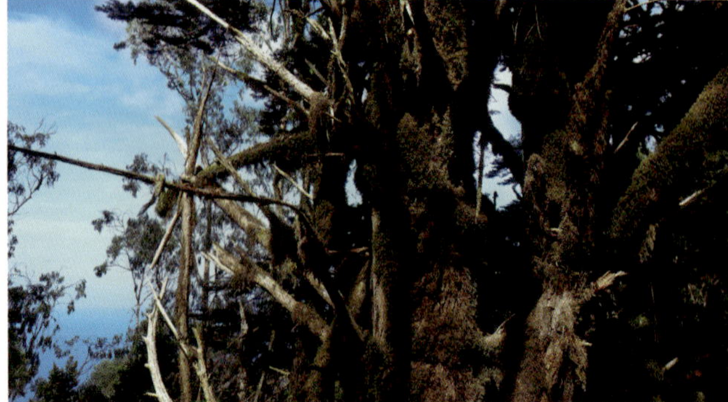

Einer der schönsten Nebelwälder von El Hierro

Wie passieren zwei Ziegenzäune, während wir durch ein Dickicht aus Pflanzen gehen, bis wir halb rechts durch eine Waldschneise 100 m bergaufgehen. Wir befinden uns nun direkt vor einer Wand, an der das Erdreich freigelegt wurde. Hier gehen wir halb rechts, man kann wieder schemenhaft einen Pfad ausmachen, von nun an ist die Wegfindung einfach. Es folgt ein weiterer Ziegenzaun und Apfelbäume stehen am Wegesrand. Ein weiterer Ziegenzaun muss überwunden werden, auch erreichen wir eine weitere Wand, an der das Erdreich freigelegt wurde – hier gehen wir rechts. Es folgt abermals ein Ziegenzaun, nun gesellen sich noch Disteln dazu, diesem Abschnitt ist wahrlich beschwerlich. Nun, auf einer klar zu erkennenden Fahrspur, gehen wir vor einer Senke scharf links, bei einem Gatter endet der Weg und wir gehen links. Wir queren ein Stück des immergrünen Nebelwalds, erreichen ein erstes Gatter und bei dem zweiten Gatter gehen wir links, leicht bergab. Unter einer mächtigen Pinie

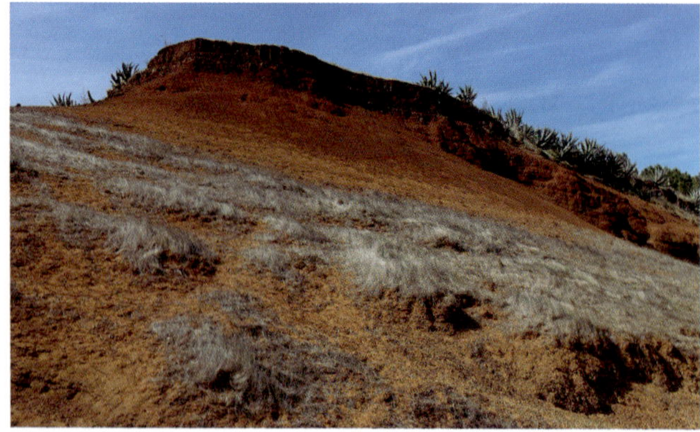

Innehalten wo die Natur verzaubert

befindet sich ein Haus aus Lavagestein. Wir treffen auf eine Weggabelung, der Untergrund besteht aus rotem Gestein, hier gehen wir **rechts in Eukalyptuswald** **03** (836 m). Nach 175 m, 20 m vor einem Gatter, zweigt rechts ein Pfad ab. Es folgt einer der schönsten Waldwege im Norden von El Hierro. Einen halb links bergaufführenden Pfad ignorieren wir, wir gehen halb rechts. Hinter einer Senke mit Terrassenfeldern ist der Weg kurzfristig mit Steinen gesäumt. Aus dem Pfad wird eine Piste und auf einem halb rechts abzweigenden Pfad erreichen wir eine Wasserstelle mit drei angelegten Wasserreservoirs. An der nachfolgenden Piste gehen wir **rechts Richtung Mocanal** **04** (970 m). Beim Busch auf einem rotbraunen Sandhügel gehen wir nicht halb links, sondern bleiben auf dem Hauptweg. Wo wir auf zwei querende Pisten treffen, folgen wir der oberen, bis die Piste vor einer Steinmauer

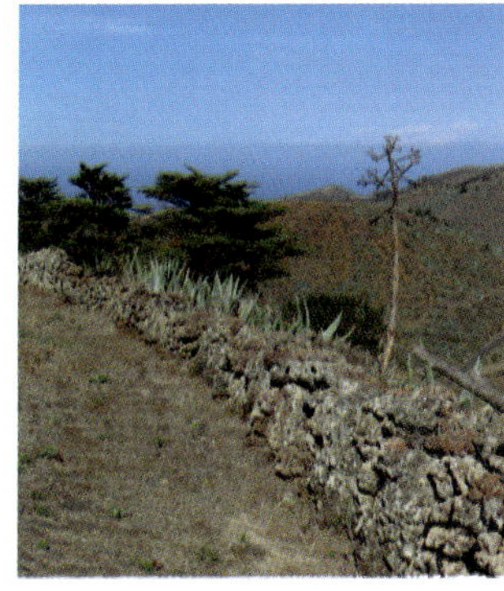

Auf dem Camino de Juan Zeron

endet. Hier gehen wir rechts hinunter, auch wenn der **Camino de Juan Zeron** (784 m) **05** durch eine Markierung weißgelb markiert ist, wir sind auf dem richtigen Weg. Der sehr gut erhaltene Camino mündet in die Straße, auf der wir rechts hinunter – das letzte Stück auf dem Hinweg – bis zum Ausgangspunkt gelangen.

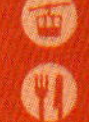
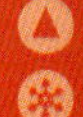
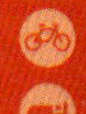
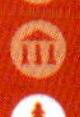
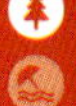

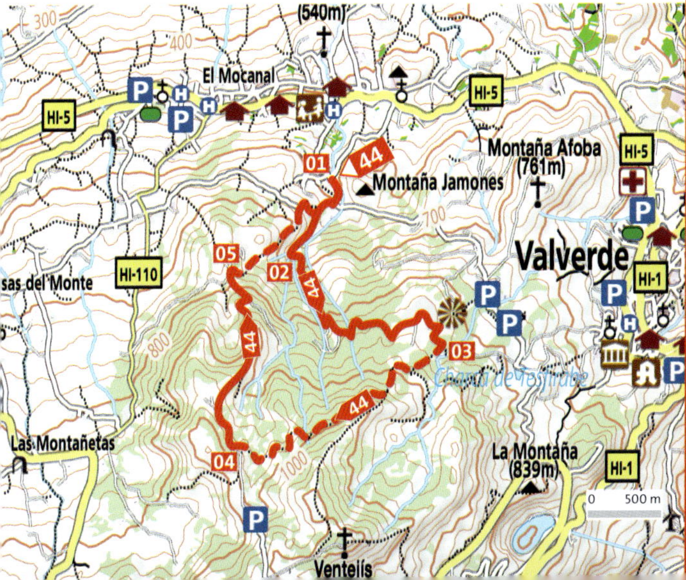

45

HI-5 – MIRADOR DE LA PENA – MIRADOR DE LA SALMOR

Von einer spektakulären Felsengruppe zum eindrucksvollsten Mirador der Insel

  6,4 km  2:35 h  382 hm  376 hm  242

START | Busverbindung: keine. Pkw-Anfahrt: Der Start der Wanderung liegt im Nordwesten der Insel 11 km westlich von Valverde. Auf der HI-5 fährt man Richtung Frontera und direkt vor dem Tunnel befindet sich auf der rechten Straßenseite eine Parkbucht. Geokoordinaten: [GPS: N27° 49,162980 O-17° 59,121000].
CHARAKTER | Mittelschwere Wanderung, die etwas Navigationsgeschick im weglosen Gelände erfordert, dies trifft aber nur auf den Abschnitt zwischen Wegpunkt 1 und Wegpunkt 2 zu.

Den nördlichen Abschluss des El Golfo Tals bildet die Felsengruppe der Roques de Salmor. Der größte, der Roque Grande ragt dabei 110 m aus dem Atlantischen Ozean. Aufgrund seiner isolierten Lage konnte dort die Rieseneidechse – Lagarto gigante – überleben. Immer die Felsengruppe in Blick wandern wir ein kurzes Stück entlang der Steilküste, um dann auf einem vergessenen Camino durch eine Landschaft geprägt von Vulkankegeln bis zum wohl eindrucksvollsten Mirador auf El Hierro aufzusteigen. Mitgestaltet wurde er vom bedeutendsten Künstler der Kanarischen Inseln, Cesar Manrique aus Lanzarote. Wir lernen die Insel von ihrer genusstollsten Seite kennen.

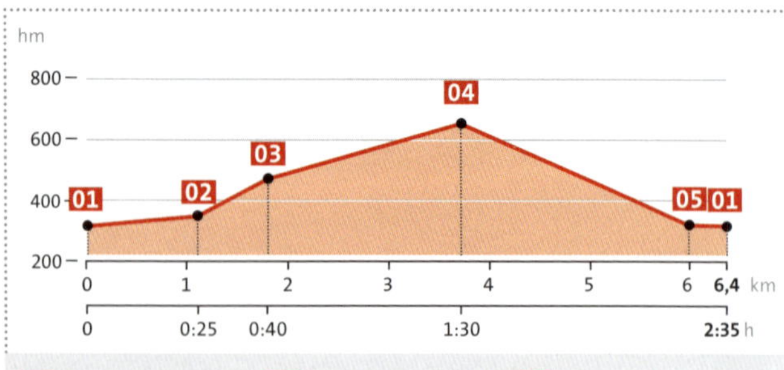

01 Start und Ziel 299 m; 02 Schlüsselstelle 350 m; 03 Montaña de los Muertos 465 m; 04 Mirador de La Pena 653 m; 05 Mirador de La Salmor 302 m

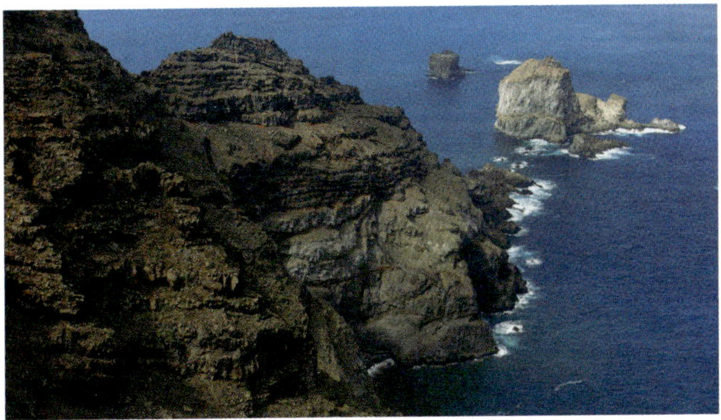

Die Roques de La Salmor im Meer

▶ Vom **Start und Ziel** 01 an der HI-5 (299 m) gehen wir an das obere Ende des Parkplatzes – also an der Stelle, wo er am weitesten vom Tunnel entfernt ist. Über einen Schutthaufen steigen wir nur einige Meter weglos zu den steil abfallenden Felsklippen ab, um dann zwischen diesen und einer Trockensteinmauer zu gehen. Vereinzelte aufgestellte Steinmännchen helfen bei der Orientierung. Wir passieren zwei Mauerdurchbrüche, bis wir oberhalb einer Schlucht angekommen sind. Es folgt die schwierigste Passage dieser Wanderung. Ein Steinmännchen markiert den Einstieg, ein weiteres den Abstieg bis in den Barranco. Unter Zuhilfenahme der Hände steigen wir auf einem sandigen Abschnitt wieder auf, um bei einem weiteren Steinmännchen den Hang nach links zu queren und dabei auf ein Stück von 5 m leicht bergab zu gehen. Nach einem Felsen haben wir dann das Barranco gequert und gehen wieder direkt oberhalb der Steilküste. Immer wieder ergeben sich gigantische Tiefblicke, bis eine mächtige Schlucht das Weitergehen verhindert. An einem Steinmännchen orientieren wir uns nun Richtung Landesinnere. Nach 100 m gehen wir auf der Schotterpiste bis zur Straße vor und gehen auf dem Seitenstreifen 430 m bergauf. An dieser **Schlüsselstelle** 02 (350 m) befinden wir uns 10 m vor dem betonierten Abfluss eines Barrancos. Schauen wir Richtung Landesinnere, so stehen wir vor der Felswand eines abgetragenen Hügels, diese entstand

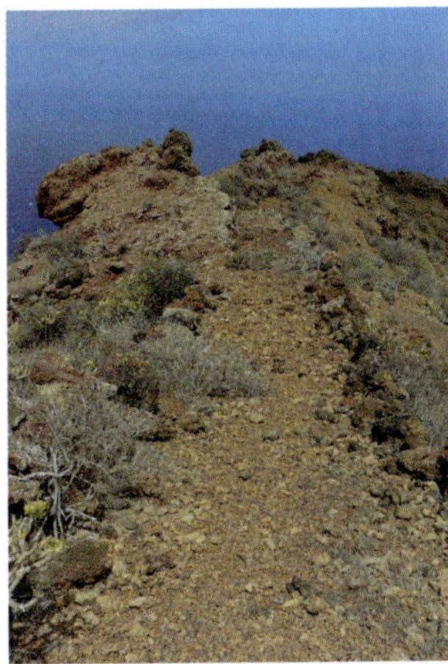

Ein alter und versteckter Camino

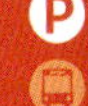
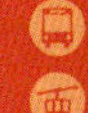
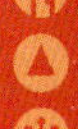
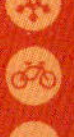
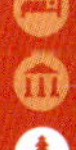

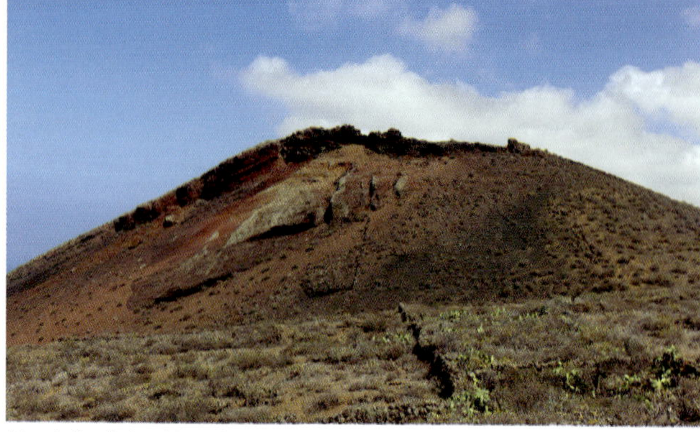
Montaña de los Muertos

beim Bau der Straße. Hier queren wir die Straße und gehen auf der Steinmauer, die den Barranco abgrenzt, Richtung Tunnel. Wir gelangen auf einen 90 cm breiten Pfad, der durch die Felswand des abgetragenen Hügels in einer Linkskehre auf seinen Bergrücken führt. Ist der Camino auf dem ersten Abschnitt noch gut auszumachen, so ist der weitere Pfad unterhalb der Hänge der **Montaña de los Muertos** 03 (465 m) schwerer auszumachen. Schlussendlich mündet er in eine Schotterpiste. Hier gibt es die Möglichkeit rechts auf den Vulkan zu steigen, ein lohnender Ausblick, denn man schaut über viele Vulkankegel bis zum Meer. Wir gehen weitere 250 m bergauf und verlassen die Schotterpiste in einer Rechtskehre bei einer grünen Pforte auf dem geradeaus beginnenden Pfad. Mal die Asphaltstraße erreicht gehen wir bei der nächsten Möglichkeit rechts, bei der nächsten Weggabelung halb links und bei dem hellblauen Haus halb rechts. Im weiteren Verlauf queren wir den Barranco mit dem grünen Geländer, um nach diesem links bergauf zu gehen. Nach kurzem steilen Aufstieg auf einer Straße geht es weiter auf einem Camino, hoch bis zur Anfahrtsstraße zum noch 600 m entfernten **Mirador de La Pena** 04 (653 m). Es ergibt sich eine spektakuläre Aussicht auf das 15 km lange El-Golfo-Tal. Wir gehen zunächst auf dem Hinweg zurück, um dann hinter dem 50-km-Verkehrsschild, vor der Ortschaft Guarazoca, links hinunter in die betonierte Piste zu gehen. Diese liegt noch 20 m vor der Straße, auf der wir beim Aufstieg hochgekommen sind. Schnell verlieren wir an Höhe und gehen im weiteren Verlauf zwischen zwei Vulkankegeln hindurch. Die Piste führt direkt auf ein Haus zu, wir gehen 50 m vor dem Haus rechts entlang einer Mauer direkt auf die Felsgruppe im Wasser zu. Wir kommen vorbei an einem gebauten Windschutz, passieren einen Mauerdurchbruch und sehen ein weiteres Steinmännchen. Von hier aus kann man halb links zu einem weiteren Steinmännchen vorgehen, wir erreichen den **Mirador de La Salmor** 05 (302 m). In den frühen Morgenstunden und zum

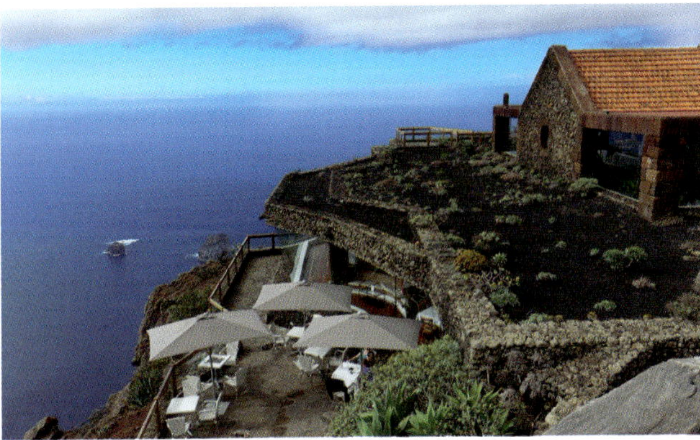

Der Mirador de La Pena

Sonnenuntergang lässt sich besonders an dieser Stelle die Einzigkeit und besondere Schönheit der Insel fotografisch ablichten. Für den weiteren Rückweg gehen wir wieder zu dem oberen Steinmännchen zurück, um dann links auf den Überresten einer Piste durch zwei weitere Steinmauern hindurchzuwandern, bis unterhalb die Straße und die Parkbucht zu sehen ist.

Variante

Möchte man die kleine Exkursion entlang der Steilküste zwischen Wegpunkt 01 und Wegpunkt 02 auslassen, so geht man auf dem Seitenstreifen der HI-5. Damit reduziert sich der Schwierigkeitsgrad der Wanderung auf einfach.

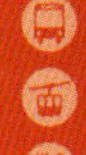

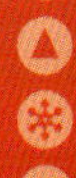

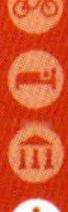

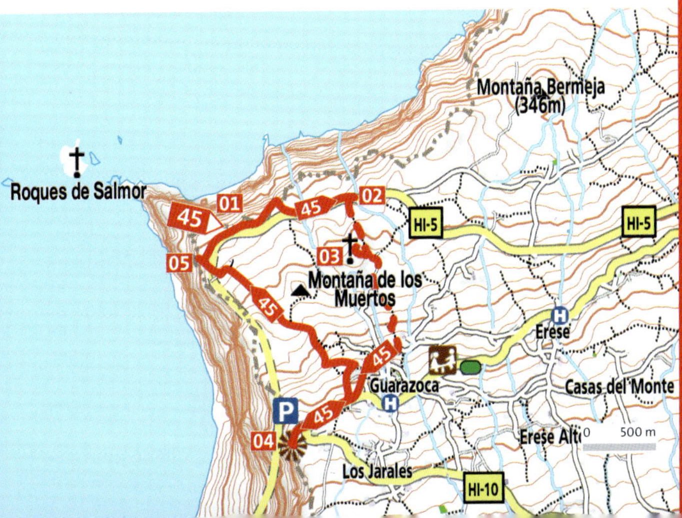

46

EL MOCANAL – CAMINO DE TANCAJOTE – LAS CALCOSAS

Naturerlebnis El Hierro

 8,3 km  3:15 h 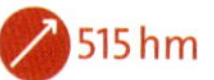 515 hm 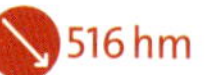 516 hm  242

START | Busverbindung: Linie 3. Pkw-Anfahrt: Der Start liegt nur 3,5 km nordwestlich von Valverde und man erreicht ihn über die HI-5. Bei dem Abzweiger Richtung Hoya del Barrio befindet sich die Bushaltestelle und 50 m vorher befindet sich eine Blechhütte, neben der man parken kann.
Geokoordinaten: [GPS: N27° 49,219980 O-17° 56,233020].
CHARAKTER | Mittelschwere Wanderung.

Pozo de las Calcosas ist eine kleine, von einer 100 m hohen und 300 m breiten Klippe umschlossene Bucht. Dort befinden sich liebevoll restaurierte Häuser mit strohgedeckten Dächern. Neben einer Lavazunge befindet sich eines der schönsten Meeresschwimmbecken im Norden von El Hierro – eine astreine Badegelegenheit und ein Ort mit einer besonderen Ausstrahlung. Auf einem wildromantischen Camino erfolgen Abstieg und Aufstieg entlang von verlassenen Wiesen und Weiden.

Am **Start und Ziel in El Mocanal** 01 (518 m) auf der gegenüberliegenden Straßenseite der Blechhütte – ist wohl eine Garage – beginnt ein Fußweg mit weiß angemalten Wänden, der parallel zum Barranco zur unterhalb liegenden Straße führt. Dort gehen wir links und bei der nächsten Möglichkeit rechts, direkt auf die

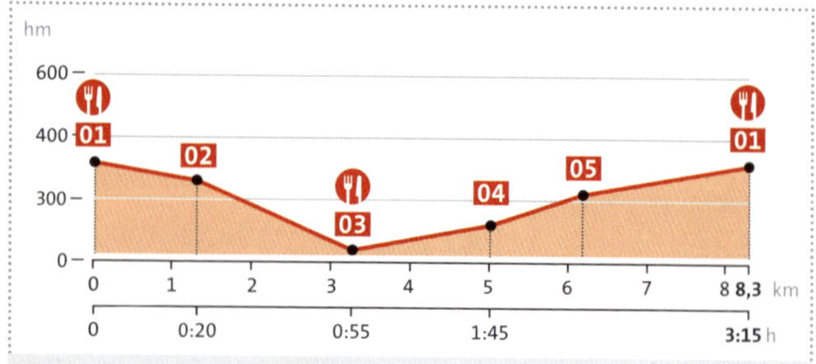

01 Start und Ziel 518 m; 02 Camino de Tancajote 340 m; 03 Las Calcosas 1 m; 04 Weggabelung 155 m; 05 Schlüsselstelle 309 m

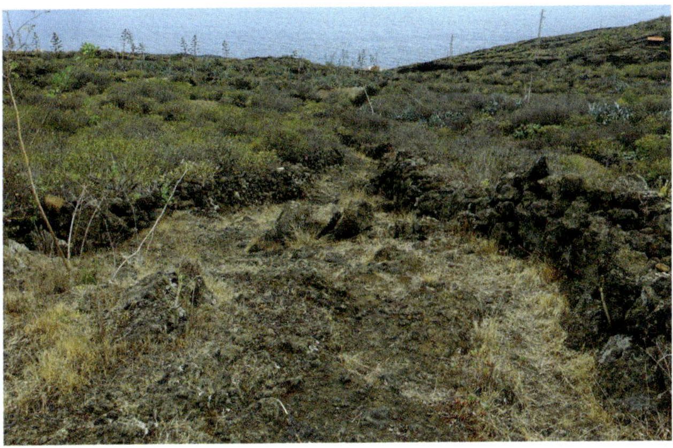

Der Camino de Tancajote

Palme vor einem Haus zu. Wir ignorieren den rechten Abzweiger und gehen geradeaus leicht bergauf durch den Felsdurchbruch, bis zum Ende der Straße. Dort gehen wir rechts und gelangen automatisch auf einen Camino. An einigen Stellen muss man sich durch das Gebüsch drängen und auch eingestürzte Steinmauern müssen umlaufen werden, bis man dann bei den Überresten eines Sendemasts auf den **Camino de Tancajote** **02** (340 m) gelangt und diesen Richtung Meer folgt. Den halb links abzweigenden Camino, noch unterhalb des Sendemasts ignorieren wir und gehen halb rechts weiter. Einen weiteren rechten Abzweiger, quer zum Hang, ignorieren wir. Hinter der Asphaltstraße kommen wir an einer schönen

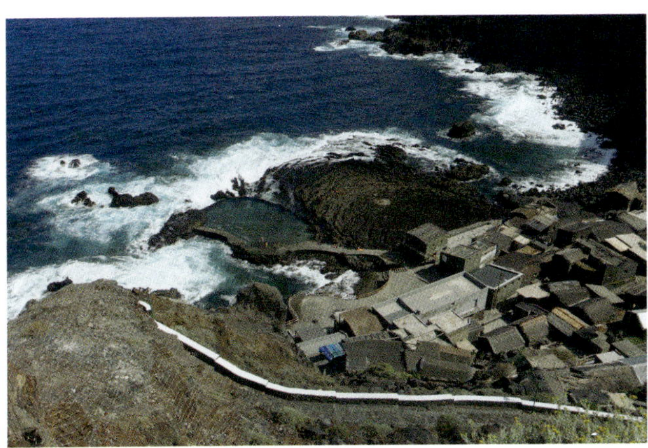

Die Badebecken von las Calcosas

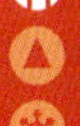
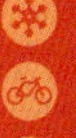
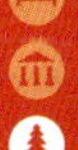

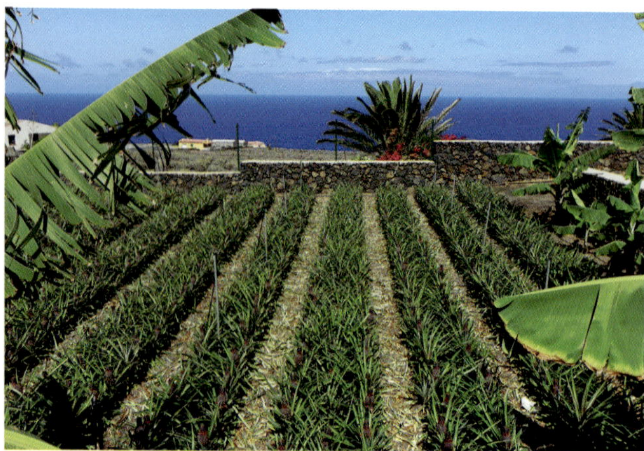

Ananasplantagenweg

Finca vorbei. Der Camino gabelt sich bei einer oberirdisch verlegten Wasserleitung, wir gehen rechts bergauf und erreichen die Asphaltstraße, gehen durch die Streusiedlung von **Las Calcosas** 03 (1 m) bis zu einem Aussichtspunkt. Oberhalb der halbrunden Bucht haben wir einen wunderschönen Blick auf die schwarze Lavazunge, die direkt neben den Badebecken ins Meer reicht. Nach einem kurzen Abstieg sind die einladenden Naturschwimmbecken erreicht. Wir gehen auf dem gepflasterten Weg zur Straße zurück. Vorbei an dem San Lorenzo Heiligenschrein gehen wir wieder die Anfahrtsstraße hoch und an dem roten und gelben Haus vorbei. Dann gehen wir nicht auf den Camino vom Hinweg, sondern durch die Rechtskehre auf der Asphaltstraße, die kurz später zur Piste wird vorbei an Ananasplantagen. Bei der Dreiwegegablung folgen wir halb rechts der Hauptpiste, um in der folgenden Linkskehre der Straße geradeaus einem Pfad entlang der Überreste eines Gewächshauses zu folgen. Nach einem kurzen Anstieg erreichen wir eine **Weggabelung** 04 (155 m), halb rechts kann man in der Ferne zwei Häuser ausmachen, wir wandern links auf dem Camino weiter. Den folgenden rechten Abzweiger ignorieren wir, vorbei laufen wir in einem glatt geschliffenen Trockenbachbett und Ruinen links des Weges. Wir erreichen eine Art Caminó Kreuzung, wir gehen geradeaus weiter auf dem bergaufführenden Weg Richtung eines markanten Felsens, der sich aus der Landschaft erhebt. An diesem wandern wir links vorbei und stellen dabei fest, dass es eine kleine Lavahöhle ist. Ist die Asphaltstraße erreicht gehen wir genau 220 m, um an die-

Tipp

Die grüne Skulptur NEPTUNO Y EL MAR des ortsansässigen Künstlers Ruben Armiche auf dem unteren Weg zu den Badebecken auf keinen Fall verpassen.

ser **Schlüsselstelle** 05 (309 m) die Straße wieder nach halb rechts zu verlassen, auf einem nun gut auszumachenden Camino. Noch vor einem quadratischen Turm ignorieren wir den rechten Abzweiger und gehen direkt auf den Turm zu. Auch den nachfolgenden linken Abzweiger ignorieren wir. Sobald wir oberhalb die Häuser von El Mocanal sehen, endet der Camino. Wir gehen die Asphaltstraße weiter, bis sie endet, und dann links durch den unteren Dorfteil von **El Mocanal** 01, bis wir auf den Hinweg treffen.

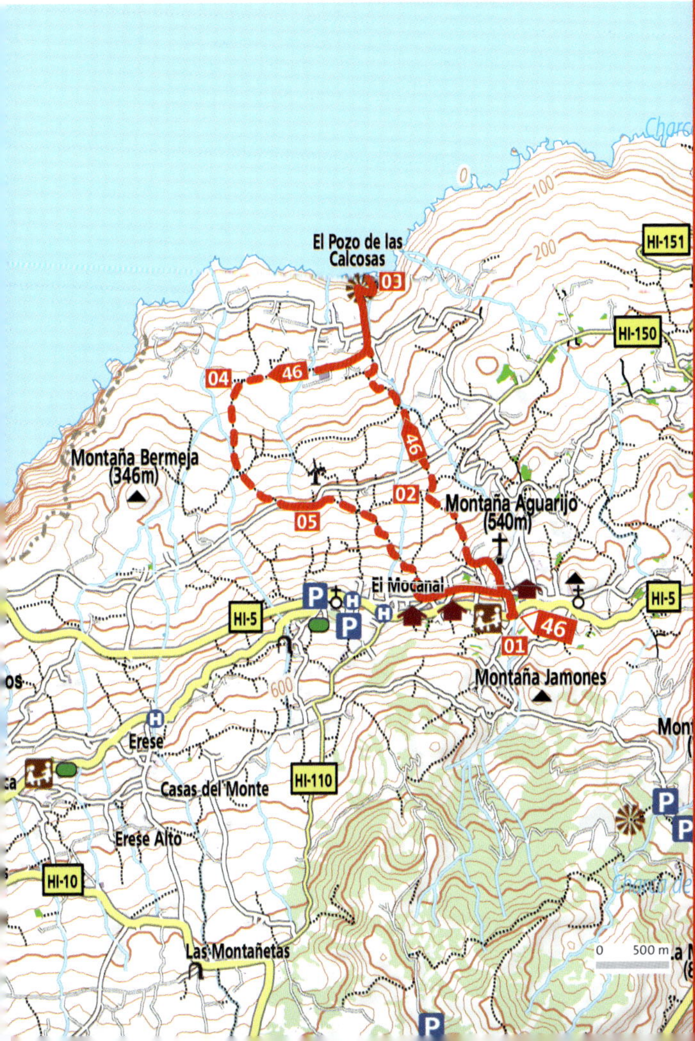

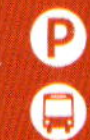

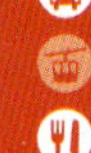

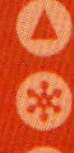

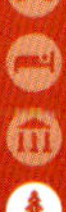

EL MOCANAL – ECHEDO – CAMINO DEL VALLADO – EL MOCANAL

Vorbei an vier Weinpressen sollst du gehen...

 6,8 km 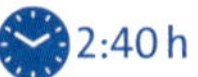 2:40 h 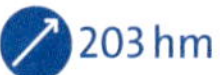 203 hm  203 hm  242

START | Busverbindung: Linie 3. Pkw-Anfahrt: Der Start liegt nur 3,5 km nordwestlich von Valverde und man erreicht ihn über die HI-5. Bei dem Abzweiger Richtung Hoya del Barrio befindet sich die Bushaltestelle und 50 m vorher befindet sich eine Blechhütte, neben der man parken kann.
Geokoordinaten: [GPS: N27° 49,222020 O-17° 56,212980].
CHARAKTER | Leichte Wanderung auf guten Wegen mit nur geringem Höhenunterschied.

Im Norden der Insel, im Dreieck zwischen den Ortschaften Valverde, Echedo und Mocanal befinden sich die 3 größeren und stark erodierten Vulkane Montana Cueva de la Paja 535 m, Montana Arines 556 m und Montana Tenesedra 552 m. Durch diese liebliche Vulkanlandschaft, vorbei an alten und restaurierten Weinpressen und die dazugehörigen Weinfelder führt diese Genusswanderung.

Am Start und Ziel in **El Mocanal** 01 (518 m) beginnt auf der gegenüberliegenden Straßenseite der Blechhütte – ist wohl eine Garage – ein Fußweg mit weiß angemalten Wänden, der parallel zum Barranco zur unterhalb liegenden Straße führt. Dort gehen wir rechts, folgen der Ausschilderung Richtung Valverde und ignorieren Abzweiger, bis wir kurz vor der Hauptstraße halb

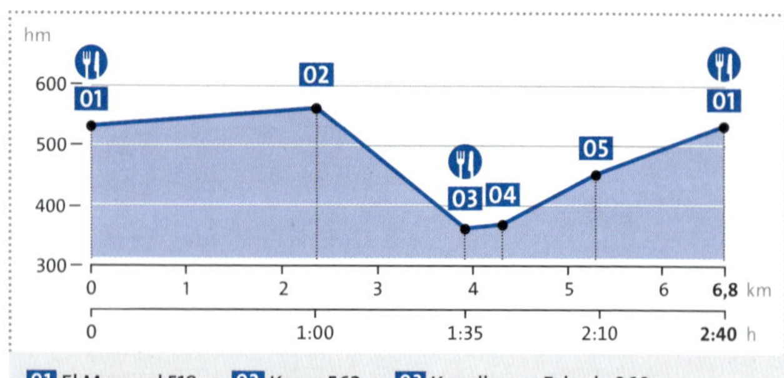

01 El Mocanal 518 m; 02 Kreuz 562 m; 03 Kapelle von Echedo 360 m; 04 Weinpresse 370 m; 05 Roque 451 m

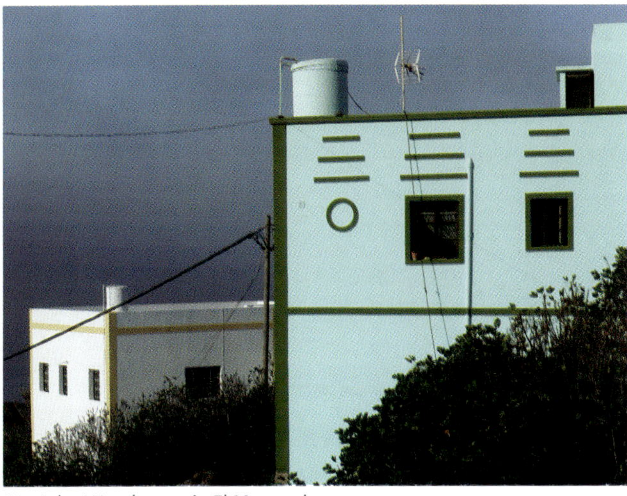

Start der Wanderung in El Mocanal

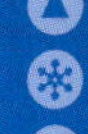
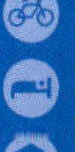

links auf dem Camino Pinto, an der kleinen Kapelle vorbeigehen. Nach einem kurzen Abstieg hinter einem Anwesen ignorieren wir den linken Abzweiger und nach weiteren 100 m befindet sich 70 m entfernt von der Straße, der Weg ist auch gelb-weiß markiert, eine in die Jahre gekommene Weinpresse. Wieder auf der Asphaltstraße geht diese in einen gepflasterten Camino über. Im weiterem tangieren wir die Verbindungsstraße von Valverde nach Frontera und schlussendlich gehen wir 570 m auf dem

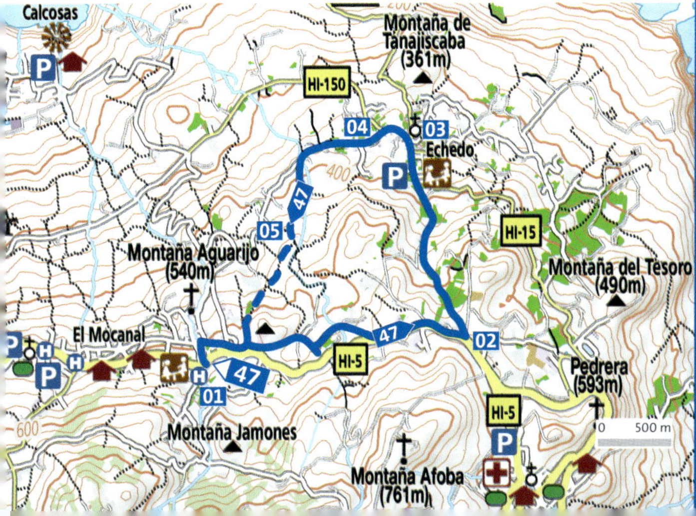

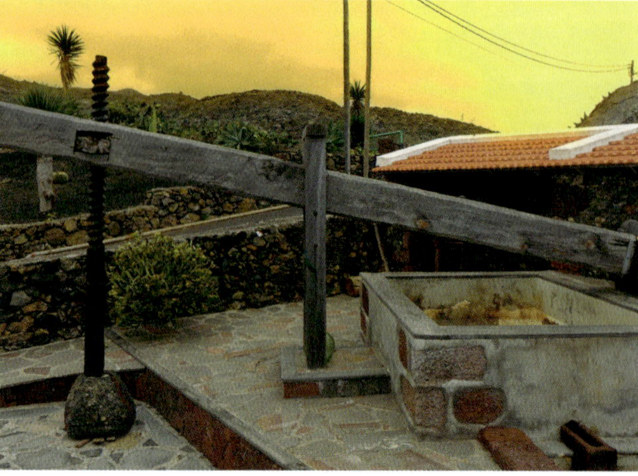

Restaurierte Weinpresse

Seitenstreifen der Straße bis zu einem hölzernen **Kreuz** 02 (562 m), das am Wegesrand steht. Hier gehen wir scharf links in die Sackgasse hinein. Rechts und links des Weges befinden sich Weinreben, malerisch führt der mit bis zu 2 m hohen Trockensteinmauern gesäumte Camino zwischen Vulkankegeln hindurch. Wir kommen an einer Bodega vorbei, auch hier befindet sich hinter einem verschlossenen Gatter eine Weinpresse. In der Ferne kann man bereits das Dorf Echedo ausmachen. Bei dem kleinen Bushaltestellenhaus mündet unser Weg in die Hauptstraße, wir biegen aber bereits nach 60 m vor der **Kapelle von Echedo** 03 (360 m) links Richtung El Mocanal ab. Bei der nächsten Weggabelung führt unser weiterer Weg halb links Richtung El Mocanal, wir ignorieren den Abzweiger halb rechts nach El Golfo. Nach 210 m erreichen wir eine perfekt restaurierte **Weinpresse** 04 (370 m), auch eine alte Waage gehört zu der Sammlung. An dem Haus neben der Weinpresse, leider auf einem Privatgrundstück, sind die typischen Werkzeuge, die im Weinanbau Anwendung finden, künstlerisch an der Hauswand befestigt. Es geht weiter auf der Straße und wir befinden uns gut 100 m hinter einer letzten Villa, vor uns befindet sich ein großer Felsen, hier gehen wir links die betonierte Straße hoch Richtung des Roques Bermejo. An dem links liegenden Anwesen vorbei geht es auf dem Camino del Vallado bergauf. Einen ersten Abzweiger nach links lassen wir unbeachtet und an einem **Roque** 05 (451 m) gabelt sich der Pfad, wir gehen halb links weiter. Bei einem weiteren etwas oberhalb stehenden Roques gehen wir halb rechts weiter. Es folgt nun der dritte markante Roque, wir gehen links weiter und gehen auf der nachfolgenden Asphaltstraße hoch, bis sie endet. Anschließend gehen wir das restliche Stück des Rückwegs auf dem bekannten Hinweg.

EL MOCANAL – MIRADOR DE LA PENA

Reichtum der Flora, ein kulturelles Highlight und ein atemberaubender Ausblick – ein unvergessliches Wandertag

  8,7 km  3:10 h  212 hm  212 hm  242

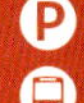
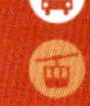

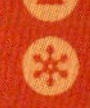
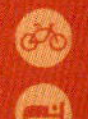

START | Busverbindung: Linie 3. Pkw-Anfahrt: Der Start befindet sich 5 km westlich von der Inselhauptstadt Valverde. Man fährt auf der HI-5 Richtung Frontera und hinter der Ortschaft El Mocanal, bei dem großen Kreisverkehr, kann man bequem vor der Kirche parken. Geokoordinaten: [GPS: N27° 49,285980 O-17° 57,015000].
CHARAKTER | Aufgrund der wenigen Höhenmeter eine leichte Wanderung, aber wegen der extrem vielen Abzweigemöglichkeiten muss man sich sehr auf die Navigation konzentrieren.

Die Wanderung führt die durch die Vegetationszone des Thermophilen Buschwald und wurde bereits von der frühzeitlichen Bevölkerung auf El Hierro besiedelt. Diese Zone begeistert aufgrund des Reichtums der Flora: Die Kanarische Dattelpalmen, den Drachenbaum, die wilde Olive, die Atlantische Pistazie, verschiedenstfarbige Hibiskus und weitere Sträucher wie den Natternkopf, den Kanarenbeifuß, die Montpellierzistrose, das Kanarische Sonnenröschen und den Sauerampfer. Der kulturelle Höhepunkt ist ohne Frage der Mirador de La Pena. Von den Aussichtsterrassen ergibt sich ein atemberaubender Blick über das El Golfo Tal.

▶ Vom **Start und Ziel** 01 (500 m) gehen wir auf der Calle Tesbabo

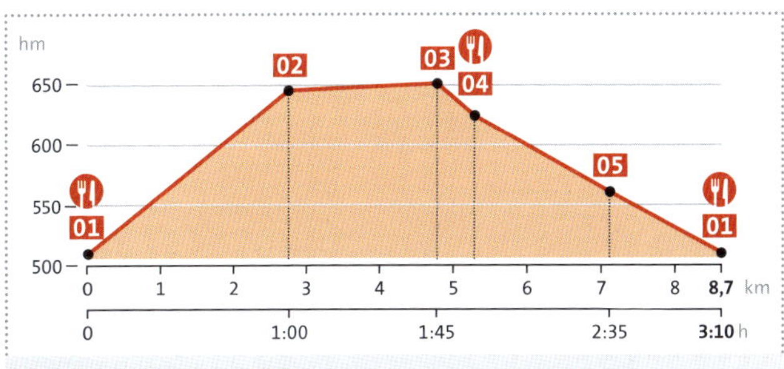

01 Start und Ziel 500 m; 02 halblinks Camino 646 m; 03 Mirador de La Pena 650 m; 04 Guarazoca 623 m; 05 Erese 556 m

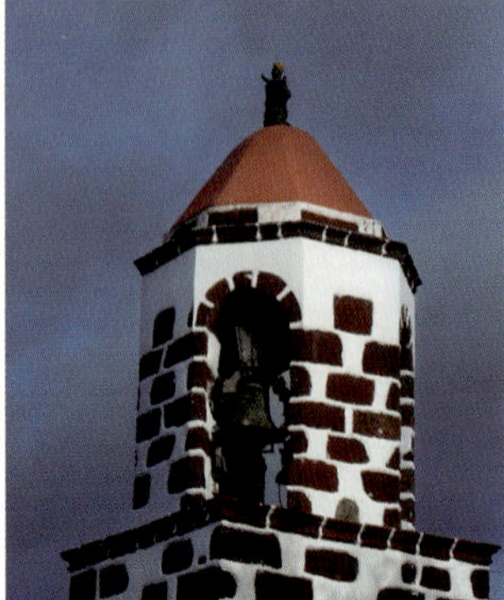

Ermita San Petro

bergauf – diese liegt zwischen dem Kreisverkehr und der Kirche. Den ersten linken Abzweiger zum Fußballplatz ignorieren wir und direkt vor einer asphaltierten Parkbucht und einem grünen Garagentor biegen wir halb links, vor der Steinwand, auf dem Camino ab. Sobald wir eine Holzhütte sehen verlassen wir den Pfad nach rechts bei einem Mauerdurchbruch und gehen auf der nachfolgenden betonierten Straße bergauf. Die Straße mündet in eine breitere und asphaltierte Straße, auf der wir halb rechts bergauf gehen und nicht links in den Camino. Wir gehen gut 500 m bergauf und ignorieren Abzweiger, bis die Straße eine Rechtskehre macht, wir kommen an einem weißen Haus mit grünen Fenstern vorbei. Wir befinden uns nun auf dem Camino Casas del Monte und gehen direkt auf einen einzeln stehenden Zedernwacholderbaum zu. Einen rechten und einen linken Abzweiger ignorieren wir. Rechts unterhalb sehen wir das Dorf **Erese,** bei der darauffolgenden Kreuzung gehen wir geradeaus weiter. Die Straße endet nach einer Rechtskehre bei einer Yucca-Palme. Wir gehen links weiter und verlassen nach 200 m, kurz nach einem rotbraunen Haus, die Straße nach **halb links auf den Camino** 02 (646 m). Wir queren im weiteren Verlauf ein Trockenbachbett und einen Hang, in der Blütezeit ist dieser Wegabschnitt meist stark verwachsen.

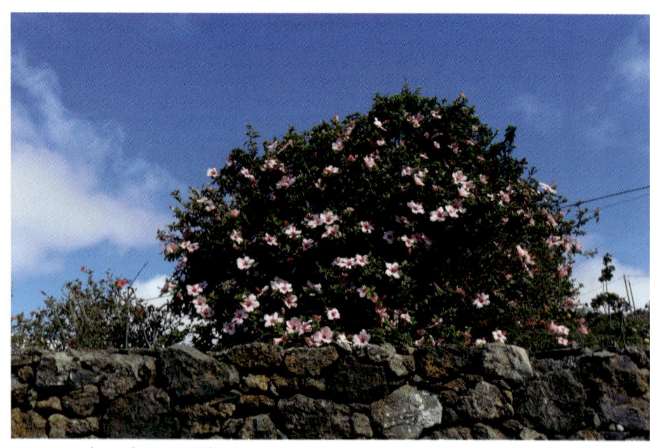

Ein wunderschöner Hibiskus

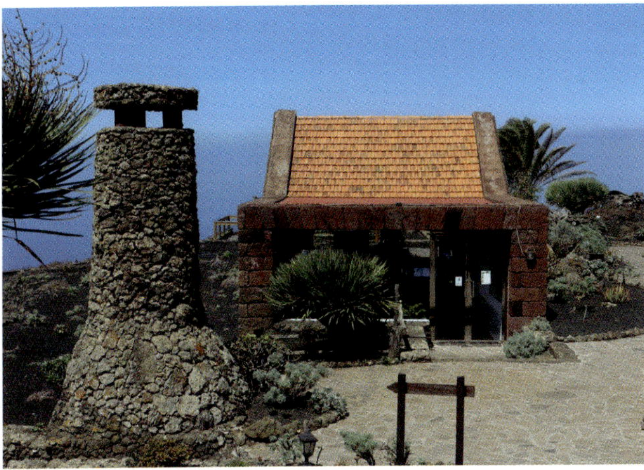

Mirador de La Pena

Ca. 150 m vor einem weißen Haus mit rotbraunem Dach gehen wir bei der Weggabelung links bergauf. In einer Rechtskehre geht es durch ein Trockenbachbett. Mal auf der Straße gehen wir sofort links bergauf, bei der darauffolgenden Weggabelung halb rechts, es geht an einem Haus mit grünen Fensterläden vorbei, bis wir dann auf einem Camino gelangen. Ein Trockenbachbett wird gequert

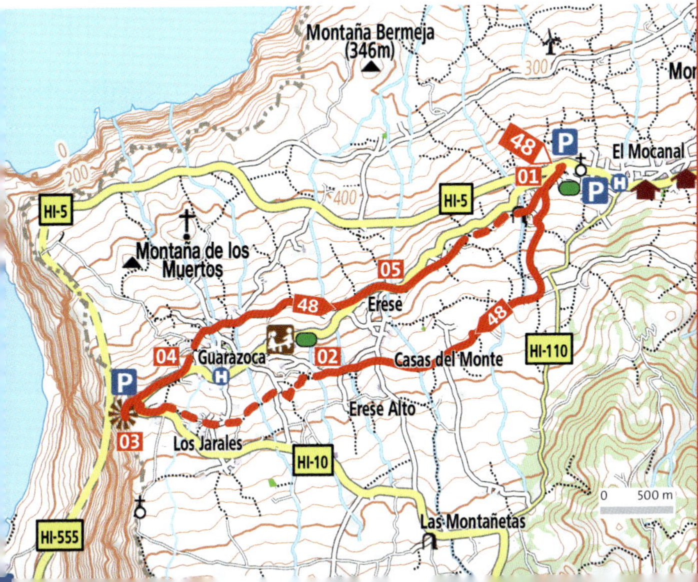

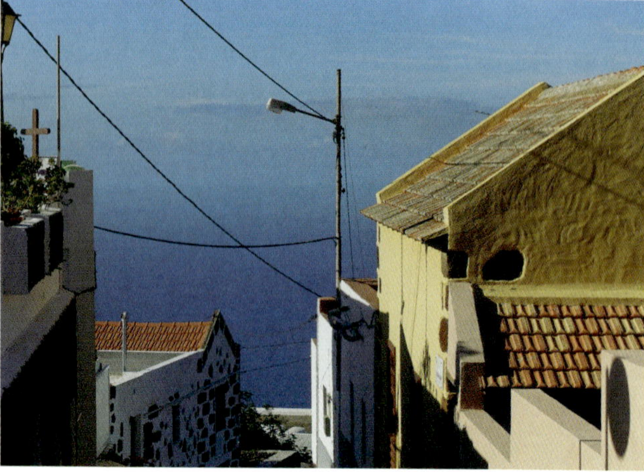

Das Dorf Erese

und wir gehen auf das kleine Dorf Los Jarales zu, wo wir auf eine Asphaltstraße geradeaus weiter bis zur großen Kreuzung gehen. Von dort gehen wir halb rechts auf der Schotterpiste weiter und lassen das nachfolgende betonierte Gebäude auf der rechten Seite links liegen und gehen abermals durch ein Trockenbachbett. Nach 200 m ist ein flaches Haus mit einer bei einer beigefarbenen Garage erreicht, hier gehen wir links, sofort wieder rechts und folgen der Straße, bis wir auf den linken Abzweiger zum **Mirador de La Pena** 03 (650 m) treffen. Nach dem genussvollen Verweilen am Mirador gehen wir auf dem Seitenstreifen der Straße, Richtung der Ortschaft **Guarazoca** 04 (623 m). 80 m hinter dem 50-km/h Verkehrsschild biegen wir links auf den bergabführenden Camino, auch ausgeschildert Richtung Valverde und Echedo. Nach einem steilen Abstieg gehen wir an der Asphaltstraße rechts, um das Barranco mit dem grünen Geländer zu überqueren, gehen bei der hellblauen Finca links und im weiteren Verlauf halb rechts auf der Asphaltstraße. Bei dem nächsten Verkehrsspiegel gehen wir halb rechts. Nach einem langen Wegstück ohne Bebauung und einem kurzen Aufstieg erreichen wir wieder die Hauptstraße. Auf der Straße gehen wir 350 m durch den Ort **Erese** 05 (556 m). Dort, auf der gegenüberliegenden Straßenseite der Villa El Cercado, folgen wir der halb rechts und bergaufführenden betonierten Straße nach Echedo, die kurz später wieder in einen wunderschönen alten Camino mündet. Bei guter Fernsicht kann man von dieser Stelle den Vulkankegel des Berges Teide auf der Nachbarinsel Teneriffa ausmachen. Wir ignorieren Abzweiger, bis wir bei Häuser an eine Weggabelung gelangen, hier gehen wir halb links bergab, auch ausgeschildert Richtung Echedo. Nach weiteren 400 m erreichen wir den Ausgangspunkt.

TAMADUSTE – PLAYA FORTALEZA

Vulkanischer Lehrpfad

  4,6 km  1:55 h 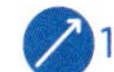 19 hm  19 hm 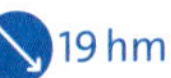 242 

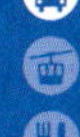
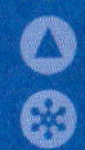
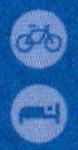

START | Busverbindung: Linie 6. Pkw-Anfahrt: Der Start liegt 8,8 km nordöstlich von Valverde und man erreicht ihn zunächst über die HI-2 Richtung Flughafen, zweigt aber vorher auf die HI-20 nach Tamaduste ab. Man fährt vorbei an mehreren Meeresschwimmbecken und biegt links in die Calle Los Cardones, um hinter dem Restaurant Bimbache links und sofort abermals links abzubiegen und in der Zielstraße zu parken.
Geokoordinaten: [GPS: N27° 49,534980 O-17° 53,782980].
CHARAKTER | Leichte Wanderung, bei der es aber leicht zu Verletzungen an dem extrem scharfkantigen Vulkangestein kommen kann.

Dieser Pfad wurde von der Insel Regierung in Auftrag gegeben, und mühsam durch die Malpais angelegt, mit der Intention, dass der Besucher und Wanderer hautnah mit der vulkanischen Geschichte der Insel in Verbindung treten kann. Nimmt man sich auf diesem Weg der Langsamkeit die nötige Zeit, so entdeckt man bizarre Felsen, beeindruckende Basaltsäulen, einen aussichtsreichen Mirador, unzählige Roques, einen ursprünglichen Strandabschnitt und zum Schluss noch das Brandungstor Arco de La Fortaleza.

▶ Vom **Start und Ziel in Tamaduste** 01 (19 m) gehen wir auf

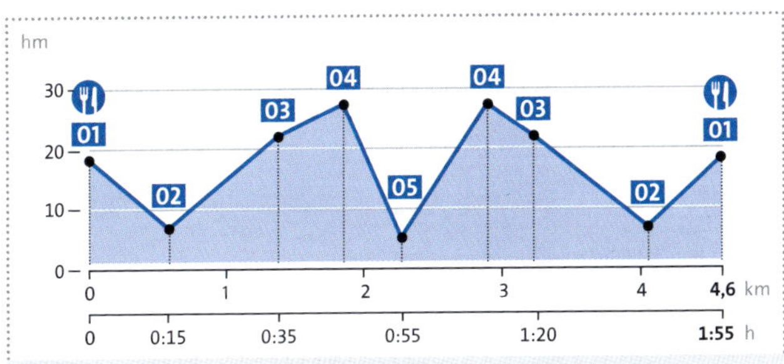

01 Start und Ziel in Tamaduste 19 m; 02 Küste 6 m; 03 Mirador Roque de las Gavitos 21 m; 04 Blick entlang der Küste 27 m; 05 Playa Fortaleza 4 m

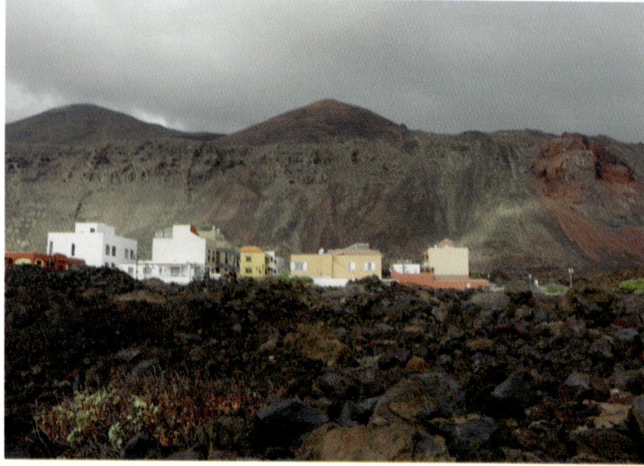

Die letzten Häuser von Tamaduste

der Calle Malpais Richtung Meer. Vorbei kommen wir an dem stilistisch interessant und gleichzeitig merkwürdigen Betonbau des Sportplatzes, ignorieren den nachfolgenden linken Abzweiger und gehen durch eine Linkskehre der Straße, bis sie endet. Ab hier beginnt der ausgezeichnete Pfad Richtung Playa Fortaleza. Wir erreichen das erste beeindruckende Naturschauspiel. Aus den Fluten erheben sich Magmasäulen, die an Pfeifen einer gigantischen Orgel erinnern. Basaltsteine können nur in dieser Form entstehen, wenn Magma an der Luft erstarrt. Entlang der **Küste** 02 (6 m) mit seiner extrem salzhaltigen Luft und den nährstoffarmen Böden wächst die seidenhaarige Schizogyne. Ihre kräftige gelbe Blüte steht im krassen Kontrast zum schwarzen Untergrund. Der von Vulkangestein gesäumte Weg führt nun direkt in die sogenannte Malpais Grande, in der Übersetzung ins Deutsche bedeutet es schlechtes Land. Aufgrund der Vulkanausbrüche ist das Land so zerklüftet, dass es nicht mehr zur landschaftlichen Nutzung oder zur Tierhaltung genutzt werden kann. Abstecher rechts und links des Weges bedeuten erhebliche Verletzungsgefahr. Wir kommen vorbei an zwei Kreuzen und erreichen einen gemauerten Aussichtspunkt, den **Mirador Roque de las Gaviotas** 03 (21 m), wie der Name schon sagt auf den Roque Gaviotes. Wie entstehen Roques? Aus dem Munde eines nicht Vulkanologen klingt das wie folgt: Was wir vor uns sehen, ist das erstarrte Magma, das bei einem Vulkanausbruch nicht ausgeworfen wurde, und im Laufe der Jahrtausende hat die voranschreitende Erosion, in diesem Falle die tosenden Wellen des Meeres, das weichere Gestein abgetragen, es blieb der Roque. Immer wieder gleitet der **Blick entlang der Küste** 04 (27 m), dabei sollte man nicht die Konzentration auf den Weg verlieren, denn wir gehen auf sogenannter Aa Lava,

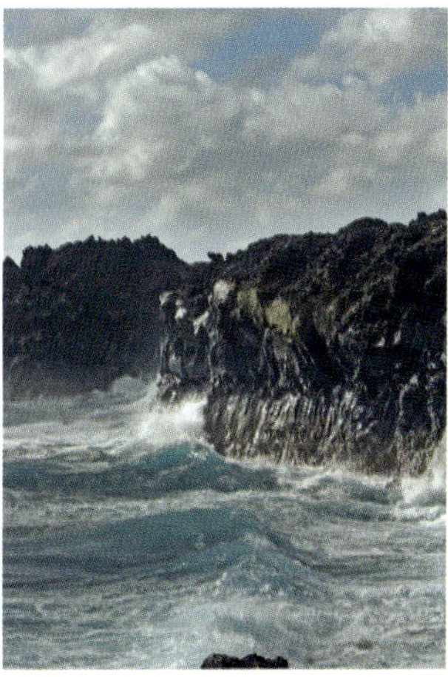

Die wilde Nordostküste von El Hierro

auch Brockenlava genannt. Beim Abkühlen bildete sich eine dicke Kruste, die bei weiterer Bewegung in raue und messerscharfe Teilchen zerbrochen ist. Wenn wir ein nicht in das Landschaftsbild passendes Stück Holz sehen, sind es nur noch einige Meter bis zum **Playa Fortaleza** 05 (4 m). Ein Strandabschnitt – naja Strand ist eigentlich übertrieben – mit riesigen rund geschliffenen Steinen. Aufgrund der starken Brandung ist nicht an Baden zu denken. Bei Niedrigwasser, geringem Wellengang und wenig Wind kann man rechts vom Strand auf die Klippen klettern und nach weiteren 5 m auf einer Landzunge erreicht man den Arco de La Fortaleza. Über Jahrtausende wurde er durch die kräftige Brandung moduliert. Weitergehen ist lebensgefährlich. Auf dem linken Strandabschnitt befinden sich noch Basaltsteine zum Anfassen. Wir gehen auf dem bekannten Hinweg zurück.

Hinweis

Geht man diese Wanderung mit Kinder, so ist die Mitnahme von Desinfektionstüchern zur schnellen und hygienischen Reinigung von kleinen Verletzungen sinnvoll.

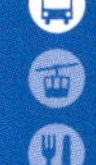
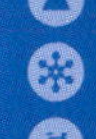
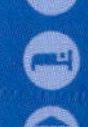

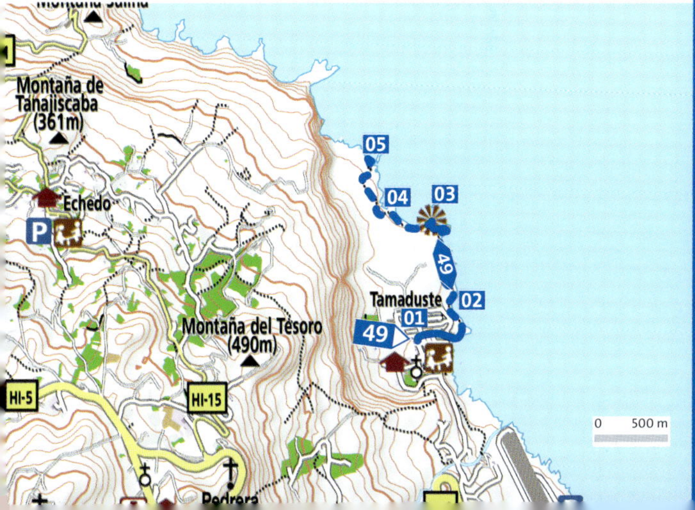

50

TAMADUSTE – CHARCO MANSO – ARCO DE LAS SALINAS – ECHEDO

Spektakuläre Wanderung entlang der unberührten Nordwestküste

 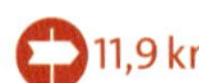 11,9 km  4:45 h 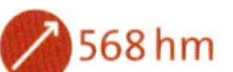 568 hm  562 hm  242

START | Busverbindung: Linie 6. Pkw-Anfahrt: Der Start liegt 8,8 km nordöstlich von Valverde und man erreicht ihn zunächst über die HI-2 Richtung Flughafen, zweigt aber vorher auf die HI-20 nach Tamaduste ab. Man fährt vorbei an mehreren Schwimmbecken und biegt links in die Calle Los Cardones, um hinter dem Restaurant Bimbache links und sofort abermals links abzubiegen und in der Zielstraße zu parken.
Geokoordinaten: [GPS: N27° 49,534980 O-17° 53,782980].
CHARAKTER | Mittelschwere Wanderung, für die man einen guten Orientierungssinn benötigt, um intuitiv sein Ziel zu finden.

Der Nordosten von El Hierro ist so gut wie gar nicht touristisch erschlossen, hat aber unentdeckte Naturschönheiten, die auf dieser spektakulären Wanderung entdeckt werden. Besonders beeindruckend sind die unzähligen Gesellschaften von Kanaren Wolfsmilch, das Brandungstor und die Badebecken Charco Manso. Ein kulinarischer Höhepunkt ist eines der besten Restaurants auf El Hierro.

Was braucht der Mensch zu seinem Glück? Draußen sein!

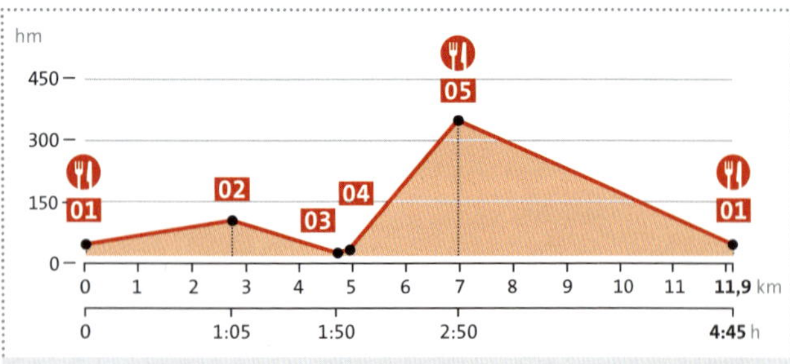

01 Start und Ziel Tamaduste 20 m; 02 Kanaren-Wolfsmilch 100 m; 04 Charcco Manso 8 m; 03 Arco de Las Salinas 4 m; 05 Restaurant in Echedo 353 m

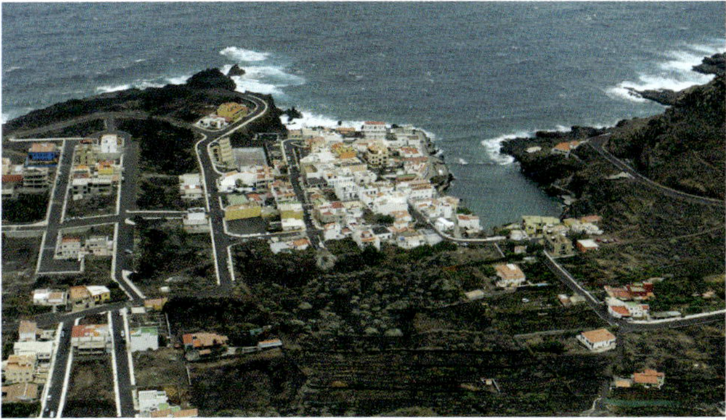

Tamaduste

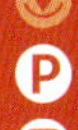

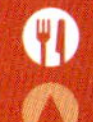
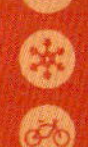
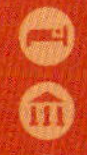

Vom **Start und Ziel in Tamaduste 01** (20 m) gehen wir die Zielstraße bergauf bis sie endet, um dort links zu gehen und dem Straßenverlauf durch die Rechtskurve zu folgen. Diese biegt nach 160 m scharf rechts ab, während wir geradeaus auf der beginnenden Piste gehen. Die Schotterpiste gabelt sich, wir halten uns auf dem linken Abzweiger. Während wir so an den ausgelagerten Müllresten von Tamaduste vorbeikommen, sollten wir die Möglichkeit nutzen und den Blick in die Ferne schweifen lassen, entlang des links von uns liegenden Montaña Del Pico. Oberhalb lässt sich eine Ruine ausmachen, die erreicht man über einen gut zu erkennenden Pfad, der den Hang bergauf führt. Das ist unser Weg für den Aufstieg. Zu guter Letzt ist die Piste kaum noch auszumachen, der nachfolgende Pfad gabelt sich, während wir halb links steil über rutschiges Geröll zu einem Steinmännchen aufsteigen. Der nachfolgende Ziegenpfad führt kontinuierlich bergauf und kurz vor einer kleinen

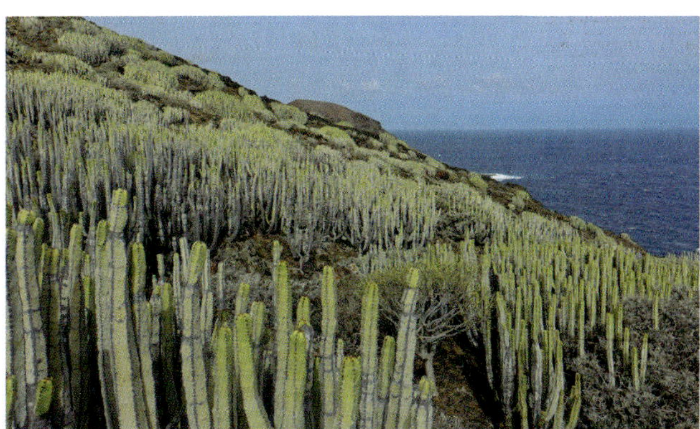

Kanaren-Wolfsmilch

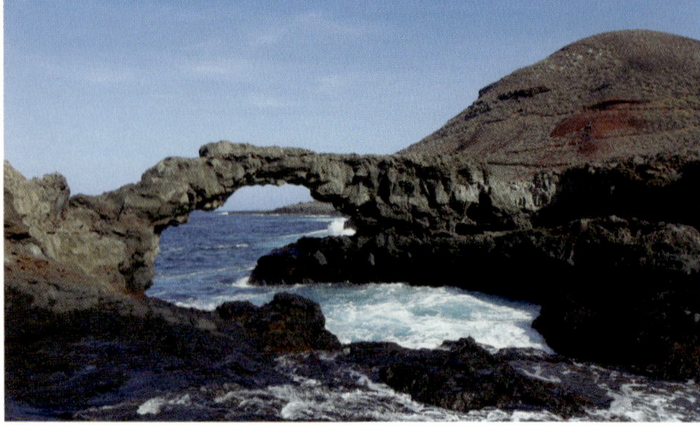

Arco de Las Salinas

Schlucht ist er nur noch schwer zu erkennen. Wir queren die Schlucht mit den gelben Gesteinsschichten und gehen nun direkt auf das Haus zu. Kurz vor dem Haus führt links ein Pfad an diesem vorbei, wir steigen zur Anhöhe auf und gehen entlang der Steilküste, teilweise auf Pfaden teilweise weglos. Oberhalb der Klippen steigen wir bis zu einer Steinmauer ab. Wir queren die Senke, passieren einen Mauerdurchbruch und gehen fortan links – und das ist wichtig, sonst findet man den Pfad nicht – neben einer Trockensteinmauer, weiterhin oberhalb der Klippen. Immer wieder werden kleine Schluchten gequert, bis wir dann auf einen mit Steinen gesäumten Pfad treffen. Und dann stehen wir vor unzähligen Gesellschaften von **Kanaren-Wolfsmilch** 02 (100 m), das größte zusammenhängende Vorkommen auf der Insel. Vereinzelte Steinmännchen helfen bei der Orientierung im Gelände. Wir gehen nun direkt auf die Hälfte eines Vulkans zu, dessen andere Hälfte ins Meer abgerutscht ist. Nach einem langen Wegabschnitt bergab, Richtung Meer, kommt kurzfristig der Gedanke auf man befindet sich auf einem Irrweg, aber nach einem Felsdurchbruch führt der Weg wieder links bergauf. In der Ferne kann man bereits einen Pfad unterhalb des halben Vulkans ausmachen, mal diesen erreicht erreichen wir eine Asphaltstraße. Diese gehen wir rechts hinunter und folgen im weiteren den markierten Camino. Mehrmals queren wir die Anfahrtsstraße, bis wir dann links vorbei an dem Haus mit der Steinmauer weglos Richtung Meer gehen und auf den wunderschönen **Arco de Las Salinas** 03 (4 m) treffen. Bei Ebbe gibt es viele Höhlen zu erkunden. 70 m westlich befindet sich das Badebecken 04 **Charco Manso** (8 m). Nach einem erfrischenden Bad oder einer Brotzeit oder beiden gehen wir zunächst auf der Zubringerstraße und dem Camino Viejo de las Salinas zurück. Wir kommen an der Stelle vorbei, wo der Hinweg in die die Straße mündet und nach 90 m, in der Rechtskehre, verlassen wir die Straße geradeaus auf dem bergaufführenden Pfad. Gelb-weiße Markierungen und die Ausschilderung

Richtung Echedo vereinfachen die Navigation. Entlang von Weinstöcken erreichen wir das Dorf Echede. Wir nehmen den linken Abzweiger Richtung Gualisancho. Wer etwas essen möchte, geht geradeaus weiter und trifft dort auf das **Restaurant in Echede** **05** (353 m). Auf der so gut wie gar nicht befahrenen Straße kommen wir vorbei an wunderschönen Villen und Anwesen. Wir ignorieren Abzweiger, im Zweifel helfen weiß-gelbe Markierungen, den richtigen Weg zu finden. Schlussendlich gabelt sich die Straße, direkt vor uns befindet sich ein kleines Haus, das kunstvoll mit Lavabrocken verkleidet ist. Direkt an diesem Haus gehen wir rechts vorbei, auf einem Pfad zwischen Weinstöcken und einer Steinmauer. Unterhalb der alten Mülldeponie wandern wir durch die Malpais, im weiteren auf einen Trampelpfad über die rotbraunen Hänge des Vulkans La Cancela, bis wir auf schwarzes Lapilli treffen. Unser Weg mündet in den Camino von Valverde nach Tamaduste, während wir bereits links unterhalb **Tamaduste** **01** sehen. Auf einem bestens gekennzeichneten Camino geht es bis zum Ausgangspunkt.

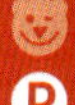

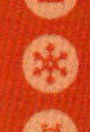
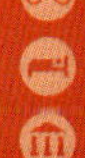

Variante

Man kann die Wanderung ab dem Wegpunkt **04** und **05** beginnen.

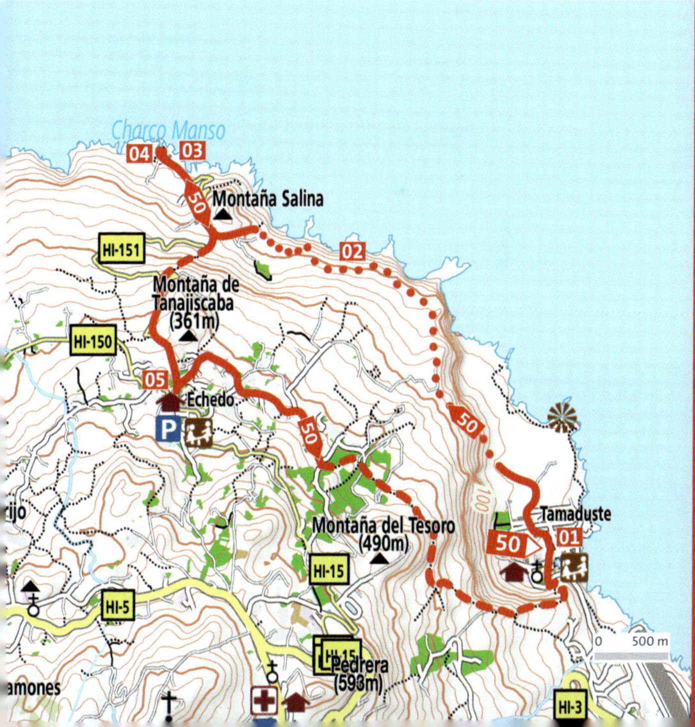

ALLES AUSSER WANDERN

Die kleinste der Kanaren ist der absolute Spitzenreiter, wenn es um die Anzahl der Höhlen geht. Die meisten der über 70 dokumentierten Höhlen auf El Hierro haben ihren Ursprung in vulkanischen Aktivitäten. Einige dieser vulkanischen Höhlen sind frei zugänglich und erlauben dem Besucher einen interessanten Blick in die Unterwelt. Bei der Erkundung einiger Höhlen sollte man sich auf jeden Fall einem fachkundigen Führer anschließen. Auf den Exkursionen wird alles Wissenswerte über die Entwicklung einer Vulkaninsel vermittelt und perfekt ausgestattet mit Helm, Stirnlampe, Knieschonern und Handschuhen wird das Verletzungsrisiko minimiert. Anbieter für **Höhlenexkursionen:** Was wird benötigt: Festes Schuhwerk, gute Laune und ca. 6 Stunden Zeit. | Höhlen von El Hierro | Heidrun und Jörg | http://www.hoehlenelhierro.de | hoehlenelhierro@gmx.de | +34661015635 |

Wie in den meisten südlichen Ländern ist die Tierhaltung auch auf El Hierro ein trauriges Thema, aber es gibt gute Nachrichten. Der kleine und einzige **Tierschutzverein El Juaclo** hat sich den Vierbeinern angenommen. Seit vielen Jahren unterstützen Feriengäste den Verein nicht nur finanziell, sondern auch mit praktischer Hilfe wie beim Füttern, bei der Reinigung und sie verteilen die heiß ersehnten Streicheleinheiten. Wer gerne einen Hund hätte, ihn aber nicht in seinen normalen Alltag integrieren kann, hat hier die Möglichkeit, sich für Wanderungen oder während des gesamten Urlaubsaufenthaltes einen auszuleihen. Von den Urlaubern kommen begeisterte Rückmeldungen und die neuen Kontakte werden als eine echte Bereicherung des Besuches auf El Hierro empfunden. Mehr Informationen unter https://juaclo.de.tl/El-Juaclo.htm und https://www.facebook.com/ElJuaclo/.

Beim Besuch des Meeresmuseumsdorfs **Ecomuseo** wird über das vergangene Jahrhundert, die ursprüngliche Architektur der Häuser und von der Lebensweise der Einwohner berichtet. Einige Häuser sind noch mit dem ursprünglichen Mobiliar und Hausrat jener Zeit bestückt. Verblüffend ist der wirtschaftliche Umgang mit dem Niederschlagswasser. Nicht nur in Guinea ist Trinkwasser ein sehr wertvolles Gut. Auch wird berichtet vom traditionellen Obst- und Gemüseanbau und von der Haltung der Haustiere. Auf einer sehr lohnenswerten und interessanten Zeitreise besichtigt man 4 verschiedene Häuser, alle mit Liebe zum Detail restauriert. Auf der gleichen Rundtour durch das Gelände wird auch über die Geschichte und die Auffangstation der Rieseneidechsen berichtet. | ECOMUSEO DE GUINEA | Befindet sich direkt an der Verbindungsstraße von Frontera nach Las Puntas, Carretera General Las

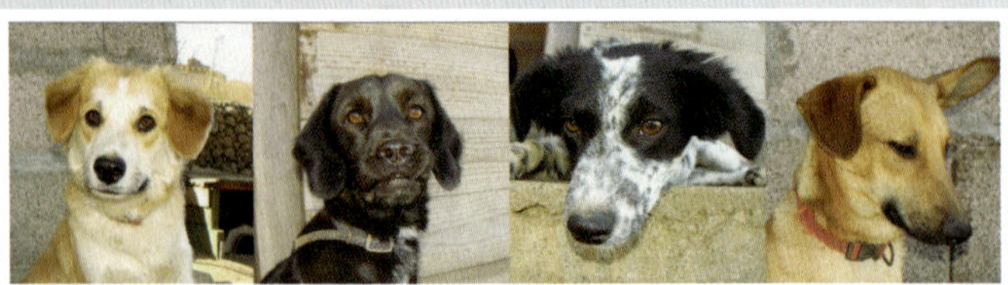

Puntas, **38911 Frontera** | +35922555056 | Eintritt € 7,50, mit dem Pasaporte dementsprechend günstiger | Öffnungszeiten täglich 9–14 und 17–20 Uhr | GPS-Pkw 27.774406 -17.999093

Das große Halbrund des El-Golf Tals gehört zu den bekanntesten **Paragliding**-Fluggebieten in Spanien, gestartet wird in Richtung Norden. Der unterste Startplatz liegt auf etwa 750 m, der mittlere auf etwa 1100 m und der oberste und schönste Startplatz auf etwa 1400 m. Experten starten vom Gipfel des 1501 m hohen Berges Malpaso. Die Landung erfolgt im Gebiet bei den Charco der Sargos und bei Tigaday. Die konstant wehenden Passatwinde, eine hervorragende Thermik, dass man je nach Schwierigkeitsgrad aus verschiedenen Höhen starten kann, schaffen ideale Bedingungen für das Erlernen dieser Sportart. Auch ein unerfahrener kann mit einem Tandemflug das Erlebnis wagen. So ist es auch nicht weiter verwunderlich, dass auf der Insel schon seit über 20 Jahren ein internationales Gleitschirmfestival veranstaltet wird. Einen sehr guten Artikel mit vielen Hintergrundinformationen findet man unter: http://www.schwerelos.de/paragliding-kanarische-inseln-el-hiero/. Der CLUB DE PARAPENTE GUELILLAS DE EL HIERRO ist die richtige Adresse für alle, die auf El Hierro fliegen wollen. | Calle Doctor Quintero 23, **38900 Valverde** | +34628238858 | clubguelillas@hotmail.com | http://www.clubguelillas.com.

Zwischen Oktober 2011 und März 2012 bebte der Unterwasservulkan Eldiscreto nahe des Fischerdorfes La Restinga. Der heutige vulkanische Kegel befindet sich 88 Meter unterhalb der Wasseroberfläche. Das **Centro de Interpretación Vulcanológico** berichtet von den Geschehnissen. Im ersten Gebäude zeigt eine große interaktive Wand verschiedene vulkanische Landschaften. Dank eines Präsenzmelders wird ein modernes Kinectsystem aktiviert und die Bildschirme zeigen ein großes Grafikpanel mit Texten und Bildern, die der Betrachter nach seinen Vorstellungen steuert und so interessante Information geliefert bekommt. Im zweiten Gebäude befindet sich eine audiovisuelle Show, die den Ausbruch vor der Küste von La Restinga Revue passieren lässt. Ein Erlebnis, das man nicht versäumen sollte. | Centro de Interpretación Vulcanológico | Das Zentrum befindet sich an der **Verbindungsstraße von El Pinar nach La Restinga.** | Eintritt: Dieser Besuch ist im Pasaporte enthalten. | Öffnungszeiten 10–18 Uhr, am Montag geschlossen | GPS-Pkw 27.664813 -17.995598.

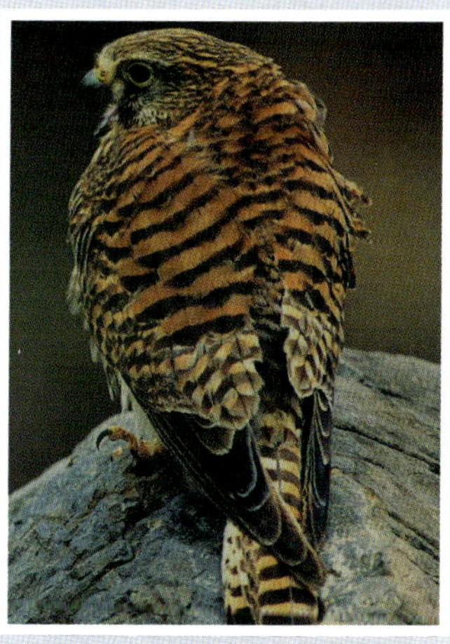

ÜBERNACHTUNGSVERZEICHNIS

Anbieter von Ferienwohnungen auf El Hierro:

http://www.myhierro.com
http://www.vacacioneselhierro.com
https://www.fewo-direkt.de
http://www.grantural.com
https://www.booking.com
https://www.bedandbreakfast.eu
https://www.airbnb.de

Das **Aparthotel Boomerang** ist das einzige Hotel der Inselhauptstadt und befindet sich in einer ruhigen Nebenstraße in Valverde, mit nur 17 Zimmer, die im Winter 2017–2018 komplett renoviert worden sind und damit den neuesten Standards entsprechen. | Doctor Gost 1, **38900 Valverde** | +34922550200 | http://www.hotel-boomerang.com.

Die **Apartments Los Verodes** verfügen über 11 Wohnungen für 2 bis 4 Personen, liegen zentral und sehr ruhig im großen Halbrund des El Golfo Tals, etwas nördlich von Frontera. Von den Zimmern hat man einen atemberaubenden Blick auf das Meer und die umliegende Bergwelt. | Calle Alta Belgara 19, **38911 Fontera** | http://www.apartamentoslosverodes.es | info@apartamentoslosverodes.es | +34620751192.

Auf El Hierro gibt es nur einen einzigen offiziellen **Campingplatz** den **Hoya del Morcillo.** Er befindet sich in der Region von El Pinar oberhalb des Dorfes Taibique, mitten im Kiefernwald. Das große Gelände ist mit sanitären Anlagen, Lagerfeuerstätten, Wasserstellen, einem Kinderspielplatz und einem Fußballplatz ausgestattet. Während der Platz unter der Woche häufig nahezu menschenleer ist, zieht er am Wochenende zahlreiche Einheimische an. In der Hochsaison sollte man sich im Vorfeld einen Platz bei der Umweltbehörde in Valverde reservieren. Im Rest des Jahres reicht es auch völlig aus, sich im Informationshäuschen des Campingplatzes anzumelden. Das Übernachten auf dem Campingplatz ist kostenpflichtig. Die Gebühr beträgt 4,50 Euro pro Person und Tag. Das Informationshäuschen ist täglich von 10 bis 18 Uhr geöffnet. Wildes Campen ist auf El Hierro verboten. | Kontakt: UMWELTBEHÖRDE Medio Ambiente | Calle Trinistas 1, **38900 Valverde** | +34922550017 | medioambiente@el-hierro.org.

Die zwei Landhäuser **Casa Anton und Maria** befinden sich 50 m voneinander entfernt auf 700 m Höhe, südlich des Dorfes El Pinar. | Calle la Goronita 7, **38914 El Pinar.**

Die **Casa Charco Azul** hat eine grandiose und einmalige Lage 100 m über dem Meer an der Steilküste im südlichen El Golfo Tal. Man kann den Blick schweifen lassen von den Roques Salmor bis zu den weißsandigen Stränden Arenas Blancas im Westen. | **38913 Frontera** | http://www.refugium-atlantik.de/.

Die **Casa Cirilo** liegt sehr ruhig an der Ostküste in unmittelbarer Meernähe und ist besonders in den Wintermonaten wegen des milden Klimas zu empfehlen. | **38910 Timijiraque** | http://myhierro.com/x0815x_pablo/cirilo.htm | PABLO@myHIERRO.com.

Am Rand des Naturschutzgebiets Tibataje, in absoluter Alleinlage, befindet sich die **Casa Gran Drago,** ein renoviertes Gebäude aus dem 19. Jahrhundert mit einem Garten sowie eine Terrasse mit Meerblick und Gartenmöbeln. | Calle los Palos, **38916 Erese.**

Die **Casa La Casamera** ist ein neu gebautes Haus, in der modernes Design mit der Eleganz und Einfachheit des traditionellen Häuserbaus auf El Hierro kombiniert wurde. | **38916 Villa de Valverde** | http://www.vacacioneselhierro.com/propiedades/casa-la-casamera/.

Die mit Naturstein verkleidete **Casa La Perdiz** liegt in ruhiger Lage, ca. 2 km westlich des Örtchens Pozo de Las Calcosas, 100 m vom Meer entfernt. | Camino de Artinasa, **38916 Villa de Valverde** | http://www.myhierro.com/pablo/perdiz.htm.

Am Ortsrand von Frontera im El Golfo Tal befindet sich in einem rustikalen 2500 qm großem Naturgarten die 130 Jahre alte **Finca Munkelstein,** ein idealer Ausgangspunkt für Inselerkundungen. | Calle las Toscas 52, **38913 Frontera** |
| http://www.myhierro.com/pablo/munkelstein.htm.

Die **Casa Rural Las Bimbas** ist ideal für Individualisten, ja es ist eine kleine Oase des Friedens und befindet sich an einer der sonnigsten Regionen El Hierros, in Las Playas. | **Las Playas, 38910 Valverde** | http://www.casarurallasbimbas.com/.

Die **Casa el Lagar** befindet sich oberhalb von Frontera im El Golfo Tal. Von der geräumigen Sonnenterrasse genießt man einen atemberaubenden Meerblick. | Camino de Sabina 17, **38913 Frontera** | https://www.airbnb.de/rooms/8469762.

Südlich von El Pinar befindet sich in wunderschöner Alleinlage zwischen Weinanbaugebieten die **Finca el Descalzo.** | Calle El Cascajo, **38914 El Pinar.**

Das individuelle **Hotel Balneario Pozo de la Salud** befindet sich am nordwestlichsten Zipfel Europas in einer der schönsten Landschaften der Insel, direkt
am Meer und am Fuße der atemberaubenden Bergkette. | Lugar Pozo de la Salud 11, **38912 Sabinosa** | +34922559561 | hotelbalneariopozodelasalud@gmail.com.

Das Hotel **Ida Ines** befindet sich auf der Nordostseite von El Hierro im schönen El Golfo Tal. | Calle Belgara Alta 2, **38911 Frontera** | http://www.hotelidaines.com info@hotelidaines.com | +34922559445.

ÜBERNACHTUNGSVERZEICHNIS

Das **Hotel Punta Grande** liegt spektakulär auf einer Klippe mit einem fantastischen Ausblick auf den Atlantischen Ozean und das El Golfo Tal. | Calle las Puntas, **38911 Frontera** | http://www.hotelpuntagrande.org | migueltorrespadron35@gmail.com | +34660076559.

Vom charmanten Landhotel **Villa El Mocanal** genießt man eine herrliche Aussicht auf das Meer, die Berge und die Landschaft. | Carretera Barlovento 18, **38900 El Mocanal** | http://www.villaelmocanal.com | info@villaelmocanal.com.

Der **Parador El Hierro** ist die luxuriöseste Unterkunft von El Hierro und befindet sich direkt am Meer und am Fuße von bis zu 1000 m hohen Bergen. | Las Playas 15, **38910 Villa de Valverde** | + 34922558036 | http://www.parador.es.

An der Ostküste von El Hierro, in sehr ruhiger Lage, befindet sich ein sehr **Schönes Landhaus** mit einem Meerwasserpool und 2 Schlafzimmern. | **38910 Villa de Valverde** | https://www.fewo-direkt.de/ferienwohnung-ferienhaus/p759869.

Die Unterkunft **Vivienda Vacacional La Roca** ist 1 Gehminute vom kleinen Strand am Hafen entfernt und befindet sich in der sonnenreichsten Region von El Hierro. | El Varadero 13, **38917 La Restinga** | +34650609670.

RESTAURANTEMPFEHLUNGEN

Da es keinen Massentourismus auf El Hierro gibt, kann man noch heute die **traditionelle und einheimische Küche** genießen, ganz im Gegensatz zu den anderen Kanarischen Inseln. Das bedeutet aber auch, dass es nicht zu viele Restaurants auf der Insel gibt. So haben wir uns bei der nachfolgenden Auswahl auf die TOP 10-Restaurants konzentriert.

Fisch und Meeresfrüchte waren schon immer auf das Hauptnahrungsmittel auf El Hierro. Aber die Einwohner ernährten sich auch viel von **Gofio,** dem Mehl aus gerösteter Gerste und Mais. Die Körner wurden zerstampft und später gemahlen. Da es in den Küstenregionen immer wieder Trockenperioden gab, und Nahrung nur sporadisch vorhanden war, war Gofio ein wichtiger Bestandteil der Ernährung – weil es unbegrenzt lagerfähig und universal verwendbar ist. Zwar wird es immer noch hergestellt, wenn auch heute nur noch aus Weizen oder Mais, hat es aber seine Wichtigkeit verloren.

In den Küchen sind **Suppen und Eintöpfe** eingezogen. Zu den traditionellen Gerichten gehören: Der Brunnenkresseeintopf (potaje de berros) oder der Kichererbseneintopf (garbanzas), mit oder ohne Schweinefleisch, ein Püree aus Schmalz, Käse, Öl, Knoblauch, Salz und Pfeffer (almogrote) und natürlich die salzigen Runzelkartoffeln (papas arrugadas). Frische Salate (ensalada) werden mit Mais, Paprika, Avocados, Tomaten und Thunfisch ergänzt.

Fleisch dagegen gab es früher nur zu besonderen Anlässen. Jede einzelne Ziege war wertvoll, denn sie produzierte auch Milch. Schon die spanischen Siedler hatten bei der großen Hitze so ihre Probleme mit der Haltbarkeit. So legte man Fisch und Fleisch in Meersalz ein und fügte scharfe Soßen dazu, damit sie nicht verdarben. Diese typischen kanarischen Soßen sind heute noch das i-Tüpfelchen der Inselküche. Zu den traditionellen Gerichten gehören Zicklein cabrito (typisch für die Kanaren), Kaninchen mit Weißweinsoße (conejo el salmonejo), Koteletts, Rinderfilet und Huhn. Tapas wie der Käse (Queso Blanco) mit Palmenhonig verfeinert, Serranoschinken (Jamón Serrano) spanischer luftgetrockneter Schinken oder einfach nur Oliven ergänzen die typischen Gerichte. Zum Nachtisch gibt es Eis, Obst, die kanarische Mandelcreme (Bienmesabe) oder den Quarkkuchen (Tarte de Cuajada).

Eine besondere herrenische Spezialität **Quesadillas,** das sind kleine süßlich schmeckende Käsetorten, die auf jeden Fall probiert werden sollten. Das kleine Familienunternehmen von Adrian Guterierrez wurde 1982 gegründet und liefert inzwischen an alle wichtigen Lebensmittelmärkte wie Hiperdino, Hipertrebol, Hoheit, La Hucha, Mercadona, Alcampo, Spar, Supermercados Terencio, und das auf alle Kanarischen Inseln. Nach Großmutters Rezept, ganz in der Tradition Herrenas, sind die Zutaten denkbar einfach: Frischkäse, Zucker, Mehl, Ei, Anis, Zitrone, naja und ein paar geheime Zugaben für den ganz besonderen Geschmack.

El Hierro hat 7 **Weingüter** (Bodegas), auf 192 ha Rebfläche werden je nach Saison bis zu 75.000 l Wein produziert. Dabei blickt El Hierro auf eine lange Geschichte zurück, denn der erste Weinberg wurde 1526 von einem Engländer angelegt und Mitte des 17. Jahrhunderts erreichte die Weinproduktion etwa 60.000 Liter. Interessanterweise wurde mehr Schnaps für den Export erzeugt und nach Kuba und Venezuela exportiert. Die Höhenlage der Weinberge beträgt 200 bis 700 m, die Böden sind vulkanischen Ursprungs und das Klima ist feucht trotz geringer Niederschlagsmengen. Dabei wird sowohl weißer auch als roter Wein produziert. Natürlich kann man die köstlichen Weine in Bodegas, Märkten und in Weingeschäften kaufen.

Nachfolgend ist eine Liste der besten Restaurants nach Postleitzahl sortiert. Die € geben einen Anhaltswert für ein Essen ohne Wein: € = 10–15 €, €€ = 15–25 € und €€€ 25–50 €.

Rings um den Feigenbaum der Großmutter eröffnete Loli das gemütlich aber auch nicht ganz günstige Gartenrestaurant **La Higuera de la Abuela.** In freundlicher und familiärer Atmosphäre werden serviert: Herrenische Fleischspezialitäten wie Lamm in Wein-Thymian-Soße, Potaje de Verduras, El Conejo, Salsa de Almendras und El Merengon, Schweinefilet mit Apfelsoße und Kaninchen in Mandelsoße. Die Qualität ist großartig. | €€ | Calle Tajaniscaba 10, **38900 Echedo** | +34922551026 | Öffnungszeiten 11–16 und 19.30–23 Uhr, Dienstag ist Ruhetag, außer im August.

Das von Antonio García Corujo geleitete Restaurant **La Mirada Profunda** ist das beste Restaurant der Insel und bietet eine kreative Küche. Es verfügt über ein Esszimmer mit Platz für 35 Personen, in einer warmen Dekoration und gedämpftem Licht, die den Abend zu einem angenehmen Moment machen wird. Spezialitäten: Entenbrust in Cabralessoße, mit Kabeljau gefüllte Paprikaschoten, verschiedene Gerichte mit frischem Fleisch von der Insel nach Geschmack zubereitet, gebratenes Spanferkel und Lamm, gebratene Ente in Kraanbeersoße, eine Auswahl an frischem Fisch und Biofleisch aus El Hierro. Zum Nachtisch sollte man auf jeden Fall probieren: Zitronenschaum in Kraanbeersoße oder warmen Schokoladenkuchen mit Vanilleeis. | €€€ | Calle Santiago 25, **38900 Valverde** | +34922551787 | Öffnungszeiten täglich 13–16 und 20–23.30 Uhr.

Felipe Morales, seine Frau und seine Tochter Iris werden Sie gastronomisch verzaubern an einem der beliebtesten und schönsten Orte im El-Golfo-Tal, dem **Restaurant Garanones.** Der Speisesaal des Restaurants fasst bis zu 30 Personen, auf der Terrasse haben noch einmal 20 Personen Platz. Besonders zu empfehlen sind: Napfschnecken, die Kroketten des Hauses, gegrilltes Gemüse, Lamm, Kaninchenfleisch, Entrecote, Thunfisch, Tintenfische und Sardinen. | € | Cascadas del Mar 3, **38911 Las Puntas** | www.restaurantegaranones.es | +34649509696 | Öffnungszeiten 12–17 und 19.30-22 Uhr; Sonntags Nachmittag und Montag, Ruhetag.

Das Restaurant **Guanche Frontera** serviert Fisch, Fleisch und vegetarische Gerichte. Es wirbt mit dem ältesten Steinofen von La Frontera und befindet sich direkt gegenüber der Kirche Candelaria, dem Wahrzeichen von Frontera. | € | Calle la Carrera, **38911 Frontera** | + 34661015635 | Öffnungszeiten Dienstag-Sonntag 12.30–23 Uhr.

Das **Restaurant und die Bar Joapira** von Yenny Garcia Perez befindet sich direkt gegenüber der Kirche La Candelaria. Es hat eine 12 Personen fassende Terrasse und einen Speisesaal für 20 und mehr Gäste. Sie serviert Arepas zu Eneghir, verschiedene Snacks, Sandwiches, Cachapas, Tortillas, Empanadas, Käseplatten, Octopus zur Vinaigrette, Garnelen mit Knoblauch, Tintenfisch gegrillt, Schweinesteak, oder Schweinekoteletts. Sie macht jeden Tag frischen Nachtisch. | € | Plaza Candelaria 8, **38911 Frontera** | +34922559803 | Öffnungszeiten 7.15–23 Uhr; Sonntag Ruhetag.

Das Familienrestaurant **El Refugio** ist das bekannteste Fischrestaurant von La Restinga. 2015 wurde es mit dem sogenannten Diario de Avisos, also der besten Fischküche auf den Kanarischen Inseln ausgezeichnet. Noch heute betreibt die Familie ein eigenes Fischerboot, das den Fang auch auf dem Fischmarkt verkauft oder im Restaurant zubereitet. Im Speisesaal haben bis zu 60 Personen Platz, auf der Terrasse weitere 20 Gäste. Spezialitäten sind: Garnelen, Meeresfrüchtesuppe und Fischparrilla. | €€ | Calle Lapas No. 1 2, **38911 La Restinga** | +34922557029 | Öffnungszeiten 13–16.30 und 18–22.15 Uhr.

Eines der besten Restaurant im Süden der Insel ist das Restaurante **La Vieja Pandorga.** Der Speisesaal hat eine Kapazität von ca. 60 Personen, ist komfortabel eingerichtet mit moderner Dekoration und Meeresmotiven. Marley Lisbeth Lamus und Humberto Mora servieren Fischspezialitäten wie die Meeresfrüchtesuppe des Hauses, eine hausgemachte Tagessuppe, Knoblauchgarnelen, gegrillte Garnelen mit Rosensoße, galizischer Oktopus und gebratenen Oktopus. Das Preis-Leistungs-Verhältnis ist ausgezeichnet. | € | Esquina La Lapa 3, **38911 La Restinga** | +34922557064 | Öffnungszeiten 11–24 Uhr, in den Wintermonaten am Dienstag geschlossen.

Die **Casa Goyo** befindet sich in dem Bergdorf San Andrés direkt an der Durchgangsstraße und hat 60 Sitzplätze. Alle hausgemachten Gerichte sind sehr gut, die Spezialität des Hauses ist die mit Schinken und Käse gefüllte Hühnchenbrust oder die Kichererbsensuppe. Zum Nachtisch sollte man auf jeden Fall den Kokoskuchen probieren. | € | Calle Jarera 11, **38915 San Andrés** | +34922551263 | Öffnungszeiten 10.30-22 Uhr, Montag ist Ruhetag.

Fernab der Zivilisation ist das staatliche **Parador-Hotel** ein idealer Ort zum Entspannen. Das traumhafte Tal liegt nur zehn Autominuten vom Haupthafen der Insel La Estaca entfernt. Das Hotel Parador ist seit 1910 ein Klassiker unter den Hotels mit seinem eleganten und kolonialen Interieur. Das Restaurant bietet gehobene Küche, wobei man sich auf internationale, herrenische und kanarische Gerichte spezialisiert hat. Das Restaurant des El Parador verfügt über eine Terrasse mit einem unbeschreiblichen Blick auf die Bucht von Las Playas. | €€€ | Las Playas 15, **38910 Villa de Valverde** | +34922558036.

Der Aussichtspunkt **Mirador de La Pena** ist ein wahres Juwel, geschaffen von Architekten und Künstler Cesar Manrique aus Lanzarote. Er gab dem Werk große Fensterfronten, die über mehrere Ebenen angelegt sind, und verwendete als Baumaterial den inseltypischen schwarzen Vulkanstein - alles zusammen ergibt ein gemütliches und ein naturnahes Ambiente. Im Inneren befindet sich das exklusive Restaurant Mirador de La Pena, das eine grosse Bandbreite an typischen Spezialitäten anbietet, die allesamt mit frischen Produkten aus lokaler Produktion hergestellt werden. Beim Essen verliert man niemals den Blick über die Bergwelt, das El Golfo Tal und das Meer. | €€€ | +34922550300 | Carretera de Guarazoca 40, **38916 Guarazoca** | Öffnungszeiten täglich 9–22.30 Uhr.

Taxi

Fahrten mit dem Taxi sind eine gute Alternative zu den öffentlichen Verkehrsmitteln, um einen individuellen Zielort zu erreichen. Die Fahrpreise betragen etwa 50 Cent pro Kilometer und sind somit günstiger als in Deutschland. Innerorts wird der Fahrpreis in der Regel vor der Fahrt ausgemacht. Für Überlandfahrten stehen dem Taxifahrer gesonderte Preislisten zur Verfügung, welche man vor der Fahrt einsehen kann. In der Regel wird ausschließlich bar gezahlt. Zusätzlich zum Fahrpreis kann es zu diversen Aufschlägen kommen (Sonn- und Feiertagszuschlag, Gepäckzuschlag, Wartezeitenzuschlag). Grünes Licht auf dem Dach oder an der Windschutzscheibe zeigt ein freies Taxi an. Die größeren Orte auf El Hierro verfügen über Taxistandplätze. Alternativ kann man die Taxis per Handsignal zum Anhalten bitten.

Taxi-Rufnummern in Valverde: +34922550729 oder +34922551175 und in Frontera: +34922559129, Manuel Gutierrez (Tamaduste) +34679181551, Augusto Benitez (Frontera) +34696629108 und Gustavo Carballo +34630082626.

Wohnmobil

Wer mit dem Wohnmobil die Kanarischen Inseln, und im Speziellen El Hierro, besuchen möchte, kann einiges an Geld und viel Zeit sparen, wenn er das Wohnmobil vor Ort mietet. Die Anfahrt von Deutschland nach Cadiz in Spanien dauert je nachdem, wie lange man am Tag fährt, zwischen drei bis vier Tagen. Von dort benötigt man dann nochmals fast zwei Tage mit dem Schiff nach Gran Canaria oder Teneriffa. Wer auf die anderen Kanarischen Inseln fahren möchte, muss nochmals mit einer mehrstündigen Fährüberfahrt rechnen. Die Summe der Kosten aus Kraftstoff, Maut, eventuelle Übernachtungen und Fähren übersteigt ein Vielfaches der Kosten, wenn man ein Wohnmobil vor Ort mietet. Mit dem eigenen Wohnmobil auf die Kanaren zu fahren ist also nur dann rentabel, wenn man mindestens zwei Monate auf den Inseln verbringen will.

Mietwagen

Ein Mietwagen zur selbstständigen und bequemen Erkundung El Hierros ist eine gute Alternative – aber auch das Busnetz der Insel ist sehr gut ausgebaut. Die Mietwagenfirmen befinden sind am Flughafen, am Hafen Puerto de La Estaca und dem Hauptort Valverde. Die Preise liegen bei ca. € 120,- für eine Woche. Voraussetzung zur Anmietung eines Pkws sind eine gültige Fahrerlaubnis, ein Reisepass sowie ein Mindestalter von 21 Jahren, wobei man den Führerschein bereits ein Jahr besitzen muss. Bei Unfällen und Autopannen ist der Autoverleiher sofort zu benachrichtigten. Freisprechanlagen und Navigationsgeräte stehen wahlweise zur Vermietung bereit. Es empfiehlt sich, bereits vor der Reise ein entsprechendes Fahrzeug auszuwählen und einen Mietvertrag abzuschließen. Das Internet ist wohl die bequemste und einfachste Art dies zu tun. Das Fahrzeug kann somit direkt am Urlaubsort abgeholt werden. Oftmals bieten Reiseveranstalter und Unterkunftsanbieter eine Autovermietung im Reisepaket mit an. Diese Alternative ist in manchen Fällen kostengünstiger als eine externe Mietung. Daher lohnt sich ein genauer Blick auf den Reisekatalog oder die Broschüre der jeweiligen Unterkunft. Der günstigste Vermieter auf El Hierro ist Auto Plus Car, aber auch nur bei der Anmietung am Flughafen.

Internetadressen kostengünstiger Mietwagenanbieter mit Büros auf El Hierro:
http://autosbamir.es/en/
http://www.cicar.com/
http://www.cabreramedina.com/
http://www.autospluscar-elhierro.com

SICHERHEIT

Anders als auf den großen Nachbarinseln Teneriffa und Gran Canaria haben La Gomera, La Palma und El Hierro nur eine sehr geringe Kriminalitätsrate. Bei den Delikten handelt es sich oftmals um Beschaffungskriminalität von Drogensüchtigen und den daraus resultierten Straftaten wie Autoeinbrüche und Einbrüche in abgelegene Ferienhäuser. Daher sollte man die üblichen Vorsichtsmaßnahmen beherzigen: Beim Verlassen der Unterkunft Türen und Fenster schließen, keine Wertsachen im Fahrzeug zurücklassen, größere Bargeldsummen, Schmuck und andere Wertgegenstände möglichst im Hotelsafe deponieren. Auch wenn die Chance gering ist, gestohlene Gegenstände wiederzubekommen, sollte man bei der Guardia Civil Anzeige erstatten, sich an die Reiseleitung oder an die Rezeption wenden, um die nötigen Schritte zu veranlassen. Empfehlenswert ist die Erstellung und Mitnahme von Kopien der wichtigsten Dokumente wie Personalausweis, Reisepass und Führerschein und Telefonnummer zum Sperren der Kreditkarten. Ansonsten überwiegt in El Hierro eine ruhige und sichere Atmosphäre.

NOTRUFE

Innerhalb der spanischen Polizei unterscheidet man:

Die blau uniformierte **Cuerpo Nacional de Policia.** Sie ist für die öffentliche Sicherheit und für alle internationalen Fragen zuständig. Die Nationalpolizei beschäftigt sich folglich mit der Zusammenarbeit mit ausländischen Behörden, Passangelegenheiten, Drogenhandel sowie illegalem Glücksspiel.

Die blau oder schwarz uniformierte **Policia Local** untersteht der jeweiligen Gemeinde und ist somit für die Regelung des Verkehrs in Ortschaften sowie für kleinere Delikte vor Ort zuständig. Bei Vorfällen auf Landstraßen ist deshalb die Guardia Civil zu kontaktieren.

Die **Guardia Civil** ist eine paramilitärische Einheit, welche sowohl polizeiliche als auch militärische Aufgaben erfüllt. Die Beamten sind an ihren militärisch anmutenden grünen Uniformen zu erkennen. Die Einheit übernimmt unter anderem die Kontrolle von Überlandstraßen, die Überwachung der Einhaltung von Umweltschutzbestimmungen sowie die Küstenwache.

NOTRUFE

Allgemein übliche Verhaltensregeln:

Führen Sie stets Autopapiere, Mietwagenvertrag und Führerschein mit sich und achten Sie auf das Tempolimit. Angesichts der rauschenden Feste, bei denen viel Alkohol konsumiert wird, fragt man sich unweigerlich, wie hoch die Promillegrenze in Spanien ist. So ist nach der spanischen Gesetzgebung das Führen eines Kraftfahrzeuges bis zu einer Promillegrenze von 0,5 nicht mit einer Strafe verbunden. Im Umgang mit den Beamten empfiehlt es sich stets nett, freundlich und zuvorkommend zu sein. Etwaige Geldstrafen sollten nach Möglichkeit bar bezahlt werden, da sich diese Zahlungsmethode oftmals als die günstigere herausstellt.

Notrufnummern der Polizei:

Die allgemeine Notrufnummer lautet 112. Unter dieser Nummer erreicht man Polizei, Feuerwehr sowie das Rote Kreuz.
Guardia Civil: 062
Policía Local: 092
Policía Nacional: 091
Feuerwehr: 080
Rufnummer der örtlichen Polizei in Valverde +35922550025

MÄRKTE

Seit 2004 gibt es jeden Sonntag einem Markt in La Frontera, 2011 wurde sogar eine Markthalle errichtet. Diese liegt an der Plaza Benito Padron in La Frontera, inmitten des El-Golfo-Tals und besticht durch sein großes Zusatzangebot, das zu den besten unter vergleichbaren Markthallen der Kanarischen Inseln gehört und das, obwohl El Hierro die kleinste der sieben Inseln ist. Auch kann man lokales Handwerk und Agrarprodukte in bester Qualität erwerben. Tipp: Besuchen Sie die beiden deutschen Heidrun und Jörg, an ihrem Stand gibt es Vollkornbrote und Aloe-Vera-Produkte.

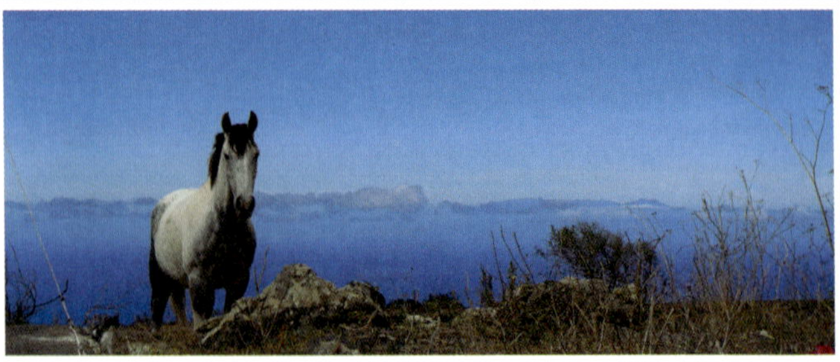

DIE SPRACHE

Auf den Kanarischen Inseln wird Spanisch gesprochen. Der Akzent und der Dialekt ähnelt eher dem Spanisch das in Lateinamerika gesprochen wird. Einige Wörter werden abgekürzt, wodurch sie schwer zu verstehen sind, und weiterhin sprechen die Kanaren sehr schnell. Viele Wörter stammen von den Ureinwohnern der Kanarischen Inseln, welche auch heute noch verwendet werden. Für den Urlaub auf El Hierro müssen sie nicht unbedingt Spanisch können. Deutsch, Englisch und die Gebärdensprache reichen meist völlig aus, um einzukaufen, ein Auto oder ein Zimmer zu mieten.

Sprache – minimal benötigter Wortschatz

si	Ja
no	nein
por favor	bitte
muchas gracias	vielen Dank
perdón	Entschuldigung
Grande	groß
Pequeña	klein
Bueno	gul
Mal (o)	schlecht
Barato	billig
Caro	teuer
Mas	mehr
Menos	weniger
Con	mit
Sin	ohne
Abierto	offen
Cerrado	geschlossen
Señora	Frau
Señorita	junge Frau
Señor	Herr
Habla usted alemán	sprechen Sie Deutsch
Habla usted inglés	sprechen Sie Englisch
No entiendo	ich verstehe nicht
Buenos dias	Guten Morgen (bis zum Mittag)
Buenos tardes	Guten Tag (bis zum Abend)
Buenos noches	Guten Abend sowie gute Nacht
Hola	Hallo
Adios	auf Wiedersehen
Cómo está?	wie geht's?
Muy bien, gracias	sehr gut, danke

Sprache – Unterwegs – Hotel – Restaurant

Quisiera alquilar	ich möchte mieten...
Un coche	ein Auto
Una moto	ein Motorrad

DIE SPRACHE

Gasolinera	Tankstelle
Gasolina sin plomo	bleifreies Benzin
Gasoleo A	Diesel
lleno	voll tanken
Aparcar	Parken
Autobús	Autobus
Estación	Bahnhof
Parada	Haltestelle
Billete	Fahrkarte
Ida y vuelta	hin und zurück
Salida	Abfahrt
Illegeda	Ankunft
Qusiero Salir	ich möchte aussteigen
Tiene?	Haben Sie
Una habitación	Doppelzimmer
Una individiual	Einzelzimmer
Para una noche	für eine Nacht
Para una semana	für eine Woche
Con ducha	mit Dusche
Con baño	mit Bad
Desayuno	Frühstück
Pensión completa	Vollpension
Pensión media	Halbpension
La cuenta por favor	die Rechnung bitte
Servicios	Toiletten
Señoras	Damen
Hombres	Herren

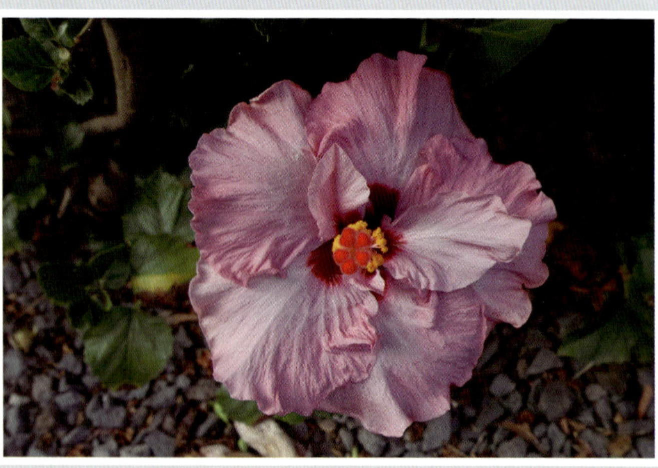

Sprache – Essen

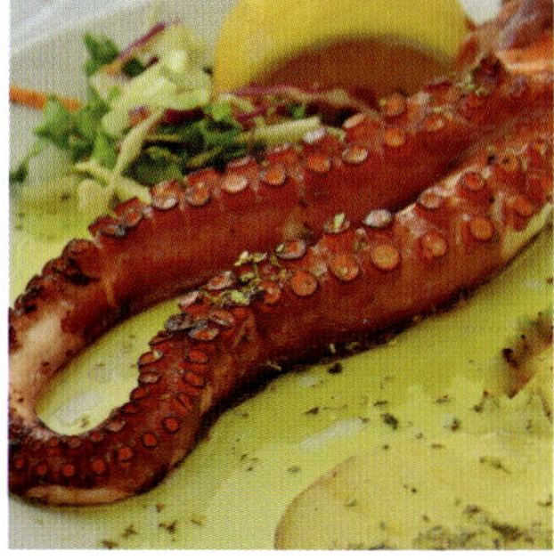

Atún	Thunfisch
Bacalao	Stockfisch
Calamar sepia	Tintenfisch
Carnes y pescados	Fleisch und Fisch
Dorada	Goldbrasse
El pato	die Ente
El filete	das Filet
El pescado	der Fisch
El ava de corral	das Geflügel
El pollo	das Huhn
Lenguado	Seezunge
Merluza	Seehecht
Ternera	das Kalbfleisch
Queso Blanco	Ziegenkäse
Queso asado	Ziegenkäse in Stücke geschnitten
Queso frito	Ziegenkäse gegrillt
Vieja	Papageienfisch

Sprache – Typische Gerichte

Almogrote	Rötlich-dunkel schimmernde Käsemischung
Arroz cubano Kurioses	Allerlei aus Spiegelei, Bohnen, Reis, Bananen und Fleisch.
Bienmesabe	zäher, goldbrauner Nachtisch aus Honig, Mandelsplittern, Eigelb und Zitrone, der so mundet, wie er übersetzt heißt: schmeckt mir gut
Caldo de pescado	dünne Fischsuppe mit Kartoffeln und Kräutern
Cherne al cilantro	gebratene kanarische Goldbrasse in Koriandersauce
Gambas al ajillo	Garnelen in kochendem Olivenöl mit Knoblauch
Gofio escaldado	Gofio mit der Brühe des caldo de pescado zu sämigem, maisgelbem Brei angedickt, wird mit Kräutern und Paprika serviert
Mojo rojo	roter Mojo: sämige bis flüssige, scharfe Tunke aus roten Peperoni, Öl, Knoblauch, Essig und Salz zu Fleischgerichten und papas arrugadas
Mojo verde	grüner Mojo: gleiche Herstellung wie mojo rojo, aber grüne Peperoni mit viel Korianderkraut; begleitet Fischgerichte und papas arrugadas
Papas arrugadas	in Salzlake gekochte, kleine kanarische Kartoffeln, die immer mit ihrer schrumpeligen (arrugado) Haut verzehrt werden
Pella	ist eine brotartige Masse aus Gofio, Wasser und Salz. Sie wird, in Scheiben geschnitten, zum sancocho canario gegessen

Quesillo	Eiermilchpudding in Karamellsauce mit marinierten Zitrusfrüchten
Rrancho canario	deftiger Eintopf aus Kichererbsen, Kartoffeln, Schweinefleisch, Nudeln, Zwiebeln, Safran, Knoblauch, Paprikawurst
Sancocho canario	in Salz eingelegter, gekochter Fisch, der mit Gemüse und mojo gegessen wird
Sama a la sa	Rotbrasse im Salzmantel
Tollo	gedörrter Fisch

Sprache – Geografische Begriffe

Atalaya	Ausguck und Wachtturm
Barranco	Trockenflussbett
Caldera	Riesenkrater der durch Einsturz des Vulkans nach der Entleerung der Magmakammer entsteht
Caleta	kleine Bucht
Camino	Wanderweg
Casa	Haus
Caseríos	Weiler
Castillo	Burganlage
Cueva	Höhle
Desprendimientos	Steinschlag
Diques	quer schießende Ausbruchsrinnen von Lava
Ermita	Kirche

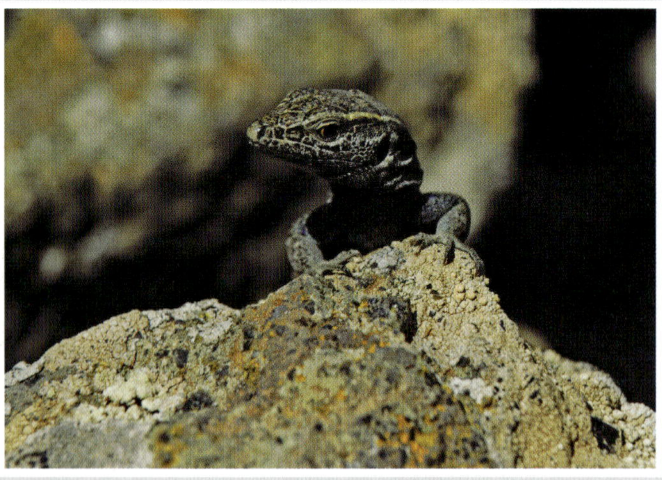

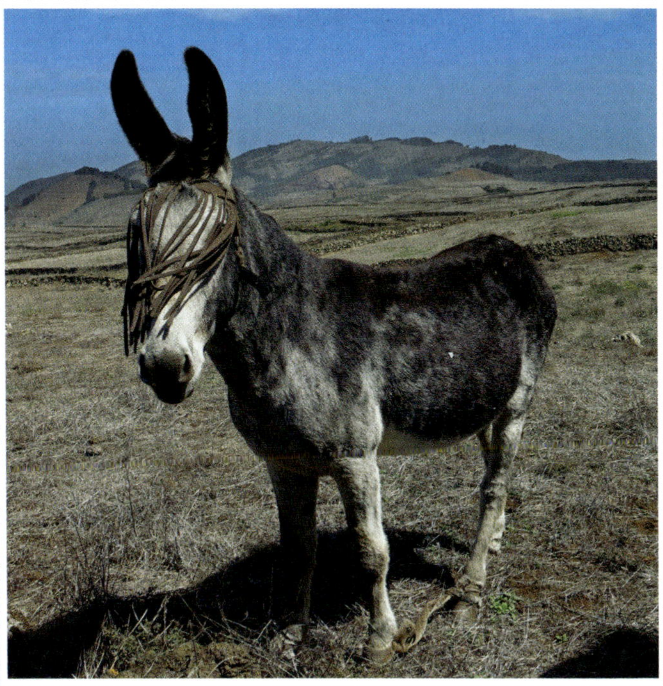

Faro	Leuchtturm
Finca	Landgut
Degollada	Einsattelung oder Pass
Iglesia, Isla	Insel
Llano	Ebene
Lomo	Bergrücken
Malpais	so zerklüftetes Lavafeld, das nicht zur Landwirtschaft genutzt werden kann
Mirador	Aussichtspunkt
Montaña	Berg
Morro	Bergkuppe oder Felskopf
Playa	Strand
Pico	Gipfel
Punta	Landzunge
Risco	Klippe oder Grat
Roque	Felsen
Sud	Süden

REGISTER

IMPRESSUM

1. Auflage 2019 Verlagsnummer 5901 ISBN 978-3-99044-573-0

Text und Fotos: Michael Will
Fotos: Joachim Essig

Titelbild: El Sabinar © Michael Will

Grafische Herstellung: Stefan Treichl
Wanderkartenausschnitte: © KOMPASS-Karten GmbH
OpenStreetMap Contributors (www.openstreetmap.org)
Kartengrundlage für Gebietsübersichtskarte S. 10–11, U4:
© MairDumont, D-73751 Ostfildern 4

Alle Angaben und Routenbeschreibungen wurden nach bestem Wissen gemäß unserer derzeitigen Informationslage gemacht. Die Wanderungen wurden sehr sorgfältig ausgewählt und beschrieben, Schwierigkeiten werden im Text kurz angegeben. Es können jedoch Änderungen an Wegen und im aktuellen Naturzustand eintreten. Wanderer und alle Kartenbenützer müssen darauf achten, dass aufgrund ständiger Veränderungen die Wegzustände bezüglich Begehbarkeit sich nicht mit den Angaben in der Karte decken müssen. Bei der großen Fülle des bearbeiteten Materials sind daher vereinzelte Fehler und Unstimmigkeiten nicht vermeidbar. Die Verwendung dieses Führers erfolgt ausschließlich auf eigenes Risiko und auf eigene Gefahr, somit eigenverantwortlich. Eine Haftung für etwaige Unfälle oder Schäden jeder Art wird daher nicht übernommen. Für Berichtigungen und Verbesserungsvorschläge ist die Redaktion stets dankbar. Korrekturhinweise bitte an folgende Anschrift:

KOMPASS-Karten GmbH
Karl-Kapferer-Straße 5, A-6020 Innsbruck
www.kompass.de/service/kontakt

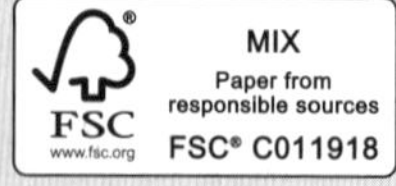